김상복 목사

아, 성령이 오셨네

성령과 참된 영성

신교횃불

확신시리즈 6

아, 성령이 오셨네!

성령과 참된 영성

2021년 1월 5일 초판 발행

지은이 | 김상복
펴낸이 | 김수곤
편집디자인 | 디자인이츠
발행처 | 도서출판 선교횃불(ccm2u)
　　　　　전화 : (02)2203-2739
　　　　　팩스 : (02)2203-2738
등록일 | 1999년 9월 21일 제 54호
등록처 | 서울 송파구 백제고분로 27길 12(삼전동)

ISBN 978-89-5546-447-4

아, 성령이 오셨네

성령과 참된 영성

우리 주 예수 그리스도 안에서

날마다 성령님과 동행하는 생활 속에서

성령님의 풍성한 열매 맺기를 기도하며

사랑하는 ________________ 님께

이 책을 드립니다.

________________ 드림

성령님 사랑해요

기독교인들은 하나님과 예수님에 대해서는 많이 듣기도 하고 생각하기도 합니다. 그러나 성령에 대해서는 성부와 성자만큼 동등한 관심이 부족한 것 같습니다. 성령에 대한 관심과 지식과 경험이 성부와 성자만큼 있다고 스스로 생각하시나요? 그분에 대해서 어느 정도 알고 계십니까? 그분을 얼마나 생활 속에서 동행하고 계십니까? 대부분의 경우 평신도들은 "성령 충만", "성령세례", "성령의 은사"에 대해서 들어보았을 뿐 성령에 대해서 알고 있는 것이 극히 부분적입니다. 세계교회는 금세기에 들어서면서 성령에 대한 관심이 대단히 높아졌습니다. 신교, 구교 할 것 없이 성령 운동이 활발하게 일어났고 성령 운동과 함께 교회갱신 운동이 일어나면서 특히 60년대 이후 성령에 대한 흥미가 부쩍 커졌습니다. 한편 교파나 종파를 넘어서 생동감 있는 교회들이 생기게 되는 좋은 계기가 되기도 했고, 또 한편에서는 성령의 이름으로 온갖 불미스러운 일도 많이 있었고 사회에 물의를 일으키기도 했습니다. 이런 때에 누구든지 성령에 대한 포괄적인 성경의 가르침을 알지 못하고 순전히 개인의 경험에만 의존하는 것은 때로는 위험한 일입니다. 사탄은 자기 때가 얼마 남지 않은 것을 알기 때문에 과거 언제보다도 삼킬 자를 찾아 쏘다니고 있습니다. 성령인지 악령인지 구별하기도 어려운 일들이 많이 일어나고 있기 때문입니다. 그래서 성경에서는 "영을 분별하라"고 합니다(요일 4:1).

예수님은 이 세상을 떠나시면서 예수님 대신 성령을 보내 주시겠다고 약속하셨습니다. 성령을 "또 다른 보혜사"라고 부르셨는데 쉽게 말하면 성령님은 모든 면에서 예수님과 똑같은 분이신데 예수님처럼 육체를 가지신 분이 아니고 영이신 또 다른 형태의 예수님이라 해도 과언이 아닐 것입니다. 예수님은 이 땅에 계실 때 육체를 입고 오셨기 때문에 한 번에 한 곳밖에 계시지 못하셨습니다. 한 사람과 대화를 하고 계시면 다른 사람과 대화를 하지 못했습니다. 우리와 같은 인간으로 오셨기 때문입니다. 비가시적 하나님을 가시적 하나님으로 만날 수 있다면 그 분이 예수님이십니다. 그러나 예수님과 꼭 같으신 분이 영(靈 Spirit)의 형태로 오셨기 때문에 어디서 누구와도 함께 계실 수 있어서 모든 거듭난 하나님의 자녀를 언제 어디서나 예수님을 대신해서 도와주시기 위해 보냄을 받으신 분입니다. 그래서 "내가 떠나는 것이 너희에게 더 유익하니라"라고 예수님은 말씀하셨습니다(요 16:7). 예수님과 같으신 분이 영으로 오셔서 모든 하나님의 자녀와 동행하시며 도울 수 있기 때문입니다.

　성령님은 우리가 예수를 믿는 그 순간 우리 마음에 임재해 계시며 영원히 우리와 함께 계시는 분입니다. 그래서 우리 몸을 성령의 전(the temple of the Holy Spirit)이라 합니다(고전 3:16, 6:19). 우리 마음의 집에 임재해 계시는 분에 대해서 잘 알아야 할 것은 말할 필요가 없지 않습니까? 그런데 사실 우리가 그분을 잘 알지 못하고 있습니다. 성령은 우리를 도와주시기 위해 임재해 계십니다. '보혜사'란 쉽게 말하면 '도우미'란 뜻입니다. 영적으로 태어나는 것이나 성장해가는 것이나 성장하면서 영적으로 해야 할 모든 일은 성령께서 우리를 통하여 하십니다. 기독교인은 누구든지 한번은 성령님에 관한 성경의 가르침을 철저히 배워야 할 특권이 있고 또 의무가 있습니다. 그래서 성경이 말해주는 정확한 성령론에 근거하여 내 안에 계신 성령님과 참된 영적인 생활을 살아가실 수 있기 바랍니다. 그분에 대한 지식만이 아니라 개인적으로 그분과 인격적으로 더 가까이 살아가는 은총이 있기를 바랍니다.

　참된 영성을 추구하는 그리스도인이라면 '어떻게 하면 예수님처럼 현실에 확실하게 발을 딛고 살면서도 하나님께서 기뻐하시는 영성을 추구할 수 있을까' 하는 질문을 하지 않을 수 없습니다. 그래서 참된 영성이 무엇인지 알아보고 이해하고 추구한다면, 균형 있고 만족한 영적인 삶을 살 수 있으리라 생각합니다.

　　본서의 내용은 「평신도목회연구원」에서 성령님에 대해 확실히 알기를 원하는 목회자들과 평신도들과 함께 공부한 내용입니다. 이 책은 평신도들을 위해 쓴 책입니다. 그러면서도 목회자들이 성도들에게 성령과 참된 영성에 대해 교육하는데 도움이 되도록 썼습니다. 이 책은 성령에 대한 평신도 교과서가 될 수 있도록 노력해 보았습니다. 성령에 대해 자세히 알고 싶었지만 누구에게 물어 볼 수 없었던 성경이 가르치고 있는 모든 내용을 잘 정돈하고 조직해서 한 권의 책으로 저술한 것입니다. 성경에서 가르치는 것은 다 포함되어 있다고 생각합니다. 누구나 한번은 읽고 성령님과 친하게 되어 그분과 함께 일생을 살아가는 복된 신앙생활이 되기를 바랍니다.

　　성령님과 더 가까워지기를 바라면서

2020년 12월
양재동 우면산에서
할렐루야교회 원로목사
김 상 복

성령론을 공부하기에 앞서 우리가 배우고자 하는 것이 무엇인지를 먼저 확인해볼 필요가 있습니다. 배울 내용에 대해 미리 개괄적으로 살펴보면 지금부터 배우려는 성령론을 공부해야 하는 이유를 알게 되기 때문에 도움이 됩니다. 왜냐하면 하나의 개념을 먼저 알아보는 것은 그 개념에 대한 정의를 명확하게 해줄 뿐 아니라, 공부의 방향과 방법 등을 알려주는 좋은 길잡이가 될 수 있기 때문입니다. 숲은 먼저 보고 나무를 보는 것입니다.

성경에 있는 어떤 주제에 대해서 성경과 철학, 인문학과 과학, 역사와 심리학 등 학문의 전반적인 내용들을 종합, 비교, 분석, 조직하는 학문을 조직신학이라 부릅니다. 또 다른 편에서는 성경 자체에서 하나의 주제가 어떻게 계시되어 왔고 발전하여 왔는가를 살펴보는 학문을 성경신학이라고 부릅니다. 다시 말해서, 어떤 주제를 성경 말씀을 통해서 종합적으로 살펴보거나 신학자들의 견해를 종합해서 연구하는 학문을 '신학'이라고 부를 수 있습니다.

예를 들어 신학에는 성서론, 신론, 기독론, 성령론, 인간론, 죄론, 구원론, 교회론, 종말론 등 여러 가지 중요한 분야들이 있습니다. 신론은 하나님에 대해 성경과 신학자들의 견해를 연구하는 것이고, 기독론은 예수 그리스도에 대한 것입니다. 그러므로 '성령론'이라고 부를 때 그것은 당연히 성령에 대한 성경 말씀과 신학자들의 견해를 종합해서 연구하는 것을 말합니다.

성령론을 살펴볼 때 먼저 신학자들과 철학자들의 견해를 살펴볼 수도 있습니다. 그러나 학자들이나 성령을 체험했다는 이들의 증언에 의존해 성령에 대한 연구를 하는 것보다는 성경 자체가 성령에 대해 무엇을 가르치고 있는지를 먼저 세밀하게 종합해 보는 것이 더 중요하다고 생각합니다. 성령에 대해서 하나님의 말씀에서 먼저 잘 배워 알아야 성경의 가르침이 학자들이나 성령 체험자들의 간증들을 판단할 수 있는 판단의 기준이 되기 때문에 사람들의 견해들을 성경의 기준에 비추어 보아 길고 짧음을 판단하게 됨으로 하나님의 말씀에 맞는 건강한 신앙을 유지할 수 있습니다.

그러나 예수를 믿고 성령으로 거듭나 우리 안에 영원히 임재해 계시는 성령과 날마다 동행하지 않으면 성령에 대한 학문적 지식만으로는 소용이 없습니다. 우리는 성령론에 대해서 신학적인 논쟁을 벌일 수도 있습니다. 그러나 성경에서 배우고자 하는 것은 어떤 이론이나 학문적인 논쟁을 위한 것이 아니라, 성령께서 영감을 주셔서 쓰신 그 성경에 충실하고 잘 이해함으로써 성령충만한 영성으로 살아가려고 하는 것이 지금 공부의 목적입니다.

기독교 신앙의 목적은 교리 자체가 아니라, 기독교적 삶입니다. 성령님의 조명하심으로 신앙이 견고해지고, 날마다 지배하시는 성령의 충만함으로 변화를 받아 성령이 인도하시는 대로 사는 것이 그리스도인에게는 삶의 최고 목표입니다. 성령에 대해 많이 아는 것이 중요한 것이 아니라 성령의 가르침을 어떻게 우리의 삶에 적용하는가가 더 중요합니다.

20세기는 신구교를 막론하고 오순절 운동 때문에 성령론이 대단히 중요하게 여겨지는 시대였습니다. 20세기 동안 세 가지가 중요한 신학적 관심으로 떠올랐습니다. 특히 20세기의 온갖 세계적 위기들 중에 종말을 예시해주는 듯한 상황들이 많이 있어서 종말론이 중요한 관심거리가 되었습니다. 또 성경을 경시하고 이성으로 대치하는 신학사상들이 일어나 많은 관심과 토론이 있어 성경의 중요성에 대한 새로운 인식으로 인해서 성서론이 부각했습니다. 결국 성령론 종말론 성서론, 이 세 가지가 20세기에 신학적인 큰 관심의 대상이 되었습니다.

성서론이 여기에 덧붙여진 이유는 20세기에 들어와서 성경이 하나님의 성령으로 영감된 하나님의 말씀이란 사실을 부인하는 학자들이 많이 일어났기 때문입니다. 성경을 성령의 감동으로 쓰여진 하나님의 말씀으로 보지 않고 단지 인간의 종교적 체험을 기록한 책에 불과하다는 것입니다. 심지어는 목사와 신학자들 중에도 그렇게 생각하는 사람들이 많이 있었습니다. 그래서 성령론, 종말론, 성서론, 이 세 가지가 큰 이슈로 떠올랐던 것입니다.

기독교 역사를 살펴보면, 시대마다 어떤 중요한 이슈들이 하나씩 솟아올랐습니다. 예를 들어, 마르틴 루터의 종교개혁 때는 구원론이 중요한 때였습니다. 요한 웨슬리의 대각성운동 시대에는 전도와 구원론이 부각되었고, 18세기말에서 19세기 중엽에는 제3세계를 향한 선교 열풍이 불어 선교론이 아주 중요한 시대였습니다. 그보다 앞서, 4세기에는 기독론이 중요한 이슈였습니다. 예수님의 신론이 부각되어 예수님의 신성과 인성에 대한 논쟁이 많았습니다. 이렇게 시대마다 그 시대의 중요한 이슈들이 있어 왔고 거기에 따라서 신학이 발전되어 왔습니다.

20세기에는 이성을 강조하던 전 시대에 대한 반작용으로 성령에 대한 열풍이 일어난 시대였습니다. 성령에 대한 성경의 가르침이 무엇인지를 확실하게 종합적으로 살펴볼 필요가 있었던 것입니다. 우리가 하나님의 말씀에 근거한 성경적 성령론을 잘 이해하고 있으면 잘못된 성령론에 쉽게 끌려 다니지 않습니다. 오히려 하나님의 계시의 범위 안에서 성령을 이해하고 성령의 인도하심을 따라 살아가게 됩니다.

성령에 대한 이해는 다른 어떤 자료보다도 성경을 통해서 이루어져야 합니다. 개인적 경험과 간증은 너무도 다양하기 때문입니다. 그러나 성령충만한 삶이 항상 유지되지 않고 성령과 동행하지 않으면 지식만으로는 유익이 없습니다. 그러므로 우리는 성령론을 연구함에 있어서, 먼저 우리의 몸과 마음과 영혼, 우리의 전 인격 전부를 완전히 성령님의 통치하에서 살도록 해야 합니다. 성령의 열매가 우리의 생각과 감정, 말과 태도, 행동과 습관과 인격 속에 풍성하게 나타날 때 비로소 우리의 지식도 완전해지기 때문입니다.

차례

1부

아, 성령이 오셨네. 성령론.

성령의 이름

“땅이 혼돈하고 공허하며 흑암이 깊음 위에 있고 하나님의 영(the Spirit of God)은 수면 위에 운행하시니라.” 창 1:2

지금부터 성경 말씀을 통해 성령님에 대해 살펴보도록 하겠습니다. 우리가 누군가를 알기 위해서, 또는 나를 상대방에게 알리기 위해서 사용하는 방법은 먼저 그분의 이름을 아는 일입니다. 전화를 걸거나 사람을 처음 만났을 때 저는 늘 "김상복 목사입니다"라고 인사를 합니다. 그러면 제가 누구인가를 알기 시작합니다.

이렇게 이름이라는 것은 누군가의 신분을 나타냅니다. 신분뿐만이 아니라 속성, 성격, 특징, 나아가 그 사람 자신을 가리키는 것이 바로 이름입니다. 제 이름은 '상복'(相福), 서로 '相' 자에 복 '福'자입니다. 이 이름 때문에 저는 평생 서로에게 福이 되어야 한다고 생각하고 살아왔고 그렇게 살려고 노력을 하고 있습니다. 이름대로 살려고 하는 것입니다.

그래서 지금부터 성령님께서 어떤 이름을 가지고 계시는지를 살펴보도록 하겠습니다. 성령님의 이름을 통하여 그분의 신분과 속성을 알아보고, 그 이름들이 어떻게 사용되었는지도 살펴보도록 하겠습니다.

1. 성경에 나타난 성령의 이름

(1) '하나님의 영'(창 1:2)

성령님에 대한 이름은 성경에 다양하게 기록되어 있는데 그중에 성령님에 대해 제일 먼저 나타난 이름은 창세기 1장 2절의 '하나님의 영'입니다.

> "땅이 혼돈하고 공허하며 흑암이 깊음 위에 있고 하나님의 영(the Spirit of God)은 수면 위에 운행하시니라."

'하나님의 영'이라는 성령의 이름에서 강조하고자 하는 것은 무엇입니까? 영어로 'The Spirit of God'으로 번역되어 있는데 우리에게 말해주고자 하는 뜻은 무엇입니까? 그것은 성령이 '하나님에게 속한 영', '하나님으로부터 나온 영'이라는 것입니다. 성령의 소속, 성령의 근원을 말해주는 것입니다. 그러나 우리는 이 말을 좀 더 살펴볼 필요가 있습니다.

'하나님의 영'에서 '의'라는 말은 영어로 'of' 입니다. 보통 of를 소유격이라고 부릅니다. 그러나 예를 들어 영어로 'The City of Washington'이라고 한다면, 이 의미를 '워싱턴의 시, 워싱턴에 속한 시'라고 말하지는 않습니다. 이때의 of는 소유격이 아니라 동격입니다. 다시 말하면 The city가 워싱턴이고, 워싱턴이 The city라는 것입니다. 이런 것을 영어에서는 동격 전치사라고 합니다. '워싱턴의 도시'가 아니라 '워싱턴이라는 도시’란 뜻입니다. 시 이름이 워싱턴인 것입니다.

이렇게 볼 때, ‘The Spirit of God’은 ‘하나님에게 속한 영이다’라고 말할 수도 있지만, 더 정확한 의미는 ‘그 영이 바로 하나님이다’란 것입니다. 그 영 자체가 하나님이라는 것입니다. 동격으로 보는 것이 더 정확한 해석입니다.

또 “하나님의 영이 수면 위에 운행하시니라”라고 한 창세기 1장 2절은 ‘하나님이신 영이 그 물 위에 움직이고 계시더라’라고 다시 풀이해 볼 수 있습니다. 이어서 ‘운행하시니라’는 영어로 ‘에너지로 움직이시니라’(energize)로 해석할 수 있습니다. 모든 우주에는 파장이 있습니다. 물 위에 에너지를 공급하면 파장이 생깁니다. 빛도 파장(light wave)입니다. 열도 마찬가지로 파장입니다. 파장은 다시 말하면 에너지입니다. 우주 전체가 하나님의 에너지에 의해서 생성되고 새로운 생명이 나타나기도 하고 변하기도 합니다.

그러면 그 에너지의 근원(source)이 무엇입니까? 바로 성령님입니다. 성령이 모든 에너지의 근본이라는 것입니다. 성령님의 힘이 모든 에너지의 근본입니다. 이때 energize 또는 move, 즉 ‘움직이다’라는 이 단어는, 신명기에 보면 독수리가 자기 새끼를 낳아 놓고 그 위에서 빙빙 돌면서 그 새끼를 보호하는 것을 표현할 때 사용된 단어와 똑같은 단어(hovering over)입니다(신 32:11). 독수리가 자기 새끼 위에 돌면서 보호하고 지키는 그런 모습에 이 ‘운행한다’라는 단어가 사용되었습니다. 성령님은 모든 에너지의 근원이고 에너지를 공급하고 계시는 분이십니다.

이것이 성령님께서 하신 첫 번째 일입니다. 만물 위에 움직이시면서 에너지를 공급하시는 것입니다. 지금도 마찬가지입니다. 우리가 성령님을 의지하면 성령님은 우리와 함께 계시며 영적인 에너지를 더하여 주십니다.

(2) '은혜의 영'(슥 12:10)

"내가 다윗의 집과 예루살렘 주민에게 은총과 간구하는 심령을 부어 주리니 그들이 그 찌른 바 그를 바라보고 그를 위하여 애통하기를 독자를 위하여 애통하듯 하며 그를 위하여 통곡하기를 장자를 위하여 통곡하듯 하리로다"

두 번째로 살펴볼 성령님의 이름은 '은혜의 영'(Spirit of grace)입니다. 여기서 강조하는 것은 '은혜'입니다. 값없이 베풀어 주시는 사랑과 친절, 무조건적이고 대가를 요구하지 않고 그저 베풀어 주시는 다정한 친절과 호의를 은혜라고 합니다. 즉 은혜의 영이란 '하나님의 성령은 은혜로우신 분이시고 또 끝없이 은혜를 베풀어주시는 분이시다'라는 뜻입니다.

그러나 우리는 이 은혜라는 말을 잘못된 의미로 종종 사용하고 있습니다. 제가 설교를 마치고 나가면 "목사님, 저 오늘 은혜를 많이 받았습니다"라고 이야기를 많이 하는데, 그때 은혜를 많이 받았다는 말과 본래 성경의 은혜라는 말은 다릅니다.

"그 찬송이 은혜로웠다, 설교가 은혜로웠다, 기도가 은혜로웠다" 할 때 그 은혜라는 말은 영어로 말하면 '감동적(moved)이다'라는 뜻입니다. ‘감동적인 설교였다, 감동적인 기도였다’ 라는 말이 좀 더 정확한 뜻일 것입니다. 그러나 성경에서의 은혜는 그런 뜻이 아닙니다. 성경에서의 뜻은 간단합니다. 값없이 주는 친절한 사랑, 값없이 주는 호의, 대가를 요구하지 않고 베풀어 주시는 사랑, 이런 것들을 은혜라고 합니다. 그러므로 ‘은혜의 영’이란, 성령님은 우리에게 아무 조건도 내세우지 아니하고 당신의 사랑과 당신의 끝없는 호의를 우리에게 베풀어 주시는 역할을 하시는 분이란 말입니다.

그런 의미에서 여기에서 말하는 은혜의 영이란, 우리를 돌봐주기를 좋아하고, 친절 베풀기를 좋아하고, 힘주시기 좋아하고, 지혜 주시기 좋아하고, 평화 주시기 좋아하고, 우리에게 도움이 될 것을 조건없이 주시는 분이 성령님이란 말입니다.

(3) ‘진리의 영’(요 14:17)

성령님은 또 진리의 영입니다. 요한복음 14장 17절에는 이렇게 말씀하고 있습니다.

“그는 진리의 영이라 세상은 능히 그를 받지 못하나니 이는 그를 보지도 못하고 알지도 못함이라 그러나 너희는 그를 아나니 그는 너희와 함께 거하심이요 또 너희 속에 계시겠음이라”

진리의 영이 오시면 우리에게 모든 것을 가르쳐 주십니다. 사실, 성경을 그냥 문자적으로 읽을 수는 있습니다. 그러나 이 문자적인 지식만 가지고는 성경을 알았다고 할 수 없습니다. 문자적으로 기록된 진리를 머리로 깨달은 것이 마음에 와 닿아서 그것이 내 안에 확신이 되거나 내 삶의 행동과 태도와 습관이 되어야 제대로 깨달은 기독교의 진리라고 할 수 있습니다.

세속적 교육(Secular education)과 기독교적 교육(Christian education)에는 차이가 있습니다. 세상의 교육은 정보를 제공해 주는 것입니다. 사실과 내용을 가르쳐 주면 되는 것이지만, 기독교의 교육은 삶의 변화를 일으키는 것입니다. 변화를 일으키는 교육은 기독교 교육이고, 지식과 정보를 제공하는 것은 세상의 교육입니다.

그래서 성령에 대한 정보제공만이 아니라, 정보를 받아들임으로써 정보 때문에 내 생각과 의지, 말과 행동, 태도와 감정마저 변화되고 보다 더 성숙해지고 예수님의 모습을 닮아가고, 성화되고 성숙한 사람으로 변화되어가는 과정이 바로 기독교의 교육입니다. 열두 제자의 이름, 열두 지파의 이름을 줄줄 외우는 것이 기독교 교육이 아닙니다. "네게 죄 지은 자를 용서하라"는 말씀에 분노를 삼키고 용서하고 그를 용납하는 것이 기독교 교육입니다. 인간으로서는 불가능한 그것을 가능하게 하는 분이 바로 우리 안에 계시는 성령님입니다.

그래서 성령님을 진리의 영이라 부릅니다. 진리가 어디서부터 옵니까? 성령으로부터 오는 것입니다. 모든 진리는 성령으로부터 옵니다. 진리를 가르쳐 주시고 깨닫게 해주시는 분이 성령님이기 때문입니다. 그러므로 성령님을 의존하지 않고는 진리를 배워도 지식에 불과할 뿐입니다. 성령님의 조명하심 없이 지식을 영적으로 소화할 수는 없기 때문입니다.

그래서 우리는 성경공부를 할 때 꼭 "오늘도 성령님께서 우리를 깨닫게 도와주옵소서"라고 기도를 합니다. 성경을 깨달아서 그것이 우리 몸에 피가 되고 살이 되어서 자연스럽게 우리의 한 부분이 되듯이 우리 속에서 진리가 내면화 되는 상태, 그것은 진리의 영이신 성령님께서 하시는 일입니다.

(4) '성결의 영'(롬 1:4)

성령님은 또한 거룩한 영이십니다. 성결의 영(the Spirit of Holiness), 거룩한 영, 또는 성별된 영이라는 뜻입니다. 로마서 1장 4절을 살펴보겠습니다.

"성결의 영으로는 죽은 자들 가운데서 부활하사 능력으로 하나님의 아들로 선포되셨으니 곧 우리 주 예수 그리스도시니라"

이 말씀에서 성령님을 '성결의 영'으로 부르고 있습니다. 영어로는 'The Spirit of holiness'입니다. 다른 말로는 '거룩의 영,' '거룩한 영"이라고도 할 수 있습니다.

구약에서 하나님의 백성들이 성결하게 되기 위해서는 어린 양을 희생 제물로 드리는 것을 볼 수 있습니다. 신약에 와서는 어린 양이신 그리스도 보혈의 피로 모든 믿는 자의 죄가 사함을 받고 성결하게 되었습니다. 지금도 마찬가지입니다. 성도들을 성결하게 하는 것은 우리를 위하여 십자가에서 피 흘리신 그리스도의 영(롬 8:9)이신 성령입니다. 우리를 삶 가운데 있는 죄로부터 지켜 주시고 거룩하게 구별해 주시는 분은 성결의 영이신 성령님입니다.

만약 매일의 삶에서 죄악으로부터 성결하게 되기를 원한다면 우리는 성결하게 하시는 영이신 성령님을 의지하고 도움을 청해야 합니다. 성령님을 의지할 때, 성령님은 우리를 성결하게 지키시고 세상 가운데서 거룩한 백성으로 구별하여 세워주시는 것입니다.

(5) '생명의 영'(롬 8:2), '그리스도의 영'(롬 8:9)

성령님은 생명의 영입니다.

"그리스도 예수 안에 있는 생명의 성령의 법이 죄와 사망의 법에서 너를 해방하였음이라"(롬 8:2).

새로운 영원한 영적인 생명은 성령님께서 오셔서, 우리 가운데 임하실 때 생기는 것입니다. 생명의 영이신 성령께서 오시기 전에는 죄와 사망 가운데서 죽어 있는 상태입니다. 영적인 생명이 없어서 영적인 것들을 알 수도 이해할 수도 없고 영적인 세계로 들어갈 수도 없습니다.

또 성령님은 그리스도의 영입니다. 로마서 8장 9절을 봅시다.

"만일 너희 속에 하나님의 영이 거하시면 너희가 육신에 있지 아니하고 영에 있나니 누구든지 그리스도의 영이 없으면 그리스도의 사람이 아니라”

성령님은 그리스도의 영입니다. 우리는 자신을 그리스도인이라 부르는데, 만약 우리에게 그리스도의 영이 없다면 그리스도의 사람이 아닙니다. 그리스도인의 생명은 생명의 영, 그리스도의 영이신 성령님에게 있습니다. 생명의 성령이 없는 사람은 그리스도인이 아닙니다. 그리스도의 영이 없는 사람은 예수를 그리스도라 고백할 수 없습니다.

(6) ‘양자의 영’(롬 8:15)

성령님은 또 양자의 영입니다. 여러분과 저를 양자로 삼아 주시는 분이 바로 성령님입니다.

“너희는 다시 무서워하는 종의 영을 받지 아니하고 양자의 영을 받았으므로 우리가 아빠 아버지라고 부르느니라”(롬 8:15).

우리는 종종 ‘거듭난다’는 말을 합니다. 거듭난다는 이야기를 할 때 “물과 성령으로 나지 아니하면 하나님의 나라에 들어갈 수 없느니라”(요 3:5)는 말씀을 떠올리게 됩니다. 하나님의 나라에 들어가기 위해서는 성령으로 거듭나야 되는데, 거듭남은 바로 성령님을 통해서 이루어집니다.

우리가 예수 그리스도를 구원자라고 진심으로 고백한다면 우리는 성령으로 거듭 태어난 사람들입니다. 성경에 말하기를 “성령으로 아니하고는 누구든지 예수를 주시라 할 수 없느니라"(고전 12:3)고 했습니다. 그래서 우리가 구원을 받았는지 거듭났는지는 한 가지만 물어보면 됩니다. "여러분은 예수 그리스도를 여러분의 구원자로 고백하십니까?" 물었을 때 "아멘"으로 대답하는 사람은 거듭난 사람입니다. 성령이 아니고는 예수님을 자신의 구원자라고 고백할 수 없습니다. 그래서 어떤 사람은 "아멘"을 하지 못합니다. 저는 "하나님은 창조주다, 존재의 실체이다, 우주의 근원이다." 이런 모호하고 그럴듯한 말은 할 수 있지만 하나님을 정작 나의 "아버지"라고 부르지 못하는 사람들을 봅니다. 서양의 신학자들 중에도 하나님을 자기 아버지라고 부르지 못하는 사람들이 있습니다. 하나님으로부터 생명을 받아 영적으로 다시 태어나지 않았기 때문에 아버지인 줄 알아보지 못하는 것입니다.

하나님의 영은 우리에게 오셔서 우리를 거듭나게 해주십니다. 그런데 우리는 언제 거듭납니까? 성령의 감동으로 예수 그리스도를 우리의 구원자라고 마음으로 믿고, 입으로 고백하는 그 순간, 하나님께서 초자연적으로 우리의 영혼에 하나님의 영원한 생명을 넣어 주십니다. 그래서 그 순간 영적으로 태어나 하나님의 아들과 딸이 됩니다.

하나님의 생명은 손으로 만져지지 않습니다. 꺼내서 확인해볼 수도 없습니다. 하나님의 생명은 눈에 보이지 않습니다. 보이지 않는 영원한 생명에 감격해서 어떤 사람들은 울기도 합니다. 그러나 반드시 감격해서 울어야 거듭난 것은 아닙니다. 어떤 사람들은 좋아서 환하게 웃으면서 예수 믿는 것을 보았습니다. 그런데 우리는 울어야만 거듭나는 줄 압니다. 울면서 몸부림치고 감격해보지 않았더라도 우리가 예수님을 우리의 구주로 고백하고 마음속으로 믿으면 우리는 거듭난 사람입니다. 왜냐하면 성령님이 오셔서 우리 안에 영원한 생명을 창조해 주셨기 때문입니다. 그것은 하나님의 영, 생명의 영, 그리스도의 영이신 성령께서 우리에게 양자의 영을 주셨기 때문입니다. 우리를 양자로 삼아 주셨기 때문입니다. 우리는 영적으로 이것을 믿습니다.

(7) '영광의 영'(벧전 4:14), '예언의 영'(계 19:10), '영원한 성령'(히 9:14)

성령님은 영광의 영입니다. 영광스러운 영이라는 것입니다. 우리 안에 계시고 우리 위에 계시고 우리를 둘러 계십니다.

"영광의 영 곧 하나님의 영이 너희 위에 계심이라"(벧전 4:14).

또한 성령님은 예언의 영, 대언의 영이기도 합니다. 모든 예언은 성령께서 주시는 것입니다. 예언이란 성령께서 들려주시는 말씀을 대신 선포하는 것입니다.

"예수의 증언은 예언의 영이라"(계 19:10).

성령님의 또 다른 이름은 거룩한 영(Holy Spirit)입니다. 히브리서 9장 14절에는 성령님을 '영원하신 성령'이라고 부르고 있습니다. 영원은 하나님의 속성입니다.

(8) '보혜사'(요 14:16, 26)

"내가 아버지께 구하겠으니 그가 또 다른 보혜사를 너희에게 주사 영원토록 너희와 함께 있게 하리니"(요 14:16).

보혜사라는 단어는 영어로 'Comforter'입니다. 이것을 우리말로 옮길 때 보혜사(保惠師)라고 한 것입니다. '保'는 보호한다는 보 자, '惠'는 은혜라는 혜 자입니다. 쉽게 말하면 협조자, 즉 도우미, 도와주는 분이라는 뜻입니다. 이 단어의 헬라어는 '파라클레토스'인데, 쉽게 말하면 변호사라는 단어와 비슷합니다.

변호사는 우리가 법정에 나갈 때, 법도 잘 모르고 어떻게 변호할 줄 모르는 우리 옆에 앉아서 모든 것을 대신해서 도와주는 사람입니다. 그분이 바로 '보혜사'입니다. 성령님은 옆에 서서 언제나 우리를 도와주시는 분입니다.

성령으로 거듭난 사람은 어디를 가더라도 언제나 성령님께서 함께 계시기 때문에 혼자 다니는 때가 없습니다. 우리가 보기에는 혼자서 어디를 간 것 같아도, 사실은 혼자 간 게 아닙니다. 우리가 약하고, 힘이 없고, 지혜가 부족해서 스스로 하지 못하는 것을 해낼 수 있도록 도와주시는 분이 우리 안에 계셔서 우리와 항상 동행하십니다. 그래서 우리는 성령님과 항상 같이 있으니까 우리가 부족함을 느낄 때마다 그분에게 도움을 청하면 됩니다. "하나님, 이 둘 중에 어떻게 결정을 해야 할지 모르겠습니다. 나를 도와주십시오." 바로 그 순간 우리를 도와주시는 분이 성령님입니다.

그래서 저도 언제나 기도를 합니다. 심방 갈 때도 기도를 하고 가고, 심방 가서 교우들의 대화를 조용히 들으면서도 성령님께 기도합니다. "이분에겐 어떤 말씀이 성령님께서 주시고자 하시는 말씀입니까?"를 물어봅니다. 그러면 이야기를 듣는 사이에 하나님의 성령께서 '이 사람에게는 이러이러한 몇 장 몇 절의 말씀이 적합하다'는 것을 생각나게 해주십니다. 그러면 대화가 다 끝나고 성경을 펼쳐서 그 말씀을 그분에게 들려 드립니다.

보혜사 성령은 늘 우리 안에 임재해 계시면서 언제든지 도움을 구할 때 도와주시는 분입니다. 그래서 예수를 믿는 사람은 혼자서 반드시 똑똑하지 않아도 됩니다. 똑똑하신 성령님이 나와 함께 계시기 때문입니다. 똑똑하다고 자신을 믿고 의지하기보다는 우리의 부족함을 인정하고 성령님을 의지하는 사람이 오히려 지혜로운 사람입니다. 왜냐하면 지혜의 영이 우리 안에 계시기 때문입니다.

그래서 저는 어떤 경우 지혜가 없으면 "주님, 제가 지혜가 필요합니다"라고 기도를 합니다. 그러면 성령님께서 필요한 지혜를 주십니다. 저는 제 기도 가운데 "하나님, 오늘도 하루에 필요한 지혜를 허락하여 주시옵소서"라고 간구합니다. 어떤 중요한 일을 해야 하거나 무엇을 결정해야 되거나, 생각이 분명하지 않으면 꼭 하는 기도입니다. 우리는 성령의 도움이 항상 필요합니다.

우리가 지혜를 간구하면 우리에게 지혜를 주십니다. 우리 속에 하나님이 주신 지혜의 영이 있기 때문입니다. 어떤 때 기운이 없으면 "기운을 주시옵소서" 기도합니다. 그러면 능력의 영이신 성령님께서 힘을 주십니다. 우리가 하지 못하는 일을 하나님은 능히 하실 수 있는 분입니다.

예수님께서 기도할 때 일용할 양식을 구하라고 하셨습니다. 구할 때 하나님은 주십니다. 보혜사 성령님은 우리를 돕는 분입니다. 협조자입니다. 성령님이 우리와 함께 계시기 때문에 우리는 비록 어리석고 힘이 없어도 염려할 필요가 없습니다.

스스로 똑똑하지 못한 사람도 행복합니다. 자기가 똑똑하지 못하니까 성령님의 지혜가 함께하기 때문입니다. 재주 없는 사람이라도 복이 있습니다. 자기가 재주가 없으므로 성령님의 재주가 함께 하기 때문입니다. "심령이 가난한 자는 복이 있나니 천국이 그들의 것임이요"(마 5:2). 자기의 지혜가 부족한 사람에겐 성령님의 지혜가 나옵니다. 왜냐하면 성령님은 바로 자기를 의지하는 사람들을 돕는 보혜사이기 때문입니다.

부활하신 예수님이 보내시겠다고 약속하신 보혜사 성령님이 지금 우리와 함께 계십니다. 예수님은 "보혜사를 너희에게 주사 영원토록 너희와 함께 있게 하리니… 그는 너희와 함께 거하심이요 또 너희 속에 계시겠음이라 내가 너희를 고아와 같이 버려두지 아니라고 너희에게로 오리라"(요 14:16-18)고 말씀하셨습니다. 예수님이 승천하시고 난 뒤 예수님과 똑같은 분이 영으로 오셨는데, 그분이 바로 우리와 함께 영원히 계시며 우리를 돕는 성령님이십니다.

언제 어디서 무엇을 하든지 우리는 성령님을 의지하고 살아갑니다. 성령님을 의지해서 건강도 유지하고, 지혜도 얻고, 위로도 받고, 능력도 받습니다. 성령님을 의지할 때 힘도 얻고, 평화도 누릴 수 있습니다. 무엇을 하든지 혼자가 아니고 성령님을 의지하면 필요한 성령의 열매를 때에 따라 주십니다. 그분이 바로 보혜사 성령님입니다.

(9) ‘나의 영’(창 6:3)

마지막으로 ‘나의 영’이라고 말씀하신 성령님의 타이틀을 살펴보도록 하겠습니다.

“여호와께서 이르시되 나의 영이 영원히 사람과 함께 하지 아니하리니 이는 그들이 육신이 됨이라.”

이때 ‘나’는 성부 하나님이시고 그분이 여기서 말씀하고 계십니다. 그것은 소속을 말하는 것입니다. 하나님께 속한 하나님의 영이라는 뜻입니다.

이와 비슷한 이름으로, 이미 앞에서 ‘하나님의 영’에 대해서 살펴본 적이 있습니다. ‘의’(of)를 소유격으로 해석하여 ‘하나님께 속한 영’이라고 해석할 수도 있지만 더욱 정확한 뜻은 ‘의’(of)를 동격 전치사처럼 해석하여 ‘하나님인 영’이라고 해석하는 것이 더욱 정확한 의미라는 것을 이미 살펴보았습니다.

‘나의 영’도 마찬가지입니다. ‘나에게 속한 영’이라고 해석할 수 있지만 '나인 영'이라고 해석하는 것이 좋습니다. 그러면 이 말씀은 '영(성령)은 곧 나(하나님)'라는 의미입니다. 이 말씀에서 우리는 성부 하나님, 성자 하나님, 성령 하나님이 모두 하나라는 삼위일체의 교리를 확인할 수 있습니다.

한글성경 중에 「공동번역성서」라는 것이 있습니다. 가톨릭교회와 개신교가 연합해서 번역해 놓은 성경입니다. 거기에 창세기 1장 2절 '하나님의 영'을 뭐라고 번역해 놓았는가 하면 '하나님의 입김'이라고 해놓았습니다. 이것은 잘못된 오역입니다.

저는 평양을 방문했을 때 북한 신구약 성경을 한 권 얻은 적이 있습니다. 돈을 주고 사려고 하니까 파는 것이 아니므로 그냥 주겠다고 해서 한 권을 가져왔습니다. 그런데 북한 구약성경을 펼쳐 창세기를 보니까 거기에도 '하나님의 입김'이라고 해놓았습니다. 그래서 그게 공동번역인 줄 알았습니다. 한국에 돌아와서 공동번역성서와 대조해보니까, 북한의 성경은 한국의 공동번역을 그저 북한말로 토씨만 바꿔 놓았습니다.

'입김'은 틀린 번역입니다. '루아흐'라는 히브리 단어에는 '입김'(breath)란 뜻이 있기는 하지만 "영" 대신 "입김"을 택한 것은 잘못된 결정이라 생각합니다. 하나님의 영이 활동하고 움직인 것이지, 하나님의 입김이 오간 것이 아닙니다. 그 번역은 잘못된 것입니다.

성경 말씀을 바로 아는 일이 절대로 필요합니다. 성경 말씀은 이성적 지식으로만 알 수는 없습니다. 지식으로만 성경을 대할 때 앞서와 같은 오역들이 나타날 수 있습니다. 우리는 성경을 번역할 때나, 읽을 때나, 해석할 때나 겸손히 성령의 지혜와 조명하심을 구하며 해야 합

니다. 왜냐하면 성경의 저자는 성령이시므로 성령님께서 직접 풀어주
실 때 비로소 우리의 지식은 완전해지는 것이기 때문입니다.

2

성령의 상징과 모형

"바람이 임의로 불매 네가 그 소리는 들어도 어디로 와서 어디로 가는지 알지 못하나니 성령으로 난 사람도 다 그러하니라" 요 3:8

그러면 이제 성경에서 성령님은 어떤 상징으로 표현되는가를 살펴보도록 하겠습니다. 성령님은 성경에서 다양한 상징으로 표현되고 있습니다. 각각의 상징은 성령님의 사역의 내용과 밀접한 관련을 맺고 있으면서 성령님의 속성에 대한 이해를 적절하게 드러내고 있습니다.

성령님에 대한 상징을 살펴볼 때, 히브리어와 히브리적인 사유에 대한 이해를 먼저 해둘 필요가 있습니다. 영어 또는 한글로 번역되는 과정에서는 한 가지의 의미를 뜻하는 단어로 번역되었지만, 원래의 히브리 원어에는 자연적, 영적, 초자연적인 의미들이 다의적(多意的)으로 포함되는 경우가 많습니다. 한 가지의 단어가 여러 가지 의미로 사용되었던 것입니다. 그러므로 성령님의 상징을 살필 때는 원어가 가지는 의미를 정확하게 살펴볼 필요가 있습니다. 그뿐만 아니라 히브리적인 사유에서는 자연적인 현상들도 신적인 현상과 밀접한 관계를 가지고 있는 것으로 생각되었습니다. 따라서 성령님의 상징은 자연적 현상과 신적 의미가 결합된 풍부한 상징성을 지니게 된 것입니다.

그러면 지금부터 성령의 상징과 그 의미에 대해서 살펴보겠습니다. 성령님은 일곱 가지의 상징과 모형으로 성경에 나타나고 있습니다.

1. 성령의 상징과 모형

(1) '바람'(요 3:8; 행 2:1; 겔 37:9)

"바람이 임의로 불매 네가 그 소리는 들어도 어디로 와서 어디로 가는지 알지 못하나니 성령으로 난 사람도 다 그러하니라"(요 3:8).

이것은 무슨 의미입니까? 성령님은 눈으로 볼 수 없다는 의미입니다.

바람은 불어도 눈에는 보이지 않습니다. 그러나 바람이 불면 가지가 흔들리는 것을 보고 우리는 바람이 불고 있다는 사실을 알 수 있습니다. 마찬가지입니다. 성령님은 마치 바람과 같습니다. 성령님은 눈에 보이지는 않지만 성령님이 역사하시면 그 효과나 결과를 보고 성령님이 역사하셨다는 사실을 알 수 있습니다.

'바람'이라는 단어와 '성령'이라는 단어는 성경에서 똑같은 단어로 사용되었습니다. 성경에서 '바람'과 '성령'은 모두 히브리어로는 '루아흐', 헬라어로는 '프뉴마'라고 합니다. '프뉴마'에서 파생된 단어 가운데 하나가 'pneumonia'입니다. 이 단어는 '폐렴'이란 뜻으로, 원래는 '프뉴모니아'라고 읽어야 하는데 P자가 묵음이 되어 '뉴모니아'라고 읽습니다. 이처럼 성령의 어원인 '프뉴마'에는 바람 또는 호흡이라는 의미도 들어있습니다.

또 사도행전 2장 1-2절에서도 "오순절 날이 이미 이르매 그들이 다 같이 한곳에 모였더니 홀연히 하늘로부터 급하고 강한 바람 같은 소리가 있어 그들이 앉은 온 집에 가득하며”라고 기록하면서 성령님을 바람으로 상징하고 있습니다.

또 에스겔서 37장에서도, 뼈가 다 흐트러졌는데 바람이 부니까 뼈들이 여기저기서 날아와 붙어서 사람이 되었다고 하면서(9절) 성령님을 바람과 비교하고 있습니다. 바람이 불면 나무 잎이 흔들립니다. 바람의 존재는 눈에는 보이지 않지만 현상으로 알 수 있습니다. 성령님은 바람처럼 눈에 보이지는 않지만 나타난 결과를 보고 성령님을 알 수 있다는 것을 보여주고 있습니다.

또한 바람은 혼돈(잠 25:4), 공허함(욥 6:26)을 의미할 때도 있습니다.

(2) ‘불’(행 2:3; 사 4:4; 슥 2:5)

“마치 불의 혀처럼 갈라지는 것들이 그들에게 보여”(행 2:3).

사도행전 2장 3절에는 성령님을 “불의 혀처럼 갈라지는 것”이라고 표현하고 있습니다. 이사야 4장 4절에서는 성령님을 “심판하는 영과 소멸하는 영”이라고 기록하고 있습니다. 한글성경에서는 정확하게 표현되지 않았는데 “소멸하는 영”을 영어성경(NIV)에서 살펴보면 ‘a Spirit of fire’라고 기록하고 있습니다. 성령님은 불의 영, 즉 불과 같다는 의미를 잘 드러내주고 있습니다.

불이라는 것은 심판의 상징이기도 합니다. 또 “그가 나를 단련하신 후에는 내가 순금같이 되어 나오리라”(욥 23:10)는 욥기의 말씀에서처럼 신앙을 단련하기 위한 불과 같은 시험, 그리고 식지 않은 뜨거운 신앙의 의미를 갖기도 합니다. 또한 불은 하나님의 임재의 상징으로도 사용되었습니다.

우리는 기도할 때 "불같은 성령을 주시옵소서"라고 기도를 많이 합니다. 성령님은 불과 같은 분이십니다. 그러나 불과 같이 뜨거운 성령만 구하고 바람 같은 성령을 구하지 않는다면 하나는 알지만 하나는 모르는 오류를 범할 수 있습니다.

불처럼 뜨겁게 일어나서 모든 것을 순식간에 태워버리는 불과 같은 성령의 역사가 일어날 때도 있지만, 때로 성령님은 살살 부는 바람과 같이 잔잔하고 부드럽게 역사하시기도 합니다. 바람처럼 고요하게 나타나서 가지를 살짝 흔들어 놓고 가는 역사 속에서도 성령님의 임재를 민감하게 느낄 줄도 알아야 합니다.

바람처럼 조용할 때도 성령님의 역사이고, 불처럼 뜨거울 때도 성령님의 역사는 있습니다. 성령님의 역사는 한 가지만이거나 일률적인 것만은 아닙니다. 하나님은 무한한 분이니까 다양성이 있습니다. 우리가 상상할 수 없을 만큼 다양성이 있습니다. 하나님은 여러 가지 방법으로 우리 가운데 역사하십니다. 나무 하나만 보아도 나무에 붙어 있는 잎사귀들의 모양을 보아도 천차만별입니다. 같은 것이 하나도 없습니다. 무한하신 하나님의 다양성을 보여줍니다. 한국 신앙인들은 뜨거운 불과 같은 뜨거운 성령에만 너무 치우쳐 있는 우려가 있습니다.

그러므로 하나님을 내 경험과 내 신앙 스타일에 의해 일률적으로 규정하거나 판단하려는 것은 하나님의 다양하신 역사를 이해하지 못한 결과입니다. 그것은 편파적이거나 편협해질 수도 있습니다. 하나님은 무한하신 분이십니다. 성경의 전반적 가르침이나, 성령의 종합적인 상징을 이해하지 못할 때 나타나는 현상일 수 있습니다.

그래서 성경을 잘 알면서도 성령님에 의존해서 사는 사람일수록 신앙의 균형이 잘 잡혀있습니다. 성경을 잘 이해하면서 신앙을 개발한 사람들은 한쪽으로 지나치게 치우치지 않고, 온건하면서도 여러 면에서 다양성을 인정하고 그런 모습으로 나타나는 것을 볼 수 있습니다.

(3) '인'(엡 1:13, 4:30; 고후 1:22; 계 7:3-4)

성령님에 대한 상징의 세 번째는 '인', 즉 도장입니다.

"그 안에서 너희도 진리의 말씀 곧 너희의 구원의 복음을 듣고 그 안에서 또한 믿어 약속의 성령으로 인치심을 받았으니"(엡 1:13).

성령으로 인치심을 받았다는 것은 소유권을 말하는 것입니다. 어떤 물건이 자기 소유인 것을 밝힐 때는 그 물건 위에다 도장을 찍습니다. 마찬가지로 우리가 성령의 인치심을 받았다는 것은 우리가 성령님의 소유라는 의미입니다.

도장을 찍는 것은 또한 계약의 완료를 뜻합니다. 집을 사고팔 때라든지, 물건에 대한 구매 계약시에 아직 최종적으로 물건을 인수하는 행위는 이루어지지 않았지만, 계약된 물건에 대한 모든 법적 권리는 계약서에 도장을 찍는 순간 완료되는 것입니다.

이 땅에서 그리스도인의 삶도 마찬가지입니다. 우리가 성령님의 인치심을 받음으로, 아직 우리는 천국에 들어간 것은 아니지만, 이미 천

국의 삶을 보장받고 누리며 사는 것입니다. 그러므로 성령님의 인치심
은 구원에 대한 확증입니다. 우리가 하나님의 자녀임을 성령님은 확증
시켜 주십니다.

(4) '보증'(고후 1:22)

"그가 또한 우리에게 인치시고 보증으로 우리 마음에 성령을 주셨느니
라"

여기에서 말하는 '보증'이란 보증금과 같은 의미입니다. 어떤 것을
내 것으로 사용하기 위해서 미리 지불해 놓는 돈이 바로 보증금입니
다. 성령께서 나의 영원한 영생을 위해서 보증금을 지불했기 때문에
누구도 우리로부터 영생을 빼앗을 수는 없습니다.

미국의 백화점이나 상점에는 'LAY AWAY'라는 시스템이 있습니
다. 어느 백화점에서 꼭 갖고 싶은 좋은 물건을 세일하는데 그것을 살
돈이 없을 경우, 돈을 일부만 내놓고 "Lay Away해 놓으라"고 합니다.
예약과는 다릅니다. 만약 물건이 5만원 짜리라면 만원만 선불을 내고
그 물건에 내 이름을 써서 붙여 놓는 것입니다. 그러면 그 물건은 이미
내 소유의 물건이 되는 것입니다. 일종의 보증금 제도인 셈입니다.

마찬가지입니다. 성령님께서 우리 안에 계시므로, 성령님께서 보증
금이 되셔서 우리는 이미 하나님의 소유인 것입니다. 성령님께서 우리
의 구원에 대한 보증이 되는 것입니다.

성령님은 옷으로 비유되기도 했습니다.

이는 위로부터 내려오는 능력으로 옷 입을 때까지 성을 떠나지 말라는 말씀입니다. ‘옷을 입는다’라는 말의 상징은 ‘힘’과 관련되어 나타나고 있습니다. 동일한 내용의 말씀이 사도행전 1장 8절에도 나옵니다.

“오직 성령이 너희에게 임하시면 너희가 권능을 받고”

‘권능을 받고’가 ‘옷을 입고’와 동일합니다. 사도행전에는 ‘권능’이라는 단어를 썼고, 누가복음에는 ‘능력’이라는 단어를 썼는데 둘 다 똑같은 단어입니다. 힘을 말한 것입니다. 성령님은 우리의 삶 속에, 영혼과 몸에 힘으로 옷을 입듯이 완전히 몸을 감싸주실 수 있는 분입니다. 우리가 육신적인 힘이 모자랄 때도 성령님을 의존하면 육체적인 힘을 얻을 수 있습니다.

이사야 40장 30-31절에는 또 이렇게 기록하고 있습니다.

“소년이라도 피곤하며 곤비하며 장정이라도 넘어지며 쓰러지되 오직 여호와를 앙망하는 자는 새 힘을 얻으리니 독수리가 날개치며 올라감 같을 것이요 달음박질하여도 곤비하지 아니하겠고 걸어가도 피곤하지 아니하리로다.”

성령님께서 구할 때마다 힘을 주시니까 우리는 필요할 때 힘을 얻을 수 있습니다. 성령님은 얼마나 힘이 있는 분입니까? 우주를 창조할 수 있는 힘이 있는 분입니다. 또한 이 힘은 예수 그리스도를 죽은 자 가운데 살려내신 능력이기도 합니다. 우리에게 주시는 힘이 바로 이 성령님의 힘입니다. 그분의 힘을 의지하고 살고 섬기기도 하고 성취하기도 합니다.

(6) ‘물’(요 7:37-39).

성령님은 ‘물’로 상징되기도 했습니다. 예수님이 말씀하신 유명한 생수의 강 비유에 잘 나타나 있습니다. 요한복음 7장 37-39절을 살펴보겠습니다.

“누구든지 목마르거든 내게로 와서 마시라 나를 믿는 자는 성경에 이름과 같이 그 배에서 생수의 강이 흘러나오리라 하시니 이는 그를 믿는 자들이 받을 성령을 가리켜 말씀하신 것이라”

‘보혜사 성령이 너희에게 임하시면’ “너희 속에서 영생하도록 솟아나는 샘물이 되리라”(요 4:14)는 말씀입니다. 우리 속에 성령님이 계실 때 영원히 솟아나는 샘물, 잠깐이 아니라 영원토록 솟아나는 샘물이 생겨납니다. 성령님이 주시는 물은 아무리 마셔도 모자라지 않고, 영원토록 영적인 갈증을 채워줄 수 있는 물입니다.

"이 물을 마시는 자마다 다시 목마르려거니와"(요 4:13). 좋은 옷, 좋은 집, 좋은 음식, 시원한 물 등 세상이 주는 물은 마셔도 다시 목이 마릅니다. 그래서 이 세상이 주는 물을 마시고서 인생의 만족함을 얻으려고 할 때는 노력하면 할수록 더 목마르게 됩니다. 마치 배를 타고 여행하던 사람이 물이 떨어져서 목이 말라서 바닷물을 마시는 것과 마찬가지입니다. 바닷물을 마시면 또 목마르고, 마시면 또 목마름의 반복입니다. 결국 죽습니다.

이 세상이 주는 물은 일시적으로 갈증을 해소하고 목을 시원하게 축이지만 지속적으로, 영원히 해소하리라고 처음부터 기대를 하지 않습니다. 이 세상의 물도 목마를 때 마시면 시원합니다. 그것은 사실입니다. 그러나 인생의 행복을 한 모금의 세상이 주는 물에 걸고 사는 것은 어리석은 일입니다. 결국 영원히 해결하지 못하기 때문입니다.

자식이 줄 수 있는 행복도, 아내와 남편이 줄 수 있는 행복도 우리의 갈증을 해결해 주는 영원한 행복은 아닙니다. 자식이 주는 행복에 젖어 살 때도 있지만 자식 때문에 기도하고 눈물 흘리며 애를 태우는 일은 또 얼마나 많습니까? 자식이란 가만히 앉아있는 예쁜 인형이 아닙니다. 우리의 자녀들이 세상에 물들어 세상의 자식처럼 되어가기가 얼마나 쉽습니까? 성령을 의지하지 않고 성경에 따라 살지 않을 때는 누구라도 부모의 애를 태우는 근심 덩어리가 될 수 있습니다.

그러나 단 한 가지, 한 번도 우리를 실망하게 하지 않는 것은 성령의 물입니다. 언제나 그분을 신뢰하고 그분에게 힘을 구하고 그분에게 말하고 그분과 교통하면 영원히 목마르지 않습니다. 심지어 가족들을 떠나서 혼자 여행을 해도 보혜사 성령이 언제나 같이 다니니까 외로울 틈이 없습니다. 그렇지 않으면 자식이 옆에 있어야 하고, 남편이 옆에 있어야 하고, 아내가 옆에 있어야 하고 꼭 그래야 안심이 됩니다. 정작 없을 때는 갈증이 날 수밖에 없습니다. 더 큰 갈증을 일으키는 잘못된 물을 마실 수도 있습니다.

그래서 우리는 우리 속에서 영생하도록 솟아나는 샘물과 같은 성령님을 의지하고 살아야 합니다. 그것이 그리스도인이 갖는 특권이요, 목마르지 않은 행복의 열쇠입니다.

요한일서 2장 20절 말씀은 무슨 의미입니까?

기름 부음은 기름 부음 받는 사람을 영화롭게 만드는 일입니다. 그리스도라는 말도 '기름 부음을 받은 자'라는 뜻입니다. 구약에서 기름 부음은 왕의 대관식, 선지자와 대제사장의 임명식 때 행해졌습니다. 그만큼 기름 부음은 그 사람을 영광스럽게 하는 일입니다. 그런데 요한일서 2장 2절에서는 예수님에게 메시야로서 기름 부으셨던 성령님이 우리에게도 동일하게 기름을 부으셨다고 말하고 있습니다.

여기서 "거룩하신 자"는 성령님을 가리킵니다. 우리에게 진리를 알게 하시고 진리가 무엇인지 판단할 수 있게 해주시는 분이 성령님이란 뜻입니다. 우리가 성경을 읽거나 기도할 때, 성령님이 우리에게 직접 깨우쳐주시는 진리가 가장 확실한 진리입니다.

그러나 성령님이 깨우쳐주시는 진리에 관해서 한 가지 조심해야 할 것이 있습니다. 만약 성령님이 깨우쳐주신 그 진리를 나만 깨달았고 아무도 모르는 것이라면 그것은 성령님이 가르쳐주신 진리가 아닐 수도 있습니다. 성경은 성령의 영감으로 쓰여졌습니다. 그래서 성경과 성령은 뗄 수 없는 관계가 있습니다. 성경이 말하는 것과 성령이 직접 말씀하셨다고 주장하는 내용이 일치하지 않으면 의심해 보고 조심해야 합니다. 많은 이단들이 이 오류에 빠지고 있기 때문입니다.

제가 미국의 신학교에서 가르치고 있었을 때, 미 공군 대위가 야간에 제 강의를 들으러 다녔는데 한 주를 결석했습니다. 그리고 다음 주일에 왔습니다. 그래서 제가 "지난주에 결석했는데 어떻게 된 거냐?"고 물었습니다. 그러니까 집안에 문제가 있었다고 했습니다. 아침에 일하러 갔다 저녁에 돌아오니까 자기 부인이 노트에 메모를 남겨 놓고는 사라졌다는 것입니다. 아내의 노트에 "성령님께서 당신을 떠나라고 그랬다. 그래서 나는 떠난다"고 써놓고는 어디로 간다는 말도 없이 그냥 사라져 버렸답니다. 그래서 사방에 전화하고 찾아다니느라고 결석을 했답니다.

그래서 제가 그 말을 듣고 성도들이 성령님의 가르침에 대해 조심할 필요가 있다는 것을 느꼈습니다. 성령님은 절대로 성경의 가르침과 반대되는 말씀을 하지 않습니다. 성경에 남편을 떠나라는 가르침이 어디 있습니까? 이 부인의 남편은 나쁜 남편이 아니라 대단히 착하고 좋은 남편이었는데, 그런 남편을 떠나라고 하는 것은 절대로 성령님의 지시가 아닙니다.

　그래서 우리는 성령께서 우리에게 어떤 지시를 주셨다고 생각하거나 누군가가 말할 때면 그것이 성경의 저자이신 성경 말씀에 어긋나면 그건 성령님의 지시가 아니란 것을 분별할 줄 알아야 합니다. 성령님이 각 사람에게 개인적으로 역사하시니까 어떤 것들은 엉뚱한 것을 성령님의 말씀이라고 생각하는 사람들이 가끔 있습니다. 성령님은 성경에 어긋나는 것을 절대로 지시하지 않습니다. 우리 안에 계시는 성령님과 성경을 쓰신 성령님은 똑같은 분이시기 때문입니다.

성령의 품성

"그러나 진리의 성령이 오시면 그가(he) 너희를 모든 진리 가운데로 인도하시리니 그가(he) 스스로 말하지 않고 오직 들은 것을 말하며 장래 일을 너희에게 알리시리라" 요 16:3

모든 사람에게 각자 나름의 고유한 인격이 있듯이, 성령님에게도 성령님 자신의 고유한 품성(personality)이 있습니다. 이것을 영어로 말하면 'The personality of the Holy Spirit'이라고 할 수 있는데, 'personality'는 한글로 번역하기가 까다로운 단어입니다.

그래서 제가 여러 가지 번역들을 참고해 보았습니다. 어느 대학의 심리학 교수는 personality라는 단어를 원어 그대로 '퍼스날리티'라고 번역을 해놓았습니다. 이 단어를 한국말로 정확하게 번역할 수 없으니까 서론에다 "personality를 한국말로 번역할 수 없었기 때문에 그냥 퍼스날리티라고 하겠다" 써놓았습니다. 아마 한글로 정확하게 번역하는 데 따른 어려움을 표현했다는 생각이 들었습니다.

하여튼 personality에는 person이라는 단어가 들어있으니까 '인격적'이라고 생각하기가 쉽습니다. 그러나 인격은 사람 人자가 들어가므로 하나님에게 사람 人자를 쓰는 것은 적합하지 않은 것 같습니다. 그래서 personality를 '인격'이라고 번역하기보다는 '품격'이라고 번역하는 것이 더 적절할 듯합니다. 사람은 인격체이고 돌은 비인격체입니다. 이런 의미에서, 천사와 하나님은 개인적인 품성이 있다는 것입니다.

성령님도 품성을 가지신 분입니다. 그저 힘과 능력을 성령님으로 생각하는 것은 부적절합니다. 성령님은 힘과 능력을 가지고 있지만 그렇다고 해서 힘과 능력 자체를 성령님이라고 볼 수는 없습니다. 성령님의 능력과 성령님의 모습 가운데 한 부분이 능력이지, 능력만을 성령님이라고 말하는 것은 적절하지 않습니다.

하나님의 힘은 강한 데서도 나타나고, 약한 데서도 나타납니다. 성령님은 물처럼 나타나기도 하고, 바람이나 불처럼 나타나기도 합니다. 성령님의 역사는 다양하게 나타나기 때문에 능력만을 성령님의 모습으로 보는 것은 옳지 않습니다. 능력은 성령님의 속성 가운데 하나입니다.

성령님의 영향력에 관해서도 마찬가지입니다. 성령님을 인격적인 품성을 가진 존재로 생각하지 않고 그저 능력이나 영향력 정도로 생각하는 것은 잘못된 생각이라고 이미 말씀드렸습니다. 성령님은 능력이나 영향력 정도가 아니라 인격적인 품격을 가지신 하나의 존재입니다. 따라서 그분은 영향력도 있고 능력도 있고, 이것도 저것도 할 수 있는 분입니다.

옛날 주후 3세기의 '사모사타의 바울'과 소시니우스와 현대의 유니테리언교회는 성령님의 인격적 품격을 부인합니다. 이들은 성령을 단지 하나의 능력이나 힘, 하나의 영향력 정도로만 생각합니다. "하나님의 영향력이 곧 성령이다." 이렇게 주장을 합니다. 성령 나름대로 독특한 품위가 있고, 그분 나름대로 지위가 있고, 그분 나름대로 성품이 있다는 것을 부인합니다.

또 주후 300년경의 아리우스도 성부께서 성자를 창조하셨고, 또 그 성자가 성령을 창조하셨으므로, 성령은 인격이 있는 존재가 아니며 하나님이 아니라고 주장했습니다. 그래서 니케아 종교회의에서 아리우스의 이 주장은 이단으로 판정을 받았습니다. 여호와의 증인도 성자와 성령의 신성을 부인하고 있습니다. 여호와의 증인과 아리우스의 주장이 비슷합니다.

예수님이 품격과 인격을 가진 존재인 것처럼, 그리고 성부 하나님이 독특한 그분 나름대로 품격을 가진 존재인 것처럼, 성령님도 자신의 품격을 가진 존재입니다. 그저 힘이나 기운이나 영향력 정도가 아닙니다.

그러면 이제 성경에 나타나는 성령의 품격(personality)을 살펴보도록 하겠습니다.

1. 성령님의 호칭

(1) 성령에 대해서 인격대명사를 사용하고 있습니다.

인격대명사라는 것은 그(he), 그녀(she), 나(I), 너(you) 등을 말합니다. 중성대명사 '그것'(it)에는 인격성(personality)이 없습니다. '이것' '저것' '그것' 등은 물건 같은 것일 수 있으나 인격체(person)는 아닙니다. 그런 데 성령은 그분(He)이라는 인격적인 단어를 언제나 사용합니다.

"그러나 진리의 성령이 오시면 그가(he) 너희를 모든 진리 가운데로 인 도하시리니 그가(he) 스스로 말하지 않고 오직 들은 것을 말하며 장래 일을 너희에게 알리시리라"(요 16:13).

이 말씀에서 보는 바와 같이 성경은 성령님에 대해 철저하게 인격 대명사(personal pronoun)를 사용함으로써 성령님이 단지 추상적 존재나 관념적 존재가 아니라 인격적 존재임을 분명히 밝히고 있습니다.

(2) 성령님은 개별적인 이름을 갖고 있습니다.

성령님의 이름은 무엇입니까? 우리가 앞에서 살펴본 바와 같이 성 령님에게는 보혜사(파라클레토스)라는 그분 나름대로의 이름이 있습 니다. 이밖에도 성령님께는 하나님의 영, 은혜의 영, 거룩의 영, 생명의 영, 그리스도의 영, 양자의 영, 영광의 영, 예언의 영, 영원한 영 등 많은 이름이 있습니다.

이 이름들이 뜻하는 성령님의 고유한 품성은 조금씩 다릅니다. 그러나 이 모든 이름에서 우리가 확인할 수 있는 것은 성령님은 품성(personality)을 가진 인격적 존재라는 사실입니다.

2. 성령님의 인격적 속성

(1) 성령님에게는 생명이 있습니다.

인격적인 속성에는 생명이 있어야 합니다. 아무리 눈, 코, 입이 다 붙어 있는 사람이라 하더라도 시체를 보고 우리는 인격적 존재라고 말하지 않습니다. 시체에는 생명력이 없기 때문입니다. 인격에는 생명력이 있습니다. 생명이 있어야 그것을 보고 우리는 인격체라고 부릅니다.

고린도후서 3장 3절 등에서 "오직 살아계신 하나님의 영"이라고 기록함으로써 성경은 성령님이 생명이 있어 살아계시는 존재라는 것을 분명히 밝히고 있습니다.

(2) 성령님에게는 마음이 있습니다.

성령님에게는 생명만 아니라 마음이 있습니다.

여기에서는 성령께서 '아신다'고 기록하고 있습니다. 또 "우리가 빌 바를 알지 못할 때 성령께서는 다 아시고 우리 대신 간구해 주신다"는 말씀도 성경에 기록되어 있습니다(롬 8:26). '안다'는 것은 지각을 가지고 있고 마음이 있는 존재라는 것을 뜻합니다. 성령님은 우리의 생각과 사정을 아시는 분입니다. 얼마나 감사한 일입니까!

저도 전에는 한때 기도가 잘 되지 않을 때가 있었습니다. 기도하고 싶어 기도하려고 눈을 감고 있어도 기도가 입에서 나오지 않았습니다. 그럴 때마다 '내 영혼이 다 쇠해져서 이제는 기도도 안 되는구나!' 하고 크게 염려할 때도 있었습니다. 그런데 얼마 후에 저는 로마서 8장 26절 말씀을 깨닫고는 안심을 했습니다.

우리는 가끔 무엇을 기도할지 알바를 모르는데 그런 때에는 우리 안에 계시는 성령님께서 우리의 마음을 다 아시고 그분이 우리 대신 기도를 해주신다는 것입니다. 어떤 사람은 기도할 때 "오 주여"라고 주님을 불러 놓고는 할 말을 잃고 그저 가만히 앉아있기만 할 때도 있습니다. 그러면 그때 그 기분과 느낌과 생각과 소원을 성령님께서 이해하시고 대신 우리가 표현할 수 없는 느낌과 생각을 하나님 아버지께 전해주신다는 것입니다.

말로 정확하게 표현하며 기도할 때에나, 아무 말도 못하고 기도할 때에도 성령님께서 아시고 내 마음과 느낌을 전달해 주십니다. 만약 성령님이 인격적인 존재가 아니라 한낱 관념이나 기운이나 힘이나 영향력 정도에 불과하다면 이것은 불가능한 일입니다.

(3) 성령님에게는 의지가 있습니다.

또 성령님은 인격적 존재이므로 의지가 있습니다. 먼저 고린도전서 12장 11절을 살펴보겠습니다.

"이 모든 일은 같은 한 성령이 행하사 그의 뜻대로 각 사람에게 나누어 주시는 것이니라"

성령님께서 '원하시는 대로 모든 은사를 각 사람에게 나누어 주신다'는 말입니다. 그래서 이 말씀에서 우리는 성령님께서 의지(will)를 소유하고 계신 분이란 것을 알 수 있습니다. 성령님은 자신의 뜻을 따라 스스로의 의지대로 일하시는 인격적인 존재입니다.

(4) 성령님에게는 감정이 있습니다.

성령님에게는 인간과 마찬가지로 감정이 있습니다. 성령님이 감정을 가지신 인격적인 존재라는 것을 잘 보여주는 말씀 몇 군데를 살펴보겠습니다.

"하나님의 성령을 근심하게 하지 말라"(엡 4:30).
"그들이 반역하여 주의 성령을 근심하게 하였으므로"(사 63:10).

“성령을 근심하게 하지 말라.” 만약 우리가 오류를 범하면 우리 안에 계시는 성령님이 근심하신다는 말씀입니다. 성령님은 근심하기도 하고, 슬퍼하기도 하고, 사랑도 하시는 분입니다. 여러분과 제가 가지고 있는 감정이 성령님 안에 다 있습니다. 성령님에게는 기쁨, 슬픔, 사랑 등 모든 감정이 있습니다.

(5) 성령님에게는 자유가 있습니다.

“주는 영이시니 주의 영이 계신 곳에는 자유가 있느니라”(고후 3:17).

성령이 계신 곳에는 자유가 있습니다. 예수를 믿는 사람이면서도 자유가 없는 때가 종종 있음을 보게 됩니다. 우리 교회들은 교파들이 짜놓은 그 틀 안에서 움직입니다. 거듭난 하나님의 자녀들 사이에서는 이 사람 저 사람 다 서로 간에 용납하면서 주님을 위해서 함께 섬길 수 있는 자유가 있어야 하는데, 오히려 상당히 제한되어 있다는 것을 느낄 때가 있습니다.

그리스도의 성령으로 말미암지 않고는 아무도 예수를 '주'라고 시인할 수 없다고 했습니다(고전 12:3). 그러므로 예수님을 자신의 구주로 믿고 시인하는 사람은 누구를 통해서 다시 태어난 사람들입니까? 성령으로 다시 태어난 사람들입니다. 그런데 생각이 좀 다르고, 교파가 다르기 때문에 우리는 종종 좁은 교파의 틀 안에 갇혀 자유를 잃어버리게 되기도 합니다.

그러나 성령님이 계신 곳에는 자유가 있습니다. 예수님도 "진리를 알지니 진리가 너희를 자유롭게 하리라"(요 8:32)고 말씀하셨습니다. 그리스도께서 자유를 주셨는데 굳세게 서서 다시는 종의 멍에를 매지 말라고 사도 바울도 권고하고 있습니다(갈 5:1).

그런데 성령을 무슨 영이라고 했습니까? 진리의 영이라고 했습니다. 그래서 우리는 진리를 알면 알수록 자유롭게 됩니다. 공부를 많이 할수록 소신이 강해져서 점점 다른 의견을 가진 사람들과 같이 할 수 없고 다른 의견의 사람들과의 관계가 깨지고 그런 사람들을 싫어하며 심하게 비판하는 것은, 지식은 있으나 성령 안에 있는 자유가 없고 성령을 의존하지 않기 때문입니다.

우리는 좀 더 진리의 성령 안에서 자유로워질 필요가 있습니다. 그리스도 안에서, 진리 안에서, 성령 안에서 우리는 자유롭습니다. 주님께서 보혈로 구속해 주신 형제자매들을 사랑할 자유가 있어야 합니다. 그러므로 사도 바울도 이렇게 이야기했습니다.

"나는 비천에 처할 줄도 알고 풍부에 처할 줄도 알아 모든 일 곧 배부름과 배고픔과 풍부와 궁핍에도 처할 줄 아는 일체의 비결을 배웠노라 내게 능력 주시는 자 안에서 내가 모든 것을 할 수 있느니라"(빌 4:12-13).

가난에 처할 수도, 부에 처할 수도 있고, 높은 데 처할 수도, 낮은 데 처할 수도 있고, 좋은 형편에 처할 수도 있고, 좋지 못한 형편에 처할 수도 있는 훈련이 된 사람들이 성령님 안에서 사는 성숙한 사람들의 모습입니다.

예수 믿는 사람들이 어떠한 형편에도 처할 줄 알게 되는 것에 대해 사도 바울은 어떻게 했다고 했습니까? "내가 배웠다"고 했습니다. 그것은 저절로 되지 않습니다. 성령님의 도움을 받아 그분의 마음을 배울 때에 비로소 사도 바울과 같은 자유가 우리에게도 주어질 수 있습니다.

(6) 성령님에게는 자아의식이 있습니다.

자아의식(self-consciousness)이 있다는 것은 스스로 생각하고 결정하고 행동하는 것을 인식한다는 의미입니다. 자아의식은 인격성의 요소에는 필수적인 사항이라고 할 수 있습니다. 자아의식이야말로 자기 자신을 독립된 개체로 파악하는 인격성의 핵심입니다.

"오직 하나님이 성령으로 이것을 우리에게 보이셨으니 성령은 모든 것 곧 하나님의 깊은 것까지도 통찰하시느니라(search)"(고전 2:10).

지금까지 성령님의 인격적 속성인 생명, 마음, 의지, 감정, 자유, 자아의식 등에 대하여 살펴보았습니다. 이런 품성들을 소유하고 계신 성령님을 인격적인 존재(personal being, personality)라 할 수 있는데, 성령님은 한 인격체로서 모든 것을 다 갖추고 계십니다.

성령님을 그저 힘이나 에너지나 영향력으로만 보는 것은 전혀 타당

성이 없다는 것을 지금까지 성경 말씀을 통하여 확인할 수 있습니다. 만약 성령님을 단지 힘이나 능력 정도로 관념화한다면 거기에는 마음, 의지, 감정, 인격성, 자아의식 같은 것은 찾아볼 수 없습니다. 그러나 인격적인 존재에는 이런 모든 것이 갖춰져 있습니다.

따라서 생명과 감정과 의지 등을 가진 성령님은 우리와 같은 인격적인 품성(personality)을 갖춘 인격체입니다. 성령님은 예전이나 지금이나 동일하게 우리 안에 살아계셔서 우리와 함께 하시고 우리를 도우시고 인도하시는 분입니다. 성령의 오심에 대한 예수님의 약속이 이루어졌습니다. 우리는 예수를 믿음으로 구원을 받았으니 예수님(요 14:15-18, 26, 15:26, 16:7, 13)과 사도 바울(고전 3:16, 6:19)이 성령에 대해 주신 말씀을 역시 믿음으로 받아들이고 우리에게 임재하시고 동행하시는 성령님과 함께 도우심을 의지하며 날마다 힘 있게 살아가야 할 것입니다.

성령이 하시는 사역들

"이와 같이 성령도 우리의 연약함을 도우시나니 우리는 마땅히 기도할 바를 알지 못하나 오직 성령이 말할 수 없는 탄식으로 우리를 위하여 친히 간구하시느니라 마음을 살피시는 이가 성령의 생각을 아시나니 이는 성령이 하나님의 뜻대로 성도를 위하여 간구하심이니라" 로마서 8:26-27

1. 성령이 영적인 영역에서 하시는 사역

성령님은 인격적인 품성을 가지신 분입니다. 그러므로 성령님은 살아있는 생명체가 느끼는 감정을 모두 느낄 수 있고, 특히 인간의 행동과 같이 인격체로서의 모든 일을 하실 수 있습니다.

그러면 성령께서 하시는 일 중에서도 특별히 영적인 영역과 관련하여 여섯 가지를 살펴보겠습니다. 성령님이 하시는 사역에는 어떤 것들이 있습니까?

(1) 성령님은 '말씀하십니다'(요 16:13; 행 13:2; 계 2:7; 삼하 23:2).

성령님은 인격적 존재이시니까 소통하실 수 있습니다. 만약 잘못된 공동번역처럼(창 1:2) 성령이 그저 '하나님의 기운' 정도라면, 기운은 에너지에 불과하기 때문에 기운이 어떻게 말을 할 수 있습니까? 인격적인 존재, 인격성이 있는 존재만이 자기 마음속에 있는 의사를 표현할 수 있습니다.

사도행전 13장 2절에 성령님이 사도 바울과 바나바를 따로 불러 세우시는 장면이 나옵니다.

"주를 섬겨 금식할 때에 성령이 이르시되 내가 불러 시키는 일을 위하여 바나바와 사울을 따로 세우라 하시니"

성령님이 말씀하시기를 "바나바와 사울을 따로 세우라"고 하셨습니다. 이렇게 말씀을 통해서 우리와 대화하시는 것을 보면 성령님은 그저 호흡이나 능력이나 영향력 정도가 아니라, 하나님 아버지와 동일한 인격적인 존재요, 예수님과 같이 인격성을 가지신 분이라는 것을 알 수 있습니다.

이외에도 성령님이 빌립 집사에게 에디오피아 관리와 대화를 하시기 위해 "수레로 가까이 나아가라"(행 8:29)고 직접 말씀하신 것과 표현들이 성경에는 많이 기록되어 있습니다. 인격성과 지혜와 지식과 생각을 가지고 계신 분이라야 말씀을 하시지, 그렇지 않으면 말씀을 하실 수 없습니다.

(2) 성령님은 '기도하십니다'(롬 8:26-27).

성령님은 심지어 기도도 하십니다. 로마서 8장 26-27절에는 성령님이 기도하시는 모습이 잘 나타나 있습니다. 기도는 하나님과 나누는 모든 대화입니다.

"이와 같이 성령도 우리의 연약함을 도우시나니 우리는 마땅히 기도할 우리는 도무지 무엇을 기도에서 표현을 해야 할지 알지 못할 때도 있습니다. 그런 때에 성령님은 우리 마음속 깊이 있으나 우리 자신이 문장으로 표현할 수 없는 느낌과 생각들도 이해하고 아셔서, 우리 대신 아버지 하나님께 간구해 주십니다. 때로는 그저 한숨이나 눈물로 때로는 ‘주여’ 라고 밖에 표현할 수 없는 것들을 성령님은 이해하시기 때문에 우리를 위해 중보하신다는 것입니다. 그러나 성령님이 비인격적인 영향력 정도라면 어떻게 기도를 하시겠습니까?

(3) 성령님은 ‘명령하십니다’(행 8:26)

성령님은 또 명령을 하시기도 합니다. 바나바와 사울을 따로 세우도록 명령하신 것은 성령님이었습니다(행 13:2). 또 사도 바울이 소아시아지방으로 전도를 가려고 하니까 “거기로 가지 마라. 그 대신 마게도냐 지방으로 가라”고 명령을 하신 것도 성령님이었습니다(행 16:6-10).

빌립에게 광야 길로 내려가 에디오피아의 내시를 만나게 하고 수레 가까이 나아가 대화를 하도록 명령하신 것도 바로 성령님이었습니다 (행 8:26-40).

(4) 성령님은 '가르치십니다'(고전 2:13).

네 번째로, 성령님은 가르치십니다. 예수님도 "진리의 성령이 오시면 그가 너희를 모든 진리 가운데로 인도"(요 16:13)하신다고 하셨습니다. 우리는 지식적으로 성경을 알 수는 있습니다. 하지만 성령님이 나의 영적인 눈을 뜨게 하셔서 나에게 가르쳐 주시는 그때에야 비로소 깨달을 수 있습니다. 성령님은 우리의 가장 훌륭한 선생님이 되십니다.

성령님이 목사나 신학자를 통해서 가르쳐 주시고, 우리의 영혼을 깨워주시고, 그 뜻을 깨닫게 해주실 그때야 비로소 우리가 참된 뜻을 알 수 있습니다. 그렇지 않으면 단지 지식이나 정보로는 알지만 영적으로 진수를 깨닫고 분별하지 못할 수 있습니다.

"우리가 이것을 말하거니와 사람의 지혜가 가르친 말로가 아니하고 오직 성령께서 가르치신 것으로 하니 영적인 일은 영적인 것으로 분별하느니라"(고전 2:13).

사람의 지혜로만은 영적인 일을 분별할 수 없습니다. 그러므로 우리는 마땅히 성경을 읽을 때에도 성령님이 가르치시는 지혜를 달라고 간구해야 하는 것입니다.

(5) 성령님은 '증언하십니다'(요 15:26).

"진리의 성령이 오실 때에 그가 나를 증언하실 것이요"

예수 그리스도에 대해서 성령님이 증언하신다는 말씀입니다. 성령님이 오시면 성령님 자신에 대해서 말씀하시거나, 독자적으로 다른 생각을 마음대로 말씀하지 않으시고 주로 예수님에 대해서 증언해 주신다는 것입니다.

예수님이 성령님에 대해서 가르쳐주신 것은 요한복음 14, 15, 16장 석 장에 주로 나타나 있습니다. 그래서 성령님에 대해서 배우고, 정확히 알고 싶으면 예수님의 이 말씀을 살펴보는 것이 제일 좋습니다. 성령님은 예수님을 대신해서 오신 분이고, 예수님께서 보내신 분이기 때문입니다.

성령님이 오시면 어떤 일을 하실 것인가에 대해서는 요한복음 14-16장, 석 장에 예수님께서 아버지께로 돌아가시기 전에 이미 말씀을 하셨습니다.

"내가 아버지께 구하겠으니 그가 또 다른 보혜사를 너희에게 주사 영원토록 너희와 함께 있게 하리니"(요 14:16).

구약시대에는 성령님이 누구누구에게 임했다고 기록하고 있습니다. 솔로몬에게 임하시고, 사울에게도 임하시고, "누구 위에 임했다"(came upon)고 표현하고 있습니다. 구약에서 성령의 임하심은 개인의 특별한 사역과 관계가 있습니다. 사울에게 임했던 성령은 일시적으로 머물렀다가 사울이 타락했을 때 떠났습니다. 구약시대의 성령은 군사적 용감성을 주시기도 하고, 어떤 특별한 지혜와 능력을 주시기도 하고, 탁월한 힘을 주시기도 하셨지만 오셨다가 떠나곤 했습니다.

그러나 신약시대에는 요한복음 14장 16절에서 보는 바와 같이 "성령이 영원토록 우리와 함께" 계십니다.

그런데 16절에는 성령을 "또 다른 보혜사"라고 부르셨습니다. '또 다른'이란 단어가 아주 중요한 단어입니다. 이때에 '다르다'는 단어에는 헬라어로 두 가지의 말이 있는데. '헤테로스'와 '알로스'입니다. '헤테로스'는 전혀 종류가 다른 것을 의미합니다. 그러나 '알로스'는 '똑같은 것 가운데 또 하나'라는 의미입니다. 요한복음 14장 16절에 사용된 단어는 '알로스'입니다. 사과와 배는 종류가 다릅니다. 이때는 '헤테로스'입니다. '알로스'를 사용할 때는 과일가게에서 사과를 사는데 사과를 하나 더 달라고 할 때입니다. 같은 종류인데 또 다른 하나를 의미합니다.

성령님은 예수님과 동일하게 신성을 가진 하나님이지만 또 다른 한 분입니다. 이것이 '또 다른 보혜사'가 의미하는 것입니다. 예수님 자신도 도우시는 '보혜사'였습니다. "예수님도 도와주시는 분인데, 예수님과 똑같은 분 한 분이 육체가 아니고 영으로 오신다. 내가 아버지께 구해서 나하고 같은 분 다른 한 분을 보내겠다"는 것입니다.

육체를 입고 오셨던 예수님은 육체의 제한을 받으셨습니다. 한 번에 한 곳에만 머무르시고, 피곤해하시고, 목말라 하시고, 주무시기도 하고, 십자가 위에서 고통받으셨습니다. 이런 인간의 제한성을 입고 예수님이 오셨기 때문에, 예수님은 신성을 가진 하나님이지만 여러 곳에 동시에 계실 수는 없었습니다. 그래서 "예수님과 똑같은 한 분을 대신 보내줄 텐데 그분이 오시면 여러분과 영원히 같이 계실 것이다. 그러므로 내가 떠나는 것이 훨씬 유익하다"라고 말씀하신 것입니다.

"그는 진리의 영이라 세상은 능히 그를 받지 못하나니 이는 그를 보지도 못하고 알지도 못함이라 그러나 너희는 그를 아나니 그는 너희와 함께 거하심이요 또 너희 속에 계시겠음이라"(요 14:17).

이것이 신약시대와 구약시대의 차이입니다.

가끔 이런 질문을 합니다. '그러면 구약시대에는 하나님의 백성들 마음속에 하나님의 영이 임재하지 않았습니까?' 이렇게 질문을 하면, 임재하지 않았다고 대답할 수는 없습니다. 구약시대에도 하나님의 사람들 안에 하나님의 영이 계셨지만, 구약시대에는 그것이 분명히 계시되지 않았던 것 같습니다. 예를 들면, 다윗이 시편 51편에서 이렇게 기도했습니다.

"나를 주 앞에서 쫓아내지 마시며 주의 성령을 내게서 거두지 마소서"(시 51:11).

'당신의 영을 내게서 떠나지 말게 해 달라'는 기도에서 다윗이 하나님의 영을 모시고 계셨다는 것을 알 수 있습니다.

신약에서는 더욱 분명하게 나타납니다. 어떤 영적 진리들은 구약에서 처음에는 확실하게 안 보이다가 점진적으로 더 확실하게 나타납니다. 이것을 '점진적인 계시'(progressive revelation)라고 합니다. 마치 그림을 그리는 사람이 처음에는 산 하나 그리고, 나무를 그리고, 집을 그리고 점점 더 그려가면서 그림이 완성되는 것처럼, 영원한 진리는 있지만 그것이 점진적으로 계시되었기 때문에 신약시대가 끝나서야 완전히 그림이 보인다는 의미입니다.

요한복음 14장 26절의 예수님 말씀을 살펴보겠습니다.

그러면서 예수님은 성령님과 27절의 평화를 연결시키고 있습니다.

왜 근심하지도 두려워하지도 말라는 것입니까? 예수님도 평화를 주셨습니다. "내가 너희에게 평화를 주노라." 성령님이 임재하시면 우리에게 역시 평화를 주시기 때문입니다. 평화는 성령의 열매 중 하나입니다. 성령님이 하시는 일 가운데 하나가 우리에게 평화를 주시는 것입니다. 평화를 주시는 분이 바로 성령님입니다. 평화가 필요할 때 성령님께 평화를 구하십시오. 평화를 주실 것입니다.

예수님은 요한복음 15장 26절에서 또 성령님에 대해서 말합니다.

성령님이 오시면 하실 일이 무엇이라고 했습니까? 예수님에 대해서 증언하시는 일입니다. 성령이 오시는 목적은 성령 자신을 드러내고 증언하려는 것이 아니고 바로 예수님을 드러내고 증언하시는 것입니다.

지금이 성령님의 시대라고 하지만, 사실은 여전히 예수님의 시대입니다. 왜냐하면 성령님이 오셔서 하시는 일이 예수님에 대해서 증언하시는 것이기 때문입니다. 그래서 온전한 성령 운동은 예수에 대해서 증언하는 예수 운동입니다.

지금은 성령 운동이 많이 일어나는 때이기 때문에 성령 얘기를 많이 합니다. 우리는 성령이 누구를 증언하기 위해 하나님 아버지로부터 보냄을 받았는가를 깊이 생각해야 됩니다. 성령의 능력을 힘입어서, 성령의 가르침을 받아서 예수를 증언하는 일이라면 그것은 성령님이 원하시는 일을 제대로 하는 것입니다. 성령님의 사역의 초점은 철저하게 예수님에게 있습니다. 예수님도 "성령이 너희에게 임하시면 권능을 받고 예루살렘과 유다와 사마리아와 땅끝까지 이르러 내 증인이 되리라"(행 1:8)고 제자들에게 명하셨습니다. 성령은 예수님을 드러내시는 역할을 하십니다.

성령의 역사가 성경에서 제일 많이 기록된 곳이 어디입니까? 사도행전입니다. 사도행전은 글자 그대로 사도들의 행전으로서, 사도들이 성령에 충만해서 주로 한 일은 예수를 드러내는 것이었습니다. 예루살렘부터 유다와 사마리아와 땅끝까지 다니면서 예수에 대해서 증언했습니다. 그래서 예수님이 하신 말씀과 사도행전이 동일합니다. 사도행전의 초점은 예수님이었습니다.

계속해서 요한복음 15장 27절을 살펴봅시다. "너희도 처음부터 나와 함께 있었으므로 증언하느니라." 무엇을 증언한다는 것입니까? 예수님에 대해서 증언한다는 것입니다. 성령님이 오시면 우리도 성령께서 예수님에 대해 증언하시는 것처럼 예수님에 대해 증언하라는 것입니다. 예수님이 우리의 대화의 초점이고, 우리의 모든 생각의 초점이고, 우리 전도의 초점이요 삶의 초점입니다.

"그러나 진리의 성령이 오시면 그가 너희를 모든 진리 가운데로 인도하시리니 그가 스스로 말하지 않고 오직 듣는 것을 말하며 장래 일을 너희에게 알리시리라 그가 내 영광을 나타내리니 내 것을 가지고 너희에게 알리시겠음이라"(요 16:13-14).

이렇게 요한복음 16장 13-14절에서도 성령님의 사역의 초점이 예수님이라는 것을 분명하게, 반복해서 말하고 있습니다. 여기에서 "스스로 말하지 않는다"는 것은 '자기가 자기에 대해서 자기가 하고 싶은 말을 하지 아니하고'라고 해석할 수 있습니다. 또 "그가 내 영광을 나타내리니 내 것을 가지고 너희에게 알리시겠음이라"고 했는데, 진리의 성령이 오시면 누구의 영광을 드러냅니까? 누구를 영화롭게 한다는 것입니까? 예수님을 영화롭게 한다는 것입니다. 성령님이 따로 혼자서 마음대로 우리에게 예수님과 다른 새로운 것을 가르쳐주시는 것이 아니라, 예수님의 생애와 그분의 가르침을 우리에게 알려주어서 진리에 이르게 하시겠다는 것입니다.

예수님의 가르침은 어디에 있습니까? 사복음서에 예수님의 생애와 예수님의 가르침이 다 들어있습니다. 그리고 사복음서에 있는 내용을 설명해주고 우리가 알도록 이해하게 만드는 책들은 바로 서신서들입니다. 로마서, 고린도전후서, 갈라디아서, 빌립보서, 골로새서 등등, 전부가 예수님과 예수님의 가르침을 현실교회와 신앙생활에 적용해서 설명해 놓은 것들입니다. 예수님에 대한 증언의 기록은 사도행전에 있습니다.

그리고 성령이 오시면 '장래의 일'에 대해서 말해주시겠다고 했습니다. 장래의 일은 어디에 적혀 있습니까? 요한계시록에 대부분 있습니다.

그러니까 성령께서 예수 그리스도에 대해서 증언한다는 것은 우리에게 복음서, 사도행전, 서신서, 요한계시록 등 사도들을 통하여 신약성경을 주실 것이란 뜻도 내포하고 있습니다. 예수님의 가르침은 복음서에 있고, 예수님에 대해서 증언한 것은 사도행전에 있고, 예수님의 가르침을 설명해 놓은 것은 서신서에 있고, 장래의 일은 요한계시록에 있기 때문입니다. 성경이 주님의 것이니까, 성경이 다 주님의 말씀이요, 주님의 생애요, 주님의 뜻입니다.

또 "내 것을 가지고 너희에게 알려주겠다"고 할 때의 '알려준다'는 말은 영어로 disclose입니다. 이것은 '다 풀어헤쳐서 보여준다'는 의미입니다. 일일이 다 내용을 가르쳐주는 것입니다.

그래서 성령의 충만한 것과 말씀의 충만한 것은 동일시됩니다. 에베소서 5장 18절의 "성령으로 충만함을 받으라"는 것과, 골로새서 3장 16절의 "그리스도의 말씀이 너희 속에 풍성히 거하여"는 내용이 똑같습니다. 둘 다 사도 바울이 썼습니다. 에베소서에서는 '성령으로 충만'

이라고 했고, 골로새서에서는 '말씀이 풍성,' 즉 말씀 충만이라고 했을 뿐, 성령 충만과 말씀 충만 했을 때 나타나는 현상과 결과는 둘 다 동일합니다.

(1) 시와 찬송과 신령한 노래들로 서로 화답하며, (2) 범사에 주의 이름으로 항상 감사하며, (3) 피차 섬기는 것은 성령 충만한 사람의 결과입니다. 그런데 이것은 말씀 충만한 사람들과 똑같습니다. 성령 충만과 말씀 충만이 서로 같다는 것을 비교하려고 에베소서에서는 성령 충만, 골로새서에서는 말씀 충만으로 의도적으로 바울 사도는 서신에서 두 번에 걸쳐 써놓았습니다.

요한복음 14~16장을 자세히 읽어보면 결국 성령님은 예수님 대신 오시는 분이요, 예수님과 모든 면에서 똑같은 분이고, 다른 것은 한 분은 육신을 입고 오셨고 또 한 분은 영(靈 Spirit)이시라는 것입니다. 예수님께서 아버지께 구해서 보내신 분이 바로 성령님이기 때문입니다. 신적인 속성에서는 동일하시고 사역에서 함께 하시고 각각 역할에서 차이가 있을 뿐입니다. 성부 성자 성령은 삼위가 하나이십니다(Triunity).

(6) 성령님은 '책망하시고 죄를 일깨우십니다'(요 16:7-11).

성령님은 예수님을 증언하실 뿐만 아니라 책망하시고, 죄의식도 일으켜 주십니다. 우리가 잘못했을 때 양심을 자극하셔서 죄의식을 일으켜 주시는 분이 성령님이십니다. 살다가 잘못이나 실수나 연약함으로 부족함이 나타나 마음속에 죄의식이 일어나면 성령께서 내 안에서 역사하시는 것이라고 생각할 수 있습니다. 금방 자기의 잘못을 깨닫고 회개하도록 도우시는 분이 성령님이십니다. 성령님은 우리가 죄의식 속에서 고통을 받으며 자존감을 잃고 사시는 것을 원치 않으셔서 죄의식이라는 마음의 고통을 일으키시고 우리가 회개하고 자복함으로 다시 평화를 회복해서 주 안에서 자유롭게 편안하게 살아가기를 원하십니다.

2. 성령이 당하는 세 가지 괴로움

성령님은 또 어떤 분입니까? 성령님은 괴로움을 느낄 수 있는 분입니다. 우리의 죄악이 성령님을 괴롭게 합니다. 아픔을 아시는 성령은 인격적인 존재임을 알 수 있습니다. 인격적인 존재만이 괴로움을 압니다. 성경에는 성령을 괴롭히는 일이 세 가지 있다고 말씀하고 있습니다. 우리는 성령님에게 이 세 가지를 해서는 안 됩니다.

(1) 성령님을 슬프게 하지 마십시오(엡 4:30).

"하나님의 성령을 근심하게 하지 말라"

여기서 '근심'은 슬프게(grieve) 하는 것입니다. 성령님을 슬프게 하지 말라, 즉 섭섭하게 하지 말라는 것입니다.

성령님을 내 마음의 집에 모셔다 놓고 살면서 성령님과 교제의 시간도 드리지 않고 좋지 않은 곳에 돌아다니면 성령님이 '왜 나를 이런 데 데려왔나' 하시며 섭섭해 하실 것입니다. 또 하나님의 성전인 우리 몸이 담배를 피우고 술을 자꾸 마시면 그 악취에 성령님이 얼마나 불편하시겠습니까? 사람들 사이에도 담배연기를 싫어하고 술 냄새가 날 때 피하지 않습니까?

성령님은 인격적인 존재입니다. 만약 집에 손님을 모셔다 놓았는데 썩은 냄새를 풍기면 그 손님이 얼마나 불편해하시겠습니까? 우리는 귀한 손님이 오시면 닦고, 쓸고, 청소하고, 스프레이 향기도 뿌려 놓지 않습니까?

그런데 우리는 성령님이 우리 마음의 집에 영원히 함께 계시는데도, 그 성령님에 계시는 방에다가 별의별 냄새 나는 것을 다 집어넣습니다. 분노, 질투, 짜증, 증오 같은 것들을 집어넣고 쌓아 놓습니다. 불평, 비난, 비판, 욕설, 저주 이런 것들을 성령님이 계신 방에다 쓸어 넣습니다. 성령님이 얼마나 불편하시겠습니까?

우리는 성령님을 괴롭힐 수 있습니다. 성령님은 인격적인 존재라 괴로움을 느끼시는 분이기 때문입니다. 그러므로 베드로전서 2장 1-2절 말씀으로 우리의 마음을 깨끗하게 청소해야 합니다.

"그러므로 모든 악독과 모든 기만과 외식과 시기와 모든 비방하는 말을 버리고 갓난아기들 같이 순전하고 신령한 젖을 사모하라"

(2) 성령님에게 거짓말하지 마십시오(행 5:3-4).

사도행전 5장 3-4절에 보면 성령님에게 거짓말을 하는 경우가 있습니다. 사도행전 5장에는 아나니아와 삽비라 부부의 이야기가 보입니다.

"베드로가 이르되 아나니아야 어찌하여 사탄이 네 마음에 가득하여 네가 성령을 속이고 땅 값 얼마를 감추었느냐 땅이 그대로 있을 때에는 네 땅이 아니며 판 후에도 네 마음대로 할 수가 없더냐 어찌하여 이 일을 네 마음에 두었느냐 사람에게 거짓말한 것이 아니요 하나님께로다"

아나니아와 삽비라가 베드로 사도에게 거짓말을 했는데, 하나님께 거짓말을 했다고 기록되어 있습니다. 생명이 없는 물건에게는 우리가 거짓말을 할 수 없습니다. 그런데 성령님은 인격을 가진 존재이기 때문에 우리는 속이려고 거짓말을 할 수 있습니다. 아나니아는 감히 하나님께 거짓말을 하려다가 죽임을 당하였던 것입니다.

인간이 성령을 속이려 하는 것과 하나님을 속이는 것은 동일합니다. 우리는 성령 하나님을 속일 수 없습니다.

(3) 성령님을 괴롭히지 마십시오(사 63:10).

"그들이 반역하여 주의 성령을 근심하게 하였으므로 그가 돌이켜 그들의 대적이 되사 친히 그들을 치셨더니"

이 때 '근심'은 괴롭히는 것입니다. 그들이 자기들을 낳아주시고 키워주시고 사랑하시는 하나님을 저버리고 반역한 것을 성령을 괴롭혔다고 표현하고 있습니다. 성령님이 돌이켜서 그들을 대적하고 쳤습니다. 이런 것들은 성령님의 인격성을 말해주는 것입니다. 성령님은 영향력, 능력, 기운, 호흡 그런 정도가 아니라, 예수님과 같은 인격적인 존재입니다. 인격적인 존재가 아니면 괴롭힘을 당할 수 없습니다.

예수를 믿는 우리는 이 사실을 의식해야 합니다. 내 마음의 집 안에 성령님이 오셨는데 그분을 모시고 살기 때문에 잘못하면 성령님을 슬프게 만들 수도 있고, 섭섭하게 만들 수도 있다는 것을 알아야 합니다. 내가 누구에게 거짓말을 한다면 그 거짓말은 성령님의 목전에서, 그분 앞에서 거짓말을 하는 것이 됩니다. 거짓말을 듣는 상대는 모르지만 성령님은 알고 계시니까, 성령님을 슬프게 하는 것입니다.

우리는 성령님을 모시고 사는 하나님의 성전임을 알고 살아야 합니다. 힘이 필요하면 그분에게 구할 수 있고, 용기가 필요하면 그분이 나를 도와줄 수 있습니다. 성령님은 우리를 도와주라고 예수님께서 보내신 분이기 때문입니다. 그래서 보혜사입니다.

성령님이 우리와 함께 계시니까 신앙생활 하기에 너무도 좋습니다. 나는 속이 상해서 견딜 수 없는데 성령님이 계시니까 그분이 나를 도우셔서 나에게 평화를 주십니다. 그분 때문에 내가 용서를 할 수 있습니다. 정말 못 참겠다고 생각될 때 참을 수 있는 것은 성령님께서 우리 안에 계셔서 우리에게 인내를 주시기 때문입니다.

3. 인격적인 존재로서의 구분

(1) 성령은 하나님의 인격을 가지신 성부와 성자와 함께 구분이 됩니다(마 28:19; 고후 13:13).

마태복음 28장 19절에 보면 "너희는 가서 모든 족속을 제자로 삼아 아버지와 아들과 성령의 이름으로 세례를 베풀고"라고 했습니다. 성부, 성자, 성령이 하나님의 성품을 같은 위(位)로 구분이 되어 있습니다. 성령은 성부 하나님, 성자 하나님과 같은 인격적 존재요, 위격에 있어서 동등한 분입니다.

고린도후서 13장 13절에도 같은 내용이 기록되어 있습니다. 이 구절은 보통 목사님들이 축도할 때 쓰이는 말씀입니다.

"주 예수 그리스도의 은혜와 하나님의 사랑과 성령의 교통하심이 너희 무리와 함께 있을지어다."

이 말씀에서 목사님들의 축도가 비롯되었습니다. 여기서도 예수 그리스도와 하나님도 인격적인 존재요, 성령님도 인격적인 존재로 대등하게 말씀하고 있습니다. 이 세 분이 하나같이 신적 존재요 하나님이시요 같은 인격적 존재인 것입니다.

(2) 성령은 인격적인 인간과 구분이 됩니다(행 15:28).

성령님과 인간을 같이 인격적인 대상으로 취급하고 있습니다.

"성령과 우리는 이 요긴한 것들 외에는 아무 짐도 너희에게 지우지 아니하는 것이 옳은 줄 알았노니"(행 15:28).

여기에서 "성령과 우리"를 함께 취급하고 있습니다. 인간은 인격적인 존재인데, 성령님을 옆에 나란히 기록하면서 '성령님도 우리와 같이 생각한다' 이런 뜻입니다.

지금까지 살펴본 모든 증거를 보건대 성령님의 인격성을 부인하는 것은 대단히 성경에서 벗어난 이야기입니다. 주후 3세기 사모사타의 바울, 소시니우스, 현대의 유니테리언교회는 모두 성령님의 인격성을 부인하는데, 이것은 인본주의적 사고이고 비성경적인 사상입니다. 여호와의 증인도 성령님의 인격성을 부인합니다. 역시 옳지 못합니다. 성경은 분명하게 성령님이 인격적인 존재라는 것을 밝히고 있습니다. 그래서 우리는 예수님을 인격적으로 대하듯이 성령님도 인격적으로 대해야 합니다.

또한 한국교회가 성령님에 관해서 가끔 범하는 실수가 있습니다. 성령님과 성령님의 능력을 동일시해서 그저 능력이 필요할 때만 성령을 찾는다는 것입니다. 그래서는 안 됩니다. 성령님을 인격적인 존재로 여기고 일대일로 사귀고, 사랑하고, 함께 대화하고, 같이 즐기고, 모든 것을 함께 토론하고, 이렇게 함께하는 동역자로서 인정해야 합니다. 나에게 도움을 주며 하나님의 성전인 내 안에서 함께 사시는 분으로 인격적인 대우를 해야 합니다.

필요할 때만 성령님을 찾는 태도는 고쳐야 합니다. 모든 일에 언제든지 늘 동행하고 같이 얘기하고 같이 살아가는 인격적인 관계를 가져야 합니다.

지금까지 성령님의 인격적 품성에 대해 살펴보았습니다. 이제부터는 성령에 대한 인격성을 의식하면서 여러분과 성령님 사이에 인격적인 관계가 날마다 유지되고 조성되기를 바랍니다. 그렇게 함으로써 비로소 우리의 삶은 성령님과 동행하는 성령 충만한 삶으로 변화되는 것입니다.

성령의 신성

"하물며 영원하신 성령으로 말미암아 흠 없는 자기를 하나님께 드린
그리스도의 피가 어찌 너희 양심을 죽은 행실에서 깨끗하게 하고 살아
계신 하나님을 섬기게 하지 못하겠느냐" 히 9:14

　　　성령님의 신성, 인격성은 성경에서 분명하
게 살펴볼 수 있습니다. 따라서 인격성을 부인하는 여호와의 증인이나
이단의 잘못된 가르침은 옳지 않다는 것을 알 수 있습니다. 또 우리가
성령님을 인격적인 존재로서 대하면 그분과 함께 날마다 교제를 하며
살 수 있습니다.

　　이제는 성령님의 신성에 대해서 살펴보도록 하겠습니다. 성령님에
게는 하나님의 이름이 사용되고, 성령님은 또 하나님의 속성을 소유
하고 계십니다.

1. 성령님은 하나님이라 부른다

(1) 베드로는 성령을 하나님이라 불렀습니다(행 5:3-4).

　　사도행전 5장 3-4절에서 베드로는 아나니아에게 성령을 속이고 하
나님께 거짓말을 했다고 꾸짖었습니다. 3절에서는 "어찌하여 네가 성
령을 속이고"라고 말했던 베드로는 곧이어 4절에서 "사람에게 거짓말

한 것이 아니요 하나님께로다”라고 하며 성령님과 하나님을 동일시하고 있습니다.

성령님이 어떻게 베드로에 의해 하나님으로 불렸는가를 살펴보기 위해 먼저 ‘하나님’이라는 단어를 설명하는 것이 필요합니다. 보통 ‘하나님’이라 하면 우리는 자동적으로 ‘하나님 아버지’를 생각합니다. 그런데 성경에 ‘하나님’이란 단어는 ‘Theos’라는 단어로 사용되고 있습니다. ‘theology’(신학)라는 단어가 여기에서 파생되었습니다. ‘하나님’이라는 단어가 쓰일 때는 대개의 경우 정관사가 붙습니다. 그래서 헬라어 성경에는 ‘Ho Theos’라고 하는데, ‘Ho’는 정관사입니다. ‘the God’ 이지요. 정관사가 붙을 때가 있고, 안 붙을 때가 있습니다. 정관사가 붙으면 ‘하나님 아버지’를 말하는 것이고, 안 붙으면 ‘신성’(deity)을 말하는 것입니다.

요한복음 1장 1절의 “태초에 말씀이 계시니라 이 말씀이 하나님과 함께 계셨으니”에서는 하나님 앞에 정관사가 붙어 있습니다. 말씀이 하나님 아버지와 같이 있었다는 의미입니다. 그다음에 나오는 “이 말씀은 곧 하나님이시니라”에서 두 번째의 하나님이란 단어에는 정관사가 없습니다. 정관사가 없으면 영어에서는 두 가지로 번역을 할 수 있습니다. 하나는 the Word was a God ‘말씀은 한 분의 하나님이시다’라고 번역할 수도 있고, the Word is divine ‘말씀이신 그분이 곧 신성을 가지신 분이다’라고 번역할 수도 있습니다.

사도행전에서 베드로가 성령님을 하나님과 동일시한 말씀에 대해서도 ‘성령님은 하나님이시다’라는 것과 ‘성령님은 하나님의 속성, 즉 하나님 아버지와 동일한 신성을 가지신 분’으로 해석할 수 있습니다.

신성을 소유하고 계시는 분은 신(神)입니다. 그런 뜻에서 성령은 하나님이라는 말입니다.

(2) 성령님은 '주 성령'이라 불렸습니다(고후 3:18).

두 번째로 고린도후서 3장 18절에 보면, 성령님을 '주 성령'이라고 불렀습니다. '김상복 목사'라는 이름은 '김상복은 목사이다'라는 의미입니다. 마찬가지로 예수 그리스도란 이름은 예수는 그리스도, 선택되어 기름부음을 받은 자라는 의미이며, '주 성령'이란 이름은 '성령님은 주님이시다'라는 의미인 것입니다. 고린도후서 3장 18절의 영어성경을 살펴보면 뜻은 더욱 명확해집니다.

"which comes from the Lord, who is the Spirit."

즉, Lord=the Spirit이라는 것을 위의 영어문장에서도 알 수 있습니다. 이때의 Lord라는 단어는 구약성경에서 '아도나이' 또는 '여호와' 또는 '야훼'라고 사용되었습니다. 여호와라는 말을 킹제임스버전 같은 데에서는 Lord라고 번역했습니다. 그러니까 구약의 '아도나이' 혹은 '여호와'를 영어성경에서는 '주'라고 번역을 해놓았습니다. 이것은 예수 그리스도를 부를 때와 성령님을 부를 때도 동일하게 사용되었습니다. 즉 "여호와는 하나님이다" 이런 말이 성령에 대해서도 '주 성령' '여호와 성령님' 등 똑같은 하나님을 표시하는 이름으로 사용되었다는 것입니다.

그래서 세 분 하나님, 삼위는 모두 같은 신성을 소유한 하나님입니다. 이것을 신학적으로는 삼위일체라고 합니다. 그러나 저는 일체란 말에 조금 문제가 있다고 생각합니다. '일체' 그러니까 한 몸인 것처럼 착각하게 됩니다. '체'자가 몸 體자라서 마치 세 분이 한 몸인 것 같은 인상을 줍니다. 그래서 저는 영어의 trinity 또는 tri-unity가 정확한 표현이라고 생각합니다. tri-unity, 셋이 하나라는 말입니다. 즉 "삼위가 똑같이 하나님이시다"는 의미입니다.

2. 성령을 하나님의 영이라 불렀습니다

고린도전서 3장 16절과 고린도전서 2장 10절에 보면 성령님은 하나님의 영이라고 불렀습니다. 고린도전서 3장 16절은 "너희가 하나님의 성전인 것과 하나님의 성령이 너희 안에 계시는 것을 알지 못하느냐?"라고 했습니다.

예수를 믿는 사람에게는 하나님의 성령이 그 안에 영원히 내주해 계십니다. 그런데도 대부분의 고린도 교인들이 그것을 모르니까 사도 바울이 두 번이나 강조했습니다. 우리가 예수님을 믿으면 예수께서 보내시겠다고 약속하신 성령이 우리 안에 임하시고 영원히 우리와 함께 살고 계시며 우리의 몸을 거룩한 성전으로 변화시키십니다. 하나님이 임재하시는 곳이 성전이므로 성령님이 계시는 우리 몸은 당연히 하나님의 성전인 것입니다.

그런데 고린도교회 사람들은 문제가 많았습니다. 거룩한 성전으로 지켜야 할 자기 몸을 범죄와 쾌락의 도구로 사용했습니다. 얼마나 세속화되고 타락했는지, 심지어 신전의 여사제들과의 매춘 등 엄청난 타락이 그 교회에도 물들어 있었습니다.

고린도교회가 그렇게 타락한 이유가 무엇입니까? 자기 몸을 불의한 도구로 사용한 것은 자기 몸이 자기의 것이 아니라 그리스도께서 피로 사신 것이란 사실을 몰라서 그렇습니다. 우리의 몸속에 성령님이 임재해 계시는데 그것을 모르니까 자기 몸을 자기 마음대로 타락의 도구로 사용하는 것입니다. 성령님과 우리가 일체라는 사실을 우리가 알게 되면 그렇게 살지 않습니다.

제가 미국에 있을 때는 여러 다른 교회에 갈 기회가 많았습니다. 예수님과 내가 하나요, 성령과 내가 하나요, 하나님과 내가 하나라는 사실을 아주 깊이 깨달으면 삶을 보는 눈이 달라져 버립니다. 삶이 뒤바뀝니다. 그래서 제가 이 주제를 가지고서 부흥회를 많이 다녔습니다. 재미교포들은 미국에서 예수를 처음 믿은 사람이 많습니다. 미국에 있던 저희 교회에서 조사해 보니까 60%는 미국에서 예수를 믿은 사람들이었습니다. 하나님께서 그들을 사랑하셔서 한국에서는 하나님을 모르고 살던 사람들을 멀리 이국땅까지 보내셔서 하나님을 믿게 하신 것입니다.

우리는 질그릇 같은 존재입니다. 보잘것없는 질그릇입니다. 그러나 질그릇은 속에 무엇을 담는가에 따라 가치가 달라집니다. 이 질그릇 속에 하나님의 보화를 영원히 담고 있다는 사실을 알게 되면 사는 것이 재미있어집니다. 내 안에 함께 하시는 하나님 때문에 어깨가 펴지고, 어디서도 당당해집니다. 왜입니까? 성령 하나님이 내 안에 함께 하시기 때문입니다.

3. 성령님은 하나님의 모든 속성을 소유하심

성령님은 하나님께 속한 모든 하나님의 속성을 소유하고 계십니다. 성령님은 삼위 하나님의 한 분이시며 하나님으로서의 신성을 갖추고 계십니다.

(1) 성령님에게 영원성이 있습니다(히 9:14).

히브리서 9장 14절에 보면 예수님께서 "영원하신 성령으로 말미암아 흠 없는 자기를 하나님께 드린"이라는 구절이 있습니다. 예수님께서는 어떻게 자기를 하나님께 드려서 희생 제물로 바치셨습니까?

"하물며 영원하신 성령으로 말미암아 흠 없는 자기를 하나님께 드린 그리스도의 피가 어찌 너희 양심을 죽은 행실에서 깨끗하게 하고 살아계신 하나님을 섬기게 하지 못하겠느냐"

그것은 영원하신 성령으로 말미암아(through the eternal Spirit) 바치신 것입니다. 영원토록 계시는 하나님, 성령님을 통해서 예수님은 자기 자신을 아버지께 바쳤습니다. 그렇게 말하면서 성령님을 '영원하시다'라고 했습니다. 인간은 영원하지 않습니다. 피조물은 절대로 영원할 수 없습니다. 피조물에게는 시작이 있습니다. 그러나 성령님은 영원하십니다. 영원한 존재는 하나님밖에 없습니다.

(2) 성령님은 무소부재하십니다(시 139:7-10).

성령님은 어디나 계십니다. 시편 139편 7-10절을 보겠습니다.

"내가 주의 영을 떠나 어디로 가며 주의 앞에서 어디로 피하리이까 내가 하늘에 올라갈지라도 거기 계시며 스올에 내 자리를 펼지라도 거기 계시니이다 내가 새벽 날개를 치며 바다 끝에 가서 거주할지라도 거기서도 주의 손이 나를 인도하시며 주의 오른손이 나를 붙드시리이다"

하나님의 영은 영이시기 때문에 어디에나 계십니다. "저 하늘에 가도 계시고, 저 바다 끝에 가도 계시고, 저 땅끝에 가도 계시고, 심지어 죽은 사람들이 모이는 스올에 가도 하나님의 영이 거기 계신데 내가 어디로 도망갈 것인가?" 하고 시편 기자는 노래하고 있습니다. 그러면서 하나님의 영이 어디에나 계신다는 사실을 우리에게 말해주고 있습니다.

(3) 성령님은 모든 것을 아십니다(고전 2:10-11).

"오직 하나님이 성령으로 이것을 우리에게 보이셨으니 성령은 모든 것 곧 하나님의 깊은 것까지도 통달하시느니라 사람의 일을 사람의 속에 있는 영 외에 누가 알리요 이와 같이 하나님의 일도 하나님의 영 외에는 아무도 알지 못하느니라"(고전 2:10-11).

여기에 보면 성령께서 모든 것을 살피신다는 점을 알 수 있습니다. 영어로는 The Spirit searches all things, 성령님은 구석구석 다 아신다는 것입니다. 감옥이나 포로수용소에 가면 감시탑에는 'search light'가 있습니다. search의 뜻은 불을 켜서 구석구석을 자세히 본다는 것입니다.

우리가 고민하고 한숨을 쉬면 모든 것을 살피시는 성령님은 우리가 왜 한숨 쉬는지 아십니다. 우리 속에서 빌 바를 알지 못하고 우리가 신음할 때, 어떻게 기도해야 할 줄 모르고 가슴이 아파서 괴로워할 때 내 속에서 내는 조그마한 신음소리까지도 성령님은 아십니다(롬 8:26 이하).

(4) 성령님은 모든 것을 하실 수 있습니다(눅 1:35).

누가복음 1장 35절에는 하나님께서는 무엇이나 하실 수 있다는 것을 말씀하고 있습니다.

"천사가 대답하여 이르되 성령이 네게 임하시고 지극히 높으신 이의 능력이 너를 덮으시리니 이러므로 나실 바 거룩한 이는 하나님의 아들이라 일컬어지리라"

하나님의 능력이 덮으면 그렇게 된다는 것입니다. 하나님의 능력이 임하시면 처녀가 아기를 낳을 수 있다는 것입니다. "내가 남자를 모르는데 어떻게 아기를 낳을 수 있습니까?" 마리아가 물으니까 "너는 안

되지만 성령께서 너를 덮으면 기적이 나타날 수 있다”라고 대답하신 것입니다.

그렇게 하는 것은 하나님이지 인간이나 천사가 아닙니다. 성령님이 이런 분이니까 우리는 그분을 하나님이라 하는 것입니다.

이와 같이 영원하고, 어디나 계시고, 무엇이나 하실 수 있고, 모든 것을 아시는 그분이 바로 우리의 성령님입니다. 성령님은 예수님께서 우리에게 보내신 분이고, 우리와 영원히 같이 계시는 분입니다. 또 내가 예수님을 영접하는 그 순간에 나를 거듭나게 하시면서 그 순간에 내 안에 임하시는 분입니다.

저의 설교 테이프 중에 확신시리즈가 있습니다. 감사하게도 저의 테이프를 듣고 미국에서, 또 오스트리아에서 몇 년간의 병상에서 일어났다는 분들이 있었습니다. 그중의 한 분은 대사의 부인이었는데 확신시리즈 설교를 여러 번 반복해서 듣고 병이 나았다고 합니다.

그 확신시리즈 가운데 하나가 “하나님께서 우리와 함께 계시다”는 것입니다. 하나님의 임재의 확신, 하나님이 나와 함께 하신다는 확신을 통해 하나님께서 병을 고치셨던 것입니다.

사람들이 살아가는 모습은 저의 연구의 대상 가운데 하나입니다. 예수 잘 믿는 사람, 재미있게 사는 사람, 훌륭하게 사는 사람, 보람 있게 사는 사람, 멋있게 사는 사람을 보면 대단히 재미가 있습니다. 그런데 예수 잘 믿고 즐겁게 사는 사람을 분석해보면 그 사람들은 반드시 하나님이 자기와 함께 계신다고 믿습니다. 그리고는 모든 것을 하나님과 함께 해나갑니다.

그러므로 혼자 있는 사람과 하나님께서 동행하는 사람은 상대가 될 수 없습니다. 영원하고, 어디나 계시고, 무엇이나 하실 수 있고, 모든 것을 아시는 성령님이 자기와 함께 계시다고 믿고 사는 사람과 이런 것을 모르거나 안 믿고 사는 사람 사이에 차이가 있는 것은 당연하지 않겠습니까? 엄청난 차이가 납니다.

하나님께서는 어리석은 것을 들어서 세상의 지혜로운 것을 부끄럽게 하실 수 있습니다(고전 1:27). 왜냐하면 하나님의 일은 하나님이 하시는 일이기 때문입니다. 그래서 영적인 삶은 세상적으로 보기에는 모자라도 좋습니다. 많이 모자라는 사람은 하나님의 능력을 많이 체험할 수 있기 때문입니다. 부족할수록 하나님을 더 많이 체험할 수 있습니다. 똑똑한 사람은 자기가 다 해내지만 부족한 사람은 하나님이 해 주시기 때문입니다.

하나님의 은총을 입으려면 덜 똑똑해도 좋습니다. 능력이 있는 사람은 사도 바울처럼 자기 자신의 능력을 내세우거나 자랑하지 않습니다. 그래야 하나님의 능력이 나타나고, 결과에 있어서 성령께서 하셨다는 증거가 나타납니다. 부족한 곳에는 하나님의 은혜가 더 풍족하게 나타납니다.

성령님은 이런 분입니다. 부족한 것을 채우시고 어리석은 자를 지혜롭게 하십니다.

그러면 성령님은 어떤 일을 하실 수 있는 분일까요?

4. 하나님만이 하실 수 있는 성령님의 일

(1) 성령님은 창조에 관계된 일을 하십니다(시 104:30; 욥 33:4; 요 6:33).

요한복음에 보면 "그가 없이는 된 것이 없느니라"(요 1:3)고 예수님에 대해서 말씀하고 있습니다. 그런데 성령님께서는 창조의 역사 속에 동참하셨습니다. 특히 시편 104편에 보면 두 가지의 역사가 나옵니다.

"주의 영을 보내어 그들을 창조하사 지면을 새롭게 하시나이다"(30절).

여기에는 창조와 섭리가 둘 다 나타나 있습니다. 두 가지 단어가 나오는데, 둘 다 성령님이 하시는 일과 관계가 있습니다. 첫째는 '창조하시고', 둘째는 창조하신 것을 '새롭게' 하십니다.

"주의 영을 보내어"는 영어로는 'You send forth your Spirit'입니다. 하나님께서 당신의 영을 보내셔서 창조하셨다고 했습니다. 창조는 하나님의 영의 능력으로 하신 일입니다. 뿐만 아니라, 성령님은 이 땅의 모든 것을 늘 새롭게 하시는 사역을 오늘도 하고 계십니다. 바다나 강물이 물풀들과 여러 가지 생명체들에 의해서 새롭게 정화되듯 생명의 유지와 생성과 같은 역사를 성령님께서 주관하십니다. 인간은 있는 것을 사용해서 발명은 하지만 창조는 하지 못합니다. 과학자도 창조는 하지 못합니다. 있는 것을 관찰하고 연구하는 것이 과학자들의 몫입니다.

(2) 성령님은 섭리와 관계된 일을 하십니다(시 104:30).

섭리에는 보존하는 것이 들어있습니다. 우주를 유지, 보존, 돌봄, 이런 것을 '섭리'(providence)라고 말합니다. 섭리와 기적은 구분이 됩니다. 기적은 하나님께서 직접적이고 즉각적으로 관계하셔서 초자연적인 능력을 발휘하시는 것이지만, 섭리는 자연적이고 일반적인 방법을 통해서 관리하시는 하나님의 일입니다. 이것은 제2, 제3의 이미 존재하는 것들을 통해 간접적인 방법으로 하나님께서 관리하시는 것입니다. 눈먼 자가 눈을 뜨는 것은 기적이고, 누구를 통해 장학금을 보내주시는 것은 섭리입니다.

(3) 성령님은 중생에 관계된 일을 하십니다(요 3:7-8; 딛 3:4-5).

사람이 육으로 태어났다가 영적으로 다시 태어나 거듭나게 하시는 것은 하나님만이 하실 수 있는 일입니다. 거듭남, 중생, 다시 태어남이라는 말은, 쉽게 말하면 한 번 더 태어난다는 말입니다. 하나님이 주시는 생명을 받아 다시 태어난다, 영적으로 태어난다, 영적인 영원한 생명이 생겼다는 말입니다.

부모를 통해서 몸으로 한 번 태어났으니까, 예수님이 말씀하신 것처럼 육으로 난 것을 육이라고 합니다. 인간은 반드시 한 번 더 성령으로 태어나야 합니다. 성령으로 거듭나는 방법은 하나님의 아들 예수 그리스도가 나를 위해 돌아가신 구주이심을 마음으로 믿고, 입으로 시인하는 것입니다. 그 순간에 하나님께서 성령의 역사를 통해서 내 안에 영원한 영적인 새로운 생명을 넣어주십니다.

그런데 그 생명이 어디에 있습니까? 예수 안에 있습니다. 그래서 예수님을 내 마음에 받아들이면 그때 예수 안에 생명이 있으니까 영원한 생명이 우리에게 있는 것입니다. 쉽게 설명하면 성경 안에 페이지를 표시해두는 빨간 줄이 있는데, 성경을 가진 사람은 빨간 줄을 가지고 있고, 성경을 안 가진 사람은 빨간 줄이 없는 것과 마찬가지입니다.

요한일서 5장을 살펴보겠습니다.

"아들이 있는 자에게는 생명이 있고 하나님의 아들이 없는 자에게는 생명이 없느니라"(요일 5:12).

아들을 소유한 사람에게는 생명이 있고, 하나님의 아들을 소유하지 않은 사람에게는 생명이 없습니다. 왜냐하면 그 아들 안에 생명이 있기 때문입니다. 예수 안에 영원한 생명이 있습니다. 그래서 예수님을 모셔들이는 그 순간, 영원한 하나님의 생명을 받는 것입니다. 성령께서 역사하셔서서 깨닫게 하시고, 느끼게 하시고, 알아듣게 하시고, 보게 하시고, 받아들일 마음이 생겨납니다.

하나님의 영이 깨우쳐 주시고, 알아듣게 하시고, 마음을 열어주시지 않으면 우리는 하나님의 아들 예수를 제대로 알 수 없었을 것입니다. 그런 경우 예수님은 그저 유명한 종교적 인물에 불과합니다. 예수에 대해, 하나님에 대해 많이 듣고 많이 읽었지만 깨닫지 못하고 있는데, 성령께서 역사하실 때 눈과 귀가 열리는 것입니다. '오! 주여 나를 구원하여 주시옵소서' 부르짖으면 구원받게 됩니다. 물론 나의 결단이 그 속에는 포함되어 있지만 그렇게 하는 것 자체가 성령님이 하시는 사역입니다.

예수님도 말씀하시기를, "사람이 물과 성령으로 거듭나야 된다"고 하셨습니다(요 3:5). 물은 하나님의 말씀이란 뜻도 있고, 육체적으로 태어난다는 뜻도 있습니다. 양수가 터져서 아기가 나오는 것처럼, 육으로 나는 것은 물에서 태어난다고 했습니다. 그러나 물로 한번 태어나서는 부족합니다. 영으로 다시 한번 태어나야 합니다. 육에서 난 것은 육이요, 영에서 난 것은 영입니다. 바로 영으로 태어난 그 순간을 성령께서 역사하시는 것입니다.

디도서 3장 5절에도 비슷한 말씀이 있습니다.

"우리를 구원하시되 우리가 행한 바 의로운 행위로 말미암지 아니하고 오직 그의 긍휼하심을 따라 중생의 씻음과 성령의 새롭게 하심으로 하셨나니."

우리의 행한 의로운 행동 때문에 구원받은 것이 아니라 "오직 하나님의 자비로 말미암아 성령의 씻음으로 거듭나게 해서" 구원받은 것입니다. 하나님이 우리의 죄를 씻어주시고, 거듭나게 해주심으로 우리가 구원을 받았습니다.

어떤 사람은 자기가 언제 거듭났는지 잘 모릅니다. 특히 많은 경우 믿는 집에서 태어난 사람들은 자기가 언제 다시 태어났는지 잘 모르는 사람들이 있습니다. 그러나 모른다고 문제되는 것은 없습니다. 중요한 것은 거듭났나 하는 것이지, 언제 거듭난 것을 내가 아느냐 모르느냐가 중요한 것은 아닙니다.

그런데 구원파라는 집단에서는 정확한 시간과 장소를 알지 못하면 구원받은 것이 아니라고 주장합니다. 구원파가 구원의 확신을 강조하는 것은 옳으나 일시와 장소와 그 상황을 모르면 구원받지 못했다고 한다면 그것은 비성경적인 주장입니다. "바람이 임으로 불매 어디서 와서 어디로 가는지 알지 못하듯이"(요 3:8) 성령으로 거듭난 사람도 언제 자기가 거듭났는지 모를 수 있습니다. 특히 모태신앙인들인 경우에 흔한 일입니다.

그러나 성령으로 다시 난 사람은 자기가 거듭난 줄은 압니다. 거듭 태어난 것을 무엇으로 알 수 있습니까? "당신은 예수를 누구라고 말합니까?" 그것을 물어보면 알 수 있습니다. 베드로가 말하기를 "주는 그리스도시요 살아계신 하나님의 아들이십니다"라고 믿음을 고백했습니다. 그 신앙고백이 있는 사람은 거듭 태어난 사람입니다.

(4) 성령님은 부활에 관계된 일을 하십니다(롬 8:11).

"예수를 죽은 자 가운데서 살리신 이의 영이 너희 안에 거하시면 그리스도 예수를 죽은 자 가운데서 살리신 이가 너희 안에 거하시는 그의 영으로 말미암아 너희 죽을 몸도 살리시리라"

그뿐 아니라 성령님에게는 부활의 역사가 있습니다. 죽은 자를 다시 살리는 능력은 성령님이 하시는 역사입니다. 우리는 언젠가 다 죽을 터인데 우리가 죽는 것을 두려워하지 않는 것은 부활에 대한 확신이 있기 때문입니다.

육체의 죽음은 두려울 것이 없습니다. 떠나는 사람은 천국에 가지만 뒤에 남은 사람이 문제지 죽은 사람이야 구원받아 천국 갔는데 무슨 문제입니까? 거기에 도착하면 땅에서 사랑하는 가족을 떠났지만 그 곳에서 기다리고 계시던 부모와 먼저 간 형제들과 신앙의 친구들이 우리를 기다리고 있습니다. 떠남이 있지만 그 순간 또 그리웠던 만남이 있습니다. 더욱이나 늘 사모했던 부활하신 예수님이 계십니다. 우리의 죽은 몸을 언젠가 다시금 살리시는 역사를 바로 성령님이 하시는 것입니다. 우리 속에 계신 성령님은 죽은 자를 살릴 수 있는 그런 성령이란 말입니다.

사도 바울이 말하기를, 우리가 그분을 알 뿐만 아니라, 그분의 부활의 능력, 죽은 자까지도 살려내는 능력이 우리 안에 계신 성령님의 능력이라는 사실을 알아야 한다고 했습니다. 우리가 이 땅에 살 때 훨씬 더 이 사실을 절실히 깨닫고 성령님과 늘 동행하면서 살면 우리 삶 속에서 상당한 능력을 체험하면서 얼마든지 행복하게 살 수 있다는 것입니다. 바로 여러분과 제가 그렇게 할 수 있다는 것입니다.

여러분이 모두 이와 같이 성령님이 우리 안에 임재하심을 확실히 믿고 날마다 그분과 동행하는 삶을 사시기 바랍니다.

5. 성부와 성자와 동등한 성령

성령은 언제나 성부와 성자와 함께 나열되어 있습니다. 함께 나열

되었다는 것은 삼위 하나님이 동등하며, 성령님도 하나님의 신성을 가진 분이란 의미입니다. 대표적인 곳이 마태복음 28장 19-20절입니다.

> "너희는 가서 모든 족속을 제자로 삼아 아버지와 아들과 성령의 이름으로 세례를 베풀고 내가 너희에게 분부한 모든 것을 가르쳐 지키게 하라"

하나님 아버지와 하나님이신 예수 그리스도와 그다음에 성령님을 똑같은 위치에 놓아서 성령의 신성을 말해주고 있습니다. 고린도후서 13장 13절에도 같은 구절을 발견할 수 있습니다.

> "주 예수 그리스도의 은혜와 하나님의 사랑과 성령의 교통하심이 너희 무리와 함께 있을지어다."

사도 바울이 축복할 때에 예수님의 은혜와 하나님의 사랑과 성령과의 가까운 사귐이 함께 열거되어 있습니다. 사도 바울이 축복기도를 하면서도 성부와 성자와 성령님을 함께 묶어서 축복기도 하는 것은 성령이 신성을 가지고 있다는 것을 말해주는 것입니다.

성령은 성부와 성자보다 하위로 열등하신 분이 아닙니다. 성령님은 열등한 분이 아닙니다. 신성(神性)에 있어서 동등하십니다. 그러나 사역의 효율적인 효과를 위해서 성자가 성부에게 자원해서 두 번째 위치를 가지신 것처럼, 성령도 성부와 성자 다음에 위치하십니다. 그러나 모든 면에서 동일하십니다.

이것은 효과적인 행정상의 구분을 위해서, 효과적인 질서와 일의 효율을 위해서 하나님께서 조직했는데, 성자 예수님께서 성부에게 스스로 예속하셨고, 또 성령께서 성부와 성자의 다음에 위치하신다는 것입니다.

우리 속담에 "사공이 많으면 배가 산으로 올라간다"고 합니다. 미국 사람들은 "인디안 추장이 많으면 배가 산으로 올라간다"고 말합니다. 그것처럼, 순서가 성부와 성자와 성령으로 있으나, 삼위가 모두 하나님이라는 신성에서 동일하고, 신적 속성에도 동일하고, 능력이나 모든 것이 같지만 일의 효율성을 위해서 성부, 성자, 성령으로 위치했다는 말입니다.

가정도 마찬가지입니다. 남자를 가정의 가장으로 삼아주셨습니다. 그것은 남자가 여자보다 우월하다는 얘기가 아닙니다. 남자가 가장으로서의 책임이 있다는 것입니다. 전체적인 책임과 질서에서 효율성을 얻기 위한 것에 불과합니다.

남자가 여자보다 언제나 더 똑똑합니까? 제가 제 아내를 보면 저보다 똑똑하고 치밀하고 훌륭합니다. 그것은 무엇을 말하느냐 하면 여자가 남자보다 못하기 때문에 아내는 남편에게 순복하라는 것이 아니라는 것입니다. 그것은 가정의 질서를 위해서입니다.

하나님도 마찬가지입니다. 성부와 성자와 성령이 동등하신 분입니다. 능력, 속성, 영광, 지위가 동일하시나 그 행정적 효율성을 위해서 성부, 성자, 성령의 맡은 일이 다른 것입니다.

창조와 관련된 사역

"태초에 말씀이 계시니라 이 말씀이 하나님과 함께 계셨으니 이 말씀은 곧 하나님이시니라 그가 태초에 하나님과 함께 계셨고 만물이 그로 말미암아 지은 바 되었으니 지은 것이 하나도 그가 없이는 된 것이 없느니라" 요 1:1-3

성령님이 하시는 일에는 또 어떤 것들이 있습니까? 창조와 관련된 사역이 있습니다. 그리고 성경에도 성령님이 하신 일이 있고, 예수님과 관련된 사역도 있습니다. 구약에서는 어떻게 성령님이 구약의 인물들과 역사하셨는가를 살펴볼 필요가 있고, 그다음에는 성령님이 교회에 관련해서 하신 일도 살펴보아야 합니다. 또 신자와 관련해서 어떤 일을 하고 계시는지, 안 믿는 사람들에 대해서 성령님이 하시는 일이 무엇인지도 살펴보겠습니다.

그러면 먼저 창조와 관련된 사역을 살펴보기로 하겠습니다.

1. 창조와 관련된 사역

(1) 성령님은 성부 성자와 함께 우주 창조에 참여하셨습니다.

성부와 성자와 함께 성령님이 처음 하신 일은 무엇입니까? 천지창조입니다. 우주를 창조하신 일에 성령님도 참여하셨습니다. 창세기 1장 1-2절에, "태초에 하나님이 천지를 창조하시니라 땅이 혼돈하고 공허하며 흑암이 깊음 위에 있고 하나님의 영은 수면 위에 운행하시니라”고 기록되어 있습니다. 그다음 3절에 “하나님이 이르시되”라고 해서 말씀이 있었다는 것을 알 수 있습니다. 이 말씀은 곧 요한복음과 연결이 됩니다.

“태초에 말씀이 계시니라 이 말씀이 하나님과 함께 계셨으니 이 말씀은 곧 하나님이시니라 그가 태초에 하나님과 함께 계셨고 만물이 그로 말미암아 지은 바 되었으니 지은 것이 하나도 그가 없이는 된 것이 없느니라”(요 1:1-3).

태초에 말씀이 하나님과 함께 계셨고, 이 말씀은 곧 신성을 가지신 하나님이시며, 만물이 말씀으로 말미암아 창조되었는데, 창조된 것 가운데 하나도 말씀이 없이 된 것은 없습니다. 그래서 창세기 1장 1-3절에는 하나님 아버지, 하나님의 영, 하나님의 말씀, 이 세 분이 함께 창조에 관계되었고, 요한복음 1장 1-3절에도 그것이 분명히 나타나 있습니다.

창세기에서 “하나님의 영은 수면 위에 운행하시느니라” 했습니다. 창조의 처음부터 하나님의 영인 성령이 창조의 에너지와 창조의 미와 창조의 모든 디자인에 역사하셨던 것입니다.

시편 33편 6절에도 “여호와의 말씀으로 하늘이 지음이 되었으며”라고 했습니다. 여기서 이 ‘말씀’은 무엇입니까? 예수 그리스도입니다. 그다음에 “그 만상을 그의 입 기운으로 이루었도다”라고 했습니다. 여기 “입 기운”은 히브리어로 ‘루아흐’라는 단어인데 ‘호흡’이라는 뜻입니다. 헬라어로는 '프뉴마'입니다. 이 단어는 '뉴모니아'(폐렴)처럼 '바람'이란 뜻도 되고, '입김'이란 뜻도 됩니다. 또한 '기운'이란 말도 되고, '성령'이란 말도 됩니다. 따라서 "만상을 그의 입 기운으로 이루었도다"는 것은 '그의 성령으로 지음을 받았다'는 뜻입니다. 성령이 만물을 창조하는 데 관계하셨다는 것이 시편 33편 6절에 나타난 그 말씀 속에 들어있습니다.

그 다음에 살펴볼 구절은 시편 104편 30절입니다. "주의 영을 보내어 그들을 창조하사 지면을 새롭게 하시나이다"인데 성령님이 천지를 창조하셨고 보존하신다는 것입니다.

계속해서 욥기 26장 13절에도 나타나 있습니다.

재미있는 표현입니다. 성령의 사역이 의인화(擬人化 personization)되어 있습니다. 즉 하나님의 입김, 성령으로 하늘을 맑게 했다는 것입니다. 맑게 했다는 것은 무엇입니까? 아름답게 만들었다는 것입니다. 이 세상을 아름답게 하신 것은 성령님이 하신 일입니다. 세상을 아름답게 디자인하시고, 아름다움을 창조하신 것은 성령님의 일입니다. "하나님이 모든 것을 지으시되 때를 따라 아름답게 하셨다"(전 3:11)고 솔로몬은 기록했습니다.

하나님은 아름다우신 분이십니다. 모든 것을 아름답게 창조하셨습니다. 아름답게 하시는 일이 바로 성령님이 하시는 일입니다. 그래서 우리 믿는 사람들도 언제든지 모든 것을 아름답게 합니다. 미를 창조하신 하나님이 우리 안에 계시고 그리스도인의 마음이 아름다우니까 자연히 우리가 만들어내는 것들도 아름다워지는 것입니다. 일례로 근대까지의 유명한 음악이나 회화들은 대부분이 기독교인들의 작품들이었습니다. 지금도 복음성가나 찬송가와 랩 뮤직이나 대중가요를 비교해보면 어느 것이 사람들의 마음을 아름답게 만들어 주는가는 금방 판단이 갑니다.

요즘에는 유행이라고 멋을 내는 것들이 운치가 없습니다. 아름다운 것들에는 운치가 있습니다. 멀쩡한 바지를 찢어서 입고 다니는 것이 유행입니다만 이것은 미국의 아주 저질문화가 수입되어온 것에 불과합니다. 여기저기 찢어져 너덜거리는 바지와 헝클어진 머리 어디에 아름다움이 있습니까? 그래서 유럽사람들이 미국 사람들을 때로는 상놈이라고 비난합니다. 미국 사람들은 역사와 전통이 없으니까 제멋대로라는 것입니다. 우리가 왜 손가락질 받는 서양의 저질유행을 따라야 합니까?

미국에서는 학생들이 등교하는데 경찰들이 문 앞을 지키고 서서 무기탐지기를 가지고 검색을 합니다. 총을 가지고 들어와서 학교 안에서 저희끼리 싸우고 죽이니까 경찰이 등교 때마다 검색을 하는 겁니다. 동유럽도 마찬가지입니다. 스킨 헤드라는 그룹이 있어서 조랑말처럼 이상하게 머리 깎고 다닙니다. 세상이 점점 더 어지러워지고 있습니다.

그러나 믿는 사람은 언제 보아도 산뜻하고 깨끗하고 단정합니다. 왜 그렇습니까? 성령님이 그 안에 계시니까 그렇습니다. 아름다움을 만드신 분이 성령님이기 때문입니다.

성령님이 만드신 하늘을 보십시오. 얼마나 아름답습니까? 성령님이 만드신 별들과 무지개를 보십시오. 아름답지 않습니까? 작은 조약돌 하나도 예술품입니다. 그래서 우리 믿는 사람들은 어디에다 갖다 놓아도 멋이 있고 아름다움이 있어야 됩니다. 말을 해도 품위가 있고, 행동 몸가짐이나 삶이 하나님을 모르는 사람들이 보기에도 아름다워야 합니다.

미국 캘리포니아에 갈보리교회가 있습니다. 그 교회는 옛날의 히피들이 예수 믿어서 만들어진 교회입니다. 옛날 60년대 히피들은 길바닥에 천막 쳐놓고 그 안에서 자고, 담배도 아니고 마약 같은 것을 피고 제멋대로 살아가던 사람들이었습니다. 그런데 그 사람들이 예수를 믿게 되어서 사람들이 깨끗해졌습니다. 성령님은 모든 것을 새롭게 아름답게 만듭니다. 성령님은 좋게 만들고, 멋있게 만드십니다. 환경을 보호하고, 아름답게 만들어 가는 운동은 믿는 사람들이 해야 하는 운동입니다. 예수님도 5천 명을 먹이시고 남은 것을 그냥 아무데나 버리게 하지 않으시고 거두어서 광주리에 담아 보관하셨습니다. 아름다움은 믿는 사람들의 특징입니다. 우리는 건설적인 사람들입니다.

말도 마찬가지입니다. 믿는 사람들은 말도 곱게 해야 합니다. 남이 들어서 기분 나쁜 얘기들, 남이 들어서 낙심하는 얘기들, 속상한 얘기들, 화나는 얘기들을 하지 않습니다. 화를 심하게 내면 머리의 뇌세포가 몇 배나 더 많이 죽어버립니다. 상대방이 화를 내도록 만드는 일은 사람을 천천히 죽이는 것입니다. 살인입니다. 다른 세포들은 재생되어도 죽은 뇌세포는 다시 살아나지 않습니다.

그러나 평화가 있고, 웃음이 있고, 기쁨이 있고, 참 즐거움이 우리 마음속에 있으면 생명력이 더 좋아지고, 또 주름살이 덜 늘어납니다. 이것이 우리 믿는 사람들의 멋입니다. 그리스도 안에 계신 성령님과 함께 사는 삶의 아름다움이 기독교인들에게 있습니다.

저는 주일날 교인들을 보는 것이 즐겁습니다. 교인들이 모일 때 문 앞에서 인사하면 저는 성도들의 눈을 쳐다봅니다. 어떤 때는 무안해서 고개 숙이고 나가는 분도 계시지만 저는 교인들의 눈을 쳐다보기 좋아합니다. 늘 보는 데도 좋습니다. 믿는 이들의 눈빛들이 깨끗하고 아름답기 때문입니다.

우리의 몸은 성령님을 모시고 사는 성령님의 전입니다. 우리는 하나님을 대표하는 사람들입니다. 예수 그리스도를 대표하는 사람들입니다. 우리는 만왕의 왕의 전권 대사들입니다. 그리스도의 대사입니다. 대사답게 몸가짐하고, 대사답게 말하고 행동하도록 바로 성령님이 단장해 주시는 것입니다.

이 창조의 세계가 보존되어 나가는 것, 이렇게 지속되는 것은 성령님이 하시는 일입니다. 시편 104편 30절에는 성령을 보내서 우주 만물을 새롭게 하신다고 했습니다. 영어로 새롭게 한다는 것은 'renew'라고 합니다. new는 새롭다는 뜻이고, 접두사 re-는 '다시, 한번 더'라는 뜻입니다. 다시 한번 새롭게 하신다는 것입니다.

가을이 되면 낙엽이 떨어졌다가 봄이 되면 새싹이 나게 하는 일은 누가 하시는 일입니까? 성령님이 하시는 일입니다. 하나님은 탁한 공기를 비로 싹 씻어주시고, 새롭게 하십니다. 강 속에 이끼 같은 것을 두셔서 우리가 버린 더러운 물들을 깨끗하게 하십니다. 또 좋지 않은 물들을 증발시켜 좋은 것만 하늘로 올라갔다 비로 내려주셔서 개울 물을 만들어 주십니다. 이렇게 온 우주를 늘 새롭게 해주시는 분이 성령님입니다.

또 그뿐이 아니라 성령님은 생성과정 속에서도 역사하십니다. 욥기 33장 4절에 보니까 "하나님의 영이 나를 지으셨고"라고 했습니다. 또 "전능자의 기운이 나를 살리시느니라"고 했습니다. '죽었는데 다시 살린다'가 아니고 '살려두신다'는 말입니다. 우리가 오늘 이 시간에 살아 있는 것도 성령님이 우리의 생명을 보존해 주셨기 때문입니다. 우리가 살아있는 것도 하나님의 영이 하시는 것입니다.

성령님은 파괴적인 것에도 역사하십니다. 이사야 40장 7절을 보겠습니다.

"풀은 마르고 꽃이 시듦은 여호와의 기운이 그 위에 붊이라 이 백성은 실로 풀이로다"

풀은 마르고 꽃은 시들기 마련입니다. 이 마름과 시듦 위에 성령님이 역사하십니다. 풀이 마르고 꽃이 시들면 또다시 파랗게 하시고, 움 나게 하시고, 또 피게 하시는 분이 성령님입니다. "내 백성은 풀이다"고 주님은 말씀하셨습니다. 사람은 이 풀과 같습니다.

우리가 불순종하고, 범죄해서 하나님의 영광을 땅에 떨어뜨리면 하나님의 영의 바람이 불어와 모든 것을 시들게 하십니다. 교회도 마찬가지입니다. 요한계시록에는 "성령이 교회들에게 하시는 말씀을 들을지어다" 하신 뒤, "네가 듣지 않으면 내가 촛대를 옮겨 버리겠다"고 여러 번 경고하셨습니다. 그런데도 말씀을 듣지 않는 교회들은 주님께서 촛대를 옮겨 버려서 이제 아시아의 일곱 교회는 사라져 버렸습니다.

그래서 교회도 하나님께서 축복하실 때에 더욱더 겸손해야 합니다. 축복하실 때에 더 겸손하고, 더 기도하고, 더 사랑하고, 더 말씀을 사모하고, 더 예배에 열심을 내야 합니다. 성령의 바람이 우리를 향하여, 우리를 위하여 불 때 감사하고 주님을 더 사랑하고, 더 말씀에 열심을 내고, 더 순종하려고 애를 써야 합니다.

우리의 가정도 마찬가지입니다. 가정도 하나님께서 은혜 주실 때에 그 은총이 하나님의 은총인 줄 알고 감사하고, 하나님께 영광 돌리고, 하나님을 찬양해야 합니다. 이것이 하나님의 은혜인 줄 모르고 교만해져 버리면 하나님의 바람이 반대 방향으로 옮겨버리게 됩니다. 그러면 건강도 생명도 가정도 사업도 모든 것이 시들어 버립니다. 하나님의 영은 파괴적인 과정 속에도 역사하시기 때문에 우리는 늘 깨어서 조심해야 됩니다.

(3) 성령님은 모든 에너지와 자연질서의 근원입니다.

성령님은 자연 속에서 역사하시면서 창조의 세계를 보존하실 뿐만 아니라 모든 에너지와 자연질서의 근원이 되십니다. 창세기 1장 2절에서 여호와의 영이 물 위에 운행한다고 했습니다. "운행"이라는 그 단어는 '에너지'라는 의미입니다. '물 위에서 에너지를 일으켜 움직이셨다'는 것입니다.

이 세상에는 여러 가지 에너지가 있습니다. 물에 에너지를 가하면 어떻게 됩니까? 물이 파도가 됩니다. 그것이 물의 파장(water wave)입니다. 파장(wave)이라는 것은 전부 에너지입니다. 소리도 마찬가지입니다. 말한다고 해서 그냥 말이 나가는 것이 아닙니다. 말이 파장을 일으켜서 이 음파(sound wave)가 멀리까지 전달되는 것입니다. 소리에 에너지를 가한 것입니다. 전기도 에너지입니다. 전파(electric wave)가 바로 전기의 에너지입니다. 빛에도 파장이 있는데 그 빛의 파장(light wave)이 에너지가 되어서 파장이 되면 멀리까지 움직여서 결국은 환하게 되는 것입니다. 또 자력(magnetic wave)도 에너지입니다. 이렇게 모든 것이 다 에너지입니다.

몸을 움직이는 것도 마찬가지입니다. 팔 하나를 움직이고, 손 하나를 움직여도 꼭 에너지가 들어갑니다. 그래서 음식을 섭취해서 새로운 에너지를 계속 공급해 주고 내 몸의 공장에서 에너지를 만들어 주어야 계속 움직일 수 있습니다. 에너지를 너무 많이 쓰면 그만 기진해집니다.

그런데 에너지의 근원이 바로 성령님입니다. 창세기 1장 2절을 보면 하나님의 영, 성령님이 에너지의 근원입니다.

(4) 성령님은 좋은 것의 원천입니다.

성령님은 미의 원천입니다. 욥기 33장 4절에서 성령님이 "하늘을 맑게 하신다”는 것을 알아보았습니다. 아름답게 꾸민다는 것입니다. 모든 아름다운 것은 성령님의 역사하심이었습니다. 그런데 인간이 범죄하고 이 창조의 세계에 죄가 들어와서 하나님의 아름다운 세계를 파괴했습니다. 죄가 들어오는 곳에는 반드시 파괴가 있습니다. 개인에게도 죄가 들어오면, 성령을 슬프게 하고, 섭섭하게 하고, 거역하고, 이렇게 하면 그 사람의 인생이 파괴됩니다. 몸도, 마음도, 영혼도, 인간관계도, 가정도, 직장도 파괴되고, 무엇이든지 파괴되고 맙니다.

질서와 아름다움을 파괴하는 것은 하나님께서 원하시는 것이 아닙니다. 오히려 성령님은 좋은 것, 아름다운 것의 원천입니다. 성령님은 창조와 미와 관련되는 일을 하십니다. 그래서 바울도 빌립보 교인들에게 이런 권고를 했습니다. “형제들아 무엇이든지 참되고 무엇에든지 경건하며 무엇에든지 옳으며 무엇에든지 정결하며 무엇에든지 사랑받을만 하며 무엇에든지 칭찬 받을 만하며 무슨 덕이 있든지 무슨 기림이 있든지 이런 것들을 생각하라”(빌 4:8).

2. 성경과 관련된 사역

(1) 성령님은 성경의 원저자입니다.

성경과 관련된 성령의 사역이 또 있습니다. 사무엘하 23장 2절에 다윗의 시에 대한 얘기가 나옵니다. 다윗은 성경에서도 가장 뛰어난 시인 아닙니까? 거기에 보면 다윗이 이런 말을 했습니다.

시편 전체는 150편입니다. 150편 중에 절반 이상이 다윗이 쓴 시입니다. 다윗은 이스라엘의 시인으로 알려져 있습니다. 그런데 다윗이 시를 쓴 것을 두고 스스로 말하기를 "여호와의 영이 나를 통하여 말씀"했다고 했습니다. '통했다'는 것은 '여호와의 영, 성령이 나를 사용해서 말씀하셨다'는 의미입니다. 다윗은 성령의 입과 같았습니다.

그리고 "그의 말씀이(즉 여호와의 영의 말씀이) 내 혀에 있도다"라고 노래했습니다. 나를 움직여서 내 머리를 주관하시고, 내 생각을 다스리시고 내 입술을 주관해서, 여호와의 영이 말씀하셨다는 것입니다.

우리가 에스겔, 예레미야, 이사야 등 여러 선지서들을 읽어보면 반복되는 표현이 있습니다. 그것은 "여호와께서 말씀을 내 입에 넣어 주셨다"는 표현입니다. 여호와께서 그 선지자의 입에 말씀을 넣어서는, 코카콜라 캔에다 넣고 막 흔들어 놓고 뚜껑을 열면 말씀이 터져 나오는 모습을 연상할 수 있습니다. 하나님의 영이 그 선지자의 입에 말씀을 넣어서 흔들어 놓으니까 하나님의 말씀이 터져 나왔다는 것입니다.

이처럼 코카콜라 캔이 탁 터져 쏟아져 나가는 것 같은 모양을 보고 히브리어로는 '나바'라고 합니다. 이 말을 한글로 '예언'이라고 번역했는데, 정확한 표현은 '예언'이 아니고 '쏟아져 나온다'는 뜻입니다. '마구 쏟아져 나온다, 선포한다'는 의미의 '나바'라는 말은 우리말로 나팔과 발음이 비슷합니다. '나바'는 나팔부는 것처럼 선포하는 것입니다.

미래에 대한 예언만이 아닙니다. 그래서 '나바'는 예언보다는 선포가 더 정확한 본래의 뜻입니다. 하나님의 성령이 시키는 말, 그것이 과거에 관한 얘기든, 현재나 미래에 관한 것이든 간에 하나님이 원하시는 하나님의 말씀을 선포하는 것이면 다 '나바'에 해당합니다. 구약시대에는 성령님이 이렇게 성경과 관련해서 일하셨습니다.

베드로후서 1장 20-21절에도 그렇게 되어 있습니다.

"먼저 알 것은 성경의 모든 예언은 사사로이 풀 것이 아니니 예언은 언제든지 사람의 뜻으로 낸 것이 아니요 오직 성령의 감동하심을 받은 사람들이 하나님께 받아 말한 것임이라"

여기서도 영어로는 'prophecy', 우리말로는 '예언'이라고 했습니다만, 이때 예언은 '하나님의 말씀'이란 뜻입니다. 더 정확히 말하면 '하나님의 선포된 말씀'이란 의미입니다. 그런데 우리가 예언이라고 하니까 미래에 대한 얘기 같은데 그것이 아닙니다.

"모든 예언"은 '모든 선포된 하나님의 말씀'이란 뜻입니다. 말씀은 오직 성령의 감동하심을 받은 사람들이 하나님께로부터 받아서 쏟아져 나가는 하나님의 말씀입니다. 이어서 "성령의 감동하심을 받은"(inspired, borne along)이라는 구절이 있는데, 이것은 lifted up and carried along 즉 '바짝 들어서 운반한다'는 의미입니다. 그 표현을 한국어로 '감동'이란 단어를 사용했습니다. 성경을 쓴 사람들이 있고, 성경을 말한 사람들이 있는데, 성령님이 그 사람들을 움직여서 하나님께서 하시고 싶은 말씀을 기록하게 했다는 것입니다.

여기서도 "우리가 말하는 것은 오직 성령께서 가르치신 것"이라고 사도 바울은 말했습니다. 성령님이 사도 바울에게 가르쳐줘서 그것을 고린도 교인들에게 말해주고, 가르쳐 주었다는 의미입니다.

요한복음 16장 13절에서도 "진리의 영이 오시면 그가 너희를 모든 진리 가운데로 인도"해 주신다고 말씀하고 있습니다. 모든 진리로 인도해 주신다는 것은 모든 진리 가운데로 인도해 주시고 거기까지 데려다주신다는 의미입니다. 데려다줄 뿐만 아니라 그다음에는 "장래 일을 알리시리라"고 했습니다. 장래 일(things to come)이란 앞으로 다가올 일을 말합니다. 종말에 대한 말씀들이지요.

앞으로 다가올 일은 어디에 적혀 있습니까? 요한계시록에 있습니다. 요한계시록뿐만 아니지만 그래도 요한계시록에 주로 있습니다. 마태복음 24장, 고린도전서 15장, 디모데후서, 데살로니가전서, 베드로후서 등 곳곳에 장래 일이 기록되어 있는데, 그 일을 성령님이 알려주신 것이라는 말입니다. 그러니까 신약성경 특히 요한계시록이 성령님이 오시면 쓰일 것이라고 예수님은 미리 말씀해 두셨습니다.

요한복음 15장 26-27절에서도 성령이 오시면 "그가 나를(나에 대해서) 증언하실 것이요"(He will bear witness of Me)라고 했는데, 성령이 임하셔서 예수님에 대해서 증언하신 기록이 사도행전입니다. 사도행전을 쓴 저자는 물론 누가입니다만 그 위에서 그를 움직이시고 역사하신 분은 바로 성령이었다는 것입니다. 그리고 진리의 영이 오신 다음에 그리하면 "너희도 처음부터 나와 함께 있었으므로 증언하느니라"고 했습니다. 사도들이 예수에 대해 증언해 놓은 책들이 복음서가 아닙니까? 또한 14장 26절에는 "내가 너희에게 말한 모든 것을 생각나게 하리라"고 예언하셨는데 예수님의 모든 말씀을 복음서에 대부분 기록하게 하신 것입니다.

요한복음 16장 5-15절에 예수님께서 보내주실 성령님이 하실 일이 또 나타나 있습니다. 그중에 "그가 스스로 말하지 않고 오직 들은 것을 말하며 … 그가 내 영광을 나타내리니 내 것을 가지고 너희에게 알리시겠음이라"(13-14절)라는 말씀이 있습니다. 여기서 "내 것을 가지고"의 "내 것"이 무엇입니까? '예수님의 생애와 교훈'입니다. 즉 예수님에 대한 것을 가지고 진리의 영 곧 성령님이 "너희에게 알린다"(He will disclose it to you)는 말은 알 수 있도록 설명해 준다는 뜻이 있습니다. 성경의 어느 곳에서 예수님을 성도들의 삶에 적용하며 자세히 설명을 해 주고 있습니까? 신약성경의 여러 서신서가 아닙니까? 바울 서신, 베드로 서신, 요한 서신, 야고보 서신, 히브리서 등등입니다.

이제 종합해 보면 진리의 영, 즉 성령을 예수님이 자기를 대신해서 보내주셨는데 그분이 하시는 사역들 속에는 여러 가지가 있으나 그중에 신약성경을 써내실 것을 암시하고 있습니다. 예수님이 하신 말씀(요 14:26)은 복음서에 있고, 예수님에 대한 증언 사역(요 15:25-26)은 사도행전에 있고, 예수님의 생애와 말씀의 의미를 설명하고 적용해 놓은 것들은 일반서신과 목회서신에 있고, 장래 일은 요한계시록에 기록되어 있으니, 성령의 사역은 구약성경뿐만이 아니라(딤전 3:15-17) 신약성경의 형성에도 관여하신 것을 알 수 있습니다. 결국 성경은 성령께서 저자들을 통하여 이루어 놓으신 책입니다.

또 베드로전서 1장 10-11절에도 그리스도의 영이 그리스도의 고난을 증언한다고 했습니다. 하나님의 영이 그리스도의 받으신 고난을 증언해 준다는 것입니다. 그리스도께서 받으신 고난은 어디에 기록되어 있습니까? 사복음서에 있습니다.

요한복음은 전부 21장인데 절반 이상이 예수님의 고난에 대한 내용입니다. 1장부터 10장까지는 유대 지방과 예루살렘을 중심으로 예수님의 사역을 설명하고 있고, 그다음 11장부터 21장까지 절반 이상이 예수님의 고난에 대한 내용입니다. 고난 전 일주일에 관해 쓰인 것이 열한 장입니다. 예수님의 고난에 관한 성경의 기록도 성령님이 다 역사하신 것입니다.

그래서 결론적으로 말하면, 성경은 사람이 썼으나, 성령님이 사실상 저자라는 것입니다. 사람이 했는데 성령께서 하셨고, 성령께서 했는데 사람이 썼고, 이 둘이 하나로 되어 인간의 말이지만 하나님의 말씀으로 나타나는 것입니다.

예수님께서 이 땅에 오셨을 때 인간의 모습을 입고 오셨는데, 그분은 하나님이셨습니다. 이와 마찬가지로 성경은 인간의 말이지만, 하나님의 말씀입니다. 똑같이 둘 다 성령으로 잉태되었습니다. 예수님도 인간인데 성령으로 잉태되어 태어나신 하나님이시고, 성경도 사람들이 쓴 말씀인데 성령으로 영감된 하나님의 말씀입니다. 우리는 예수님을 하나님의 아들이라고 하는데, 또 말씀이라고도 합니다. 게다가 예수님을 하나님의 말씀, 또 성경을 하나님의 말씀이라고 하는데, 그 성격이 비슷합니다. 예수님도 완전하시고 성경도 정확무오합니다.

성경을 해석해 주시는 분도 역시 성령님입니다. 예수님은 "보혜사가 오시면 내 것을 너희에게 보여준다(disclose)"고 하셨습니다(요 16:14). 그래서 성령님이 우리에게 성경을 이해하게 해주신다, 해석해서 옳게 가르쳐 준다고 했습니다. 우리 인간이 성경의 해석에 대해 서로 일치가 안 되는 것은 우리의 부족 때문입니다. 우리의 지혜와 이해와 영성과, 우리 자신의 한계들 때문에 그런 현상이 나타납니다. "성경의 모든 예언은 사사로이 풀 것이 아니니"(벧후 1:20)고 하는 데서 보듯이 성경은 성령의 해석에 의하여 참뜻을 이해하게 됩니다.

하지만 성령님은 성경을 써 주셨을 뿐만 아니라 그 성경을 설명해 주시고, 해석해 주시기도 합니다. 신약성경에 보면 구약을 많이 설명해 놓았고 구약의 뜻을 많이 해석해 놓았습니다. 바울, 베드로, 요한의 서신들은 예수님의 말씀과 생애를 잘 설명해 놓고 있습니다. 이 모두가 성령님이 가르쳐주신 결과입니다. 성령님이 오시면 모든 것을 가르쳐 주신다고 하지 않았습니까?

"오직 하나님이 성령으로 이것을 우리에게 보이셨으니 성령은 모든 것 곧 하나님의 깊은 것까지도 통달하시느니라 … 우리가 세상의 영을 받지 아니하고 오직 하나님으로부터 온 영을 받았으니 이는 우리로 하여금 하나님께서 우리에게 은혜로 주신 것들을 알게 하려 하심이라"(고전 성령님은 하나님의 깊은 것, 성경의 깊은 의미까지도 아십니다. 성령님은 하나님께서 우리에게 은혜로 주신 성경의 의미를 알 수 있도록 다른 성경을 통해서 해석해 주십니다. 성경의 저자이신 성령님이 성경의 의미를 해석해 주실 때 우리는 성경의 의미를 가장 정확하게 이해할 수 있습니다.

예수님과 관련된 사역

"여호와의 영 곧 지혜와 총명의 영이요 모략과 재능(counsel and might)의 영이요 지식과 여호와를 경외하는 영이 강림하시리니" 사 11:12

예수님과 관련된 성령님의 사역에는 어떤 것들이 있습니까? 성령님은 천지창조와 성경의 기록뿐만 아니라 예수님의 사역 가운데에도 관여하셨습니다. 예수님은 이 땅에 계시는 동안 인간의 모습을 지니셨는데, 예수님이 하신 일들이나 교훈 전부는 성령님의 인도하심과 능력으로 하신 것입니다.

예수님과 관련된 성령님의 사역에는 예수님의 잉태에서 부활할 때까지 일곱 가지가 있습니다. 예수님의 처음부터 끝까지 성령님이 역사하셨습니다.

1. 예수님과 관련된 성령의 사역

(1) 기적적인 잉태

첫째로 성령님은 예수님을 기적적으로 잉태하게 했습니다. 누가복음 1장에 보면 천사가 마리아에게 말합니다. "보라 네가 잉태하여 아들을 낳으리니"(31절). 그러자 마리아가 깜짝 놀라서 물었습니다. "나는 남자를 알지 못하니 어찌 이 일이 있으리이까?” 그러자 천사는 “성령이 네게 임하시고 지극히 높으신 이의 능력이 너를 덮으시리니 이러므로 나실 바 거룩한 이는 하나님의 아들이라 일컬어지리라”(35절)고 대답했습니다. 마리아의 잉태는 성령의 특수한 기적적인 역사를 통해서 이루어졌다고 말하고 있습니다.

(2) 뛰어난 지혜

예수님이 사역을 하시는 동안 그 지혜가 뛰어났습니다. 이사야서 예언에도 그렇게 되어 있고, 요한복음에서 이사야서 예언의 성취에도 똑같이 나타나 있습니다. 이사야 11장 1-4절에 보면 하나님의 영에 대한 표현이 여러 가지로 나타납니다.

“여호와의 영 곧 지혜와 총명의 영이요 모략과 재능(counsel and might)의 영이요 지식과 여호와를 경외하는 영이 강림하시리니”(사 11:2).

성령을 “여호와의 영” “곧 지혜와 총명의 영”이라고 이사야는 불렀습니다. 지혜(wisdom), 총명(understanding), 모략(counseling)의 영이 바로 성령님입니다. ‘모략’은 요즘 말로 하면 상담이라고 번역할 수 있는데, 성령님은 참 지혜가 있으니까 지혜롭게 잘 상담해 주신다는 뜻입니다.

우리에게 문제가 있으면 누구한테 상담하러 가야 할까요? 바로 성령님입니다. 성령님께 가서 “성령님, 나에게 지혜를 주셔서 문제를 잘 해결할 수 있도록 가르쳐 주옵소서.” 간구해야 합니다. 그러면 그분이

"가라, 가지 말라. 하라, 하지 말라. 이건 이렇게 해라, 저렇게 해라." 시시때때로 우리에게 상담을 해주십니다.

또 이사야는 성령님을 "재능의 영" "지식의 영"이라고 불렀습니다. 그러니까 공부 잘하려면 성령님을 의존해야 합니다. 저도 어려서 공부할 때마다 꼭 기도하고 공부하고, 책 읽기 전에 기도하고 책을 읽었습니다. 기도하고 시험 준비하고, 또 시험 치러 갈 때도 기도하면서 가고, 또 시험장에 도착해서도 기도하고, 또 시험지 받고 쓰기 전에 기도하고, 학생 시절 그렇게 기도했습니다. 어릴 때부터 제가 박사학위 끝날 때까지 계속해서 그렇게 기도하면서 공부했습니다. 제가 어릴 때는 주일학교에서 그렇게 가르쳐 주셨습니다. 선생님들이, 또 목사님과 전도사님들도 그렇게 하라고 하셔서 저는 그대로 순종을 했습니다. 순종을 하면서도 어떤 때는 B를 맞았습니다. 제가 공부하지 않고 머리에 넣어두지 않은 것을 알려 달라고 해도 들어가 있지 않은 것이 나올 수는 없었습니다. 그러나 저는 기도했습니다. 공부하지 않은 것을 알려 달라고 하는 기도는 한 번도 하지 않았습니다. "제가 공부한 것을 최대한 기억하고 표현할 수 있게 하여 주옵소서." 그렇게 기도했습니다. 최선을 다하게 해달라고 늘 기도했습니다.

이처럼 어려서부터 성령님을 의지하는 것을 집에서 아이들에게 가르쳐야 합니다. 모든 일에 성령님께 기도한 것이 제가 가장 잘한 일이라고 생각합니다. 제가 A를 받았다면 성령님이 저를 도와주신 것입니다. 성령님은 지식의 영입니다.

요한복음 7장 15절에 예수님이 말씀을 가르치시니까 사람들이 "저 사람은 학교도 안 다녔는데 어떻게 저렇게 교육을 많이 받은 사람 같으냐?”고 물었습니다. 학교도 다니지 않은 예수님이 교육받은 사람보다도 더 지혜로웠던 것은 성령의 지혜 때문이었습니다.

제 어머니는 옛날 분이어서 초등학교 밖에 못 다니신 분입니다. 그런데 지혜가 많으셨습니다. 대학을 나온 자녀들이 어머니의 지혜를 따르지 못했습니다. 만날 때마다 제가 어머니로부터 감동을 받았습니다. 제가 북한을 방문했을 때, 평양에서 어머니를 제 아내와 함께 만났습니다. 제 아내가 질문했습니다. “어머니는 어떻게 그렇게 지혜가 많으세요?” 그러니까 어머니는 “주일학교를 다녀서 그렇다”고 대답하셨습니다. 그래서 “그 옛날 어릴 때 어떻게 주일학교를 갔습니까?” 물었더니 시골에서 교회를 가려고 어릴 때 20리나 되는 길을 산을 넘어서 교회에 다니셨다고 합니다.

그런데 아는 것도 많으시고, 판단이 얼마나 빠른지 모릅니다. 지혜가 많으셨기 때문입니다. 어머니와 저는 어머니 45세 때, 6.25 전쟁으로 인해 헤어졌습니다. 어머니는 연세가 많으셨지만 그 지혜는 더욱더 왕성하셨습니다. 어머니가 어려서부터 주일학교에 다녔기 때문에 그렇답니다. 북한에 있는 제 동생들도 어머니의 지혜 앞에서는 아무도 비교가 되지 않았다고 합니다. 어머니가 아는 것도 많으시고, 얼마나 지혜가 높으신지 아무도 그 지혜를 당할 사람이 없었다고 합니다. 그런 것을 보면 성령님은 학교에서 배운 지식이 부족해도 우리에게 참 지혜를 주실 수 있는 분이십니다.

제가 처음 평양에서 어머니를 만났을 때 우리 가족 모두를 관리들이 차에 태워 김일성 동상 앞에 한 줄로 세웠습니다. 그리고 동상에게 절을 시켰습니다. 저는 절을 할 수 없었습니다. 혼자 그대로 서 있었습니다. 절이 끝나자 안내원이 저에게 꽃다발을 하나 건네주면서 나가서 동상 앞에 바치라고 했습니다. 저에게는 아찔한 순간이었습니다. 그런데 제가 꽃다발을 받으려는 순간, 80노인이셨던 제 어머니가 순간적으로 제 꽃다발을 가로채셔서 제 어린 조카에게 건네주면서 "이런 것은 우리가 하는 거야"라 하시며 그 아이에게 가져가서 동상에 바치라고 하였습니다. 그래서 그 어린 조카가 그 꽃다발을 동상 발밑에 갖다 두었습니다. 저는 그 순간 어머니의 순발력 있는 판단과 지혜에 놀랐습니다. 어머니의 지혜 때문에 저는 대단히 곤란한 입장을 모면할 수 있었습니다. 그 순간 지혜로운 어머니 때문에 하나님께 감사를 드렸습니다. 성령님은 우리에게 필요한 지혜를 주시는 분이십니다.

(3) 강렬한 설교

강렬한 설교도 예수님 사역의 중요한 특징이었습니다. 누가복음 4장 22절에 보면 "그들이 다 그를 증언하고 그 입으로 나오는바 은혜로운 말을 놀랍게 여겨 이르되 이 사람이 요셉의 아들이 아니냐" 하고 많은 사람이 놀라고 있습니다. 입만 여시면 사람들의 마음이 움직이고 사람들이 감동받는 말씀은 어떻게 가능했습니까? 성령님이 역사하셨기 때문입니다.

요한복음 7장 45-46절을 살펴보겠습니다.

"아랫사람들이 대제사장들과 바리새인들에게로 오니 그들이 묻되 어찌하여 잡아 오지 아니하였느냐 아랫사람들이 대답하되 그 사람이 말하

대제사장들이 아랫사람들에게 예수님을 잡아 오라고 했습니다. 그랬더니 잡으러 갔던 군졸들이 설교를 듣고 너무 감동받아 예수님을 잡아 오지 않았습니다. 그래서 “예수를 잡으라고 보냈는데 왜 안 잡아 왔느냐?” 물었더니 이 사람들이 “아휴! 우리는 일평생 그분의 말처럼 권위 있게 말씀하는 사람을 이때까지 한 번도 들어보지 못했습니다.”라고 대답했습니다. 그래서 “너희도 그 사람의 제자가 될 판이냐?”고 부하들이 야단을 맞은 적이 있습니다. 예수님의 설교가 그처럼 감동적이었던 것은 성령님의 역사하심 때문이었습니다. 우리도 마찬가지입니다.

지난 주일날 미국에서 집사님 한 분이 저를 방문해 주셨습니다. 이분은 10년 전 작은 자동차 한 대와 세 어린 아들들이 전부였습니다. 보험도 없는 집이 다 불에 타서 돈 한 푼 없이 자동차 안에서 자던 사람입니다. 이분이 10년 동안에 엄청난 부자가 되었습니다. 은행에서 돈을 빌려서 사업을 시작했는데 손만 대면 번창했습니다. 그래서 지난 주일에 오셨기에 어떻게 오셨느냐고 물으니까, 인도네시아에 있는 큰 호텔을 사려고 가는 중이라고 했습니다.

이분은 사업하러 갈 때마다 기도하고, 사업가와 말하기 전에 하나님께 기도했다고 합니다. “하나님, 나에게 은혜를 주시고 지혜를 주옵소서.” 그랬더니 자기는 영어도 제대로 못 하는데 더듬으면서 말만 하면 기도한 대로 되었습니다. 돈도 빌려주겠다고 하고, 사겠다고 하고, 그저 손을 대면 잘됩니다. 그분의 말씀이 “이것은 내가 한 것이 아니다”라는 것입니다. 10년 전에는 집도 없어서 자동차 안에서 자기 식구들을 데리고 자던 사람이 인도네시아에서 호텔을 운영해서 나오는 그 이익금을 가지고 선교를 하겠다는 것입니다.

성령님은 구하는 자에게 지혜를 줄 수 있고, 능력을 주시는 분입니다.

(4) 능력 있는 사역

성령님은 또한 예수님에게 귀신을 쫓아내는 능력도 주신 분입니다. 마태복음 12장 28절에 잘 나타나 있습니다.

“그러나 내가 하나님의 성령을 힘입어 귀신을 쫓아내는 것이면 하나님의 나라가 이미 너희에게 임하였느니라”

여기에 보면 예수님이 귀신을 쫓아내는 능력의 사역을 하신 것도 성령님의 능력을 힘입은 것임을 예수님 스스로 말씀하셨습니다. 지금도 마찬가지입니다. 우리가 진정으로 성령님의 능력을 덧입는다면 지금도 귀신을 쫓아내는 능력 있는 사역은 일어날 수 있습니다.

(5) 승리적인 삶

“예수께서 성령의 충만함을 입어 요단강에서 돌아오사 광야에서 사십 일 동안 성령에게 이끌리시며 마귀에게 시험을 받으시더라”(눅 4:1-2).

또 누가복음 4장을 계속 살펴보면 우리가 잘 아는 바와 같이 예수님은 마귀의 시험을 이기고 승리하십니다. 40일 금식하고도 마귀를 이기고, 유혹을 이기신 것은 성령의 충만함이 있었기 때문입니다.

지금도 마찬가지입니다. 우리가 세상에서 온갖 시험과 유혹으로부터 이겨내고 승리하려면 성령님의 도움을 받아야 합니다. 성령님의 충만함을 입는 것이 바로 승리의 삶을 사는 비결입니다.

(6) 대속적인 죽음

"하물며 영원하신 성령으로 말미암아 흠 없는 자기를 하나님께 드린 그리스도의 피"(히 9:14).

그리스도께서 성령님으로 말미암아 스스로 대속의 죽음을 죽으셨다는 것입니다.

죄인을 위하여 어떻게 대신 죽습니까? 죄 없는 분이 죄가 있다고 인정하고, 의인을 악인으로 판단하고, 인간의 모든 죄를 자신이 뒤집어쓰고 돌아가심으로 대속은 이루어졌습니다. 그 대속의 어려운 죽음은 성령님으로만 가능했던 것입니다.

(7) 영광스러운 부활

부활도 마찬가지입니다. 성령님이 예수님을 죽음에서 일으키셨습니다. 성령의 능력으로 죽은 자 가운데서 예수님을 다시 살리셨습니다.

이렇게 예수님은 태어나실 때부터 돌아가시고, 부활하실 때까지 다 성령님의 역사로 사셨습니다. 말씀을 가르칠 때마다 성령님을 의존해서 가르치셨습니다.

성령님의 능력으로, 성령님의 지혜로, 일생토록 모든 사역을 완전히 성령님과 예수님이 하나가 되셔서 하셨기 때문에 오늘까지도 그분의 인생이 온 세계에 영향을 주고 개인의 삶에도 도전을 주고 있는 것입니다. 예수님은 이 땅에 사시는 동안, 인간으로서의 모습으로 사셨는데, 그분이 하신 일이나 그분의 교훈 전체가 성령님의 인도하심과 능력으로 하신 것입니다.

그러므로 예수님의 사역은 바로 성령님의 역사였습니다.

2. 구약의 인물들과 관련된 사역

성령님은 구약의 인물들과 관련된 사역에도 역사하셨습니다. 구약에 등장하는 위대한 인물들에게는 늘 성령님이 함께 하셨습니다. 성경에는 성령과 구약의 인물들과 관련된 사역이 88회나 있습니다.

구약의 인물들과 관련하여 성령님이 어떻게 사역하셨는지를 살펴보도록 하겠습니다.

창세기 6장 3절에 보면, 인류가 노아의 가족만 빼놓고 모두 다 타락했을 때, "여호와께서 이르시되 나의 영이 영원히 사람과 함께 하지 아니하리니"라고 했습니다. 그런데 여기선 한글성경 번역이 정확하지 않습니다. "함께 하지 않겠다"는 말은 최근 영어번역 성경만 해도 훨씬 더 정확하게 "I will not strive with man"이라고 했습니다. 'strive with'는 '싸우다, 애쓰다, 노력하다'라는 뜻이 있는데 악한 인간을 두고 하는 말입니다. 즉 하나님께서 그동안에 노아를 통해서 인간을 악에서부터 돌이키려고 그렇게 애를 쓰셨는데 안 들으니까 인간을 포기하신 것이었습니다. 그것이 인류의 멸망이었습니다. 노아의 식구들만 빼놓고 모든 인간은 멸망했습니다.

요한복음에서도 성령님이 죄인들과 이 세상을 향하여 나무라시고 책망하시고 심판하신다고 했습니다(요 16:8). 이 세상을 향하여, 악을 대항하여 성령님이 투쟁하신다고 했습니다.

우리 믿는 사람들도 죄를 범할 수 있습니다. 죄성이 있기 때문에 우리도 타락할 수 있고, 넘어질 수 있습니다. 그래서 우리가 죄를 범했을 때 목회자들, 구역장들, 믿는 친구가 찾아와서 권고하고 권면하면 죄로부터 돌이켜야 합니다. 말씀으로 권하고, 참 사랑으로 찾아오고, 기도로 권하면 빨리 죄로부터 돌아서야 합니다. 만약 성령님이 말씀하시고 인도하시는데 안 듣고 계속 거역하면 우리에게 남는 것은 하나님의 심판뿐입니다. 하나님의 법정에서 반드시 우리가 고치지 않은 죄를 심판받게 될 것입니다.

구약에는 '성령이 그에게 임했다'는 표현이 자주 나옵니다. 하나님의 영이 그 사람 위에 임하면 여러 가지 사건들이 일어났습니다. 성령의 강림에는 다음과 같은 다양한 목적들이 있었습니다.

① 정치적 목적을 위해 임하셨습니다.

어떤 사람에게는 정치적인 능력을 주시려고 나타나셨는데, 기드온, 사울 등에게서 볼 수 있습니다. 하나님의 영이 임하면 그 사람의 정치적인 능력이 뛰어나게 변했습니다. 고린도전서 12장 28절에도 성령의 여러 가지 은사 가운데 다스리는 은사가 있음을 가르쳐주고 있습니다. 다스리는 은사가 바로 정치적 목적을 위해 성령님이 주시는 은사입니다.

② 군사 지휘력을 위해 임하셨습니다.

성령님이 사울에게 임해서 오른쪽 눈을 다 빼겠다는 적군을 무찔러서 승리하게 하셨습니다(삼상 11:1-11). 사울이 왕이 되었을 때 사실 사울의 군대는 형편없었습니다. 600명의 농부들이 갈고리와 곡괭이를 가지고 모였으니 당연히 보잘 것 없었습니다. 그래서 적들이 쳐들어오자 화해하자고 제안했더니 적장이 하는 말이 "평화조약을 맺자. 그러나 조건이 하나 있는데 남자들의 오른쪽 눈을 전부 다 빼겠다"고 했습니다. 왜 남자들의 오른쪽 눈을 빼자고 했을까요? 활 쏠 때 왼쪽 눈을 감고 쏘니까 오른쪽 눈은 활을 쏘는 눈입니다. 그 눈을 빼면 전쟁을 하지 못합니다.

사울이 이 말을 듣더니 '이럴 수가 있나?' 하고 공의로운 분노를 일으켰습니다. 그때에 하나님의 영이 그에게 임하여 싸움 한 번도 못해 본 사울이 적을 완전히 무찔렀습니다. 그것 때문에 사울은 이스라엘의 왕으로 부각되었습니다. 하나님의 영이 그 위에 임하여, 적을 무찌르고 당당한 이스라엘의 왕으로서 출발하게 되었습니다.

③ 탁월한 육체의 힘을 위해 임하셨습니다.

탁월한 육체적인 힘은 삼손의 이야기입니다. 사사기 14장과 15장에 걸쳐 삼손의 이야기가 나오는데, 마지막에 가서 하나님의 영이 그에게 임하여, 대적의 신전을 무너뜨려서 대적을 많이 죽이고 자신도 죽습니다. 이렇게 성령님은 오셔서 어떤 이들에게는 때때로 탁월한 육체의 힘을 주셨습니다.

④ 예술적 능력을 위해 임하셨습니다.

출애굽기 31장에 성막을 짓는 이야기가 나옵니다. 바로 이 성막을 지을 때 하나님의 영이 몇몇 사람에게 임했고 그 사람들이 성막을 디자인하고, 성물을 깎고, 조각하고, 만들어낸 것입니다. 아주 정교한 기술을 하나님의 성령께서 주셨습니다. 음악, 미술, 디자인 등 예술 분야에서 최고가 되려면 성령님을 의존해야 합니다.

성령님이 예술적 능력을 주셔서 아름답게 성막을 지었고, 또 후에는 솔로몬의 성전도 건축하게 되었습니다. 예술을 하는 사람은 어려서부터 성령님을 의존해서 그분에게 지혜와 능력을 구하는 것은 바람직한 일입니다.

⑤ 문학과 음악적 표현력을 위해 임하셨습니다.

문학적이고 음악적인 표현을 하는 것도 마찬가지입니다. 다윗의 경우를 보면 하나님의 영이 다윗에게 임했기 때문에 다윗이 수많은 시를 썼고, 수금을 연주하자 악령이 떠나간 적도 있었습니다(삼상 16:23).

음악의 영향력은 엄청납니다. 어떤 음악을 듣는가에 따라서 여러분의 인격, 성품, 기호 등이 결정됩니다. 따라서 우리는 좋은 음악을 들어야 합니다. 평화를 주고, 즐거움을 주고, 마음을 환하게 해주는 그런 음악을 들어야 우리 인격을 잘 기르는 데 도움이 될 것입니다. 저는 최근에 논문을 하나 읽었습니다. 음악대학 석사 논문인데, 클래식 음악과 락큰롤 음악 2개를 틀어놓고 실험한 내용이었습니다. 클래식을 틀어놓으면 집에 있는 화초들이 싱싱하게 살아나는데, 락큰롤을 틀어놓으면 시들시들 죽었다는 것입니다. 심지어 화초도 음악에 따라 죽기도 하고 살기도 하는데 사람의 영, 사람의 심성도 마찬가지입니다. 문학가, 음악가, 예술가들은 특히 성령님을 의존하십시오.

⑥ 도덕적, 영적 용기를 일으켜 주십니다.

선지자들의 활동에는 언제나 성령님이 주시는 강한 도덕적 내지 영적 용기가 뒷받침되어 있었습니다. 역대하 24장 20절을 보겠습니다.

"이에 하나님의 영이 제사장 여호야다의 아들 스가랴를 감동시키시매 그가 백성 앞에 높이 서서 그들에게 이르되 하나님이 이같이 말씀하시이 말씀을 통해 우리는 스가랴의 용기가 얼마나 대단한지를 알 수 있습니다. 스가랴는 단신으로 타락한 이스라엘 백성들 앞에 서서 그들의 죄악을 통렬하게 지적하고 심판을 선포했습니다. 결국 이 일 때문에 죽임을 당한 스가랴의 사역에는 성령님의 감동적인 힘이 있었던 것입니다.

⑦ 선지자의 사역과 성경 저술을 위해 일하십니다.

"예언은 언제든지 사람의 뜻으로 낸 것이 아니요 오직 성령의 감동하심을 받은 사람들이 하나님께 받아 말한 것임이라"(벧후 1:21).

이 베드로후서의 말씀과 같이, 구약시대 선지자들의 사역과 성경의 저술 과정 속에는 성령의 감동하심을 받은 사람들, 예를 들어 이사야, 예레미야, 에스겔 등의 역할이 두드러졌습니다. 그러나 이들의 경우에서도 그들 스스로가 밝히고 있는 것처럼, 선지자들은 하나님과 우리 인간 사이의 매개자일 뿐이었고 실제로 성경을 저술하는 일은 성령님이 주도하셨던 것입니다.

따라서 오늘날에도 우리는 모든 사역의 주체이신 성령님을 더욱 의지하고, 성경의 해석에 있어서도 성경의 실질적 저자이신 성령님의 조명을 구해야 합니다.

(3) 구약시대 성령의 사역에는 다음과 같은 특징이 있습니다.

① 구약시대에는 성령의 은사가 특수한 사역을 위해 선택된 사람들에게 주어졌을 뿐 누구에게나 보편적으로 주어진 것은 아니었습니다.

구약시대의 성령의 사역을 다시 종합해 보면, 특수 사역을 위해서 구약시대 사람들에게 성령의 은사는 선택적으로 주어졌습니다. 성령의 은사는 누구에게나 주어진 것은 아니었습니다. 그러나 신약시대에는 성령님이 원하시는 대로 누구에게나 성령의 은사가 다 주어졌습니다.

성령은 우리에게 성령이 원하시는 대로 은사를 주셨습니다. 성령님이 원하시는 대로 주셨지 우리가 원하는 대로 준 것은 아닙니다. 성령님이 절대적인 주권으로 각자에게 다 은사를 주셨습니다. 그런데 구약시대는 그렇지 않았습니다. 특정한 어떤 사람들에게만 임했습니다. 때로는 성령의 은사는 그 사람에게서 떠나버리기도 했습니다.

② 성령의 은사가 언제나 도덕적, 영적 인격을 갖춘 사람에게 주어진 것은 아니었습니다.

삼손의 경우, 발람의 경우, 사울의 경우가 그렇습니다. 이 사람들에게 성령이 임했을 때는 하나님의 놀라운 역사가 나타났지만, 나중에 이들이 타락했을 때 성령님은 떠나버렸습니다.

시편 51편 11절에 나오는 다윗의 참회 시를 보면 잘 드러나 있습니다. 다윗은 자기가 범죄한 후 시편 32편과 시편 51편, 2편의 참회의 시를 썼습니다. 51편 11절에 보면 "주의 성령을 내게서 거두지 마소서"라고 간구하는 부분이 있습니다.

하나님의 영이 다윗의 삶에 임했기 때문에 다윗은 지혜롭기도 하고, 인간관계가 좋기도 했습니다. 음악적으로도 은총을 받았습니다. 또 군인으로, 정치가로서도 성령의 은총을 받았습니다. 자신에 대한 자신감에도 은총을 받았고, 용기의 은총을 받았습니다. 다윗만큼 성령의 은혜를 받은 사람은 별로 없었습니다. 그런데 다윗이 하나님 앞에 범죄했습니다. 구약시대에는 범죄하면 그 사람에게서 하나님의 영이 떠나기도 했습니다. 그래서 다윗은 하나님의 영이 떠나지 말게 해 달라고 간구했던 것입니다.

(4) 신약시대는 구약시대와 다른 것이 다음과 같습니다.

① 신약시대에 구속함을 받은 모든 성도는 성령과 성령의 은사를 언제나 소유하고 있습니다(롬 12:3-8; 고전 12:7-11).

구약시대에는 성령님이 특정한 사람에게 임했다가 떠나버렸습니다. 영구적인 것이 아니었습니다. 신약시대인 지금은 그렇지 않습니다. 지금은 성령님이 우리 안에 영원히 계십니다. 그래서 지금과 구약시대에 나타나는 표현에는 차이가 있습니다.

로마서 12장과 고린도전서 12장에 성령의 은사에 대해서 기록해 놓았습니다. 우리 모두에게 성령님이 은사들을 주셨습니다. 그러므로 우리는 성령님이 각자에게 주신 은사를 발견해서 개발함으로써 그 은사를 통해 섬겨야 합니다. 성령을 따라 우리 자신을 더욱 훈련할 필요가 있습니다. 그렇게 함으로써 성령 운동을 일으켜야 합니다.

② 신약시대에 성령의 임재하심은 언제나 그 사람의 영적, 도덕적 성품과 직결되어 있습니다.

악한 사람에게 하나님의 영은 임하지 않습니다. 하나님의 영은 거듭난 사람에게만 임하고, 성령님이 임재한 사람은 하나님께서 변화시켜 주십니다. 신앙의 굴곡은 있지만 반드시 성화의 과정을 통해서 변화시키시고 성장시키시고 성숙시켜 주십니다. 그러므로 신약시대에는 하나님의 자녀에게만 하나님의 영이 있습니다.

③ 신약시대에 성령님의 임재는 영구적입니다.

구약시대에는 특정한 사람에게 선택적으로 임했다가 그 사람이 범죄하면 성령님은 떠나기도 했으나 신약시대에는 그렇지 않습니다. 거듭난 사람에게는 누구나 성령님은 임재하시고 한번 임재하신 성령님은 그 사람을 떠나지 않습니다. 우리와 늘 함께 계시겠다고 약속하신 성령님은 우리가 어디에 있든지, 무엇을 하든지, 언제든지 우리와 함께 하십니다. 우리의 몸이 바로 성령님이 거하시는 하나님의 성전이기 때문입니다.

지금까지 성령님의 인격적 품성에 대해 살펴보았습니다. 이제부터는 성령님에 대한 인격성을 의식하면서 여러분과 성령님 사이에 인격적인 관계가 날마다 유지되고 조성되기를 바랍니다. 그러면 우리의 삶은 성령 충만한 삶으로 변화되는 것입니다.

교회와 관련된 사역

"너희는 너희가 하나님의 성전인 것과 하나님의 성령이 너희 안에 계시는 것을 알지 못하느냐" 고전 3:16

1. 교회와 관련된 성령의 사역

성령님이 하시는 일은 여러 가지가 있습니다. 교회를 세우고 보살피고 다스리는 모든 일은 바로 성령님이 하시는 일입니다. 그래서 지금부터는 교회와 관련된 성령의 사역에 대해서 살펴보도록 하겠습니다.

성령님이 교회와 관련해서 어떤 사역을 하시는지 다섯 가지로 요약을 해 보았습니다.

(1) 교회를 세우셨습니다.

교회를 누가 창조했습니까? 성령님이 창조하셨습니다. 마태복음 16장에서 예수님이 제자들에게 "너희는 나를 누구라 하느냐?"고 물으셨습니다. 그러자 베드로는 "주는 그리스도시요 살아계신 하나님의 아들이시니이다"(16절)라고 신앙고백을 했습니다. 기독교 역사상 가장 위대한 신앙고백이었습니다. 그런데 그다음에 예수님은 "내가 이 반석 위에다 내 교회를 세우겠다"라고 말씀하셨습니다. 그런데 이 신앙고백은 베드로 스스로 한 것이 아니고 성령께서 알려주신 것입니다.

그럼 "이 반석"이란 무슨 뜻입니까? 여기에 대해서는 여러 가지 해석이 있습니다. 가톨릭교회에서는 그것이 베드로라고 주장합니다. 그래서 베드로를 가톨릭의 첫 번째 교황으로 인정합니다. 그런데 이것은 정확한 성경해석이 아닙니다. 그것은 '반석'이라는 단어 때문입니다.

"너는 베드로라"(18절)고 할 때, 그 베드로라는 단어는 헬라어로 '페트로스'(작은 돌멩이라는 뜻)이고, 영어로는 Peter입니다. "이 반석 위에"라고 할 때, 반석은 '페트라'로 사용되었습니다.

헬라어의 어미 'os'와 'a'는 다른 의미입니다. 그런데 '페트라'(Petra)의 'a'라는 글자는 헬라어에서 여성명사입니다. '페트로스'라고 하면 앞은 똑같은데, 'os'는 남성명사로 끝납니다. 남성과 여성은 분명히 다릅니다. 베드로는 남성명사인데 작은 돌멩이라는 뜻입니다. '페트라' 하면 여성명사인데, 큰 바위나 반석과 같은 돌산입니다. 그런데 베드로를 '페트라'라고 하지는 않았습니다. 그러므로 '이 반석'이 베드로는 아닙니다. 남성 여성 두 개의 명사를 비교해보면 그렇습니다.

그런데 "이 반석 위에"라고 할 때는 두 가지 견해가 정확합니다. 첫째는 '베드로의 신앙고백'이라는 해석입니다. '베드로의 신앙고백 위에 교회를 세우겠다'는 것입니다. 왜냐하면 베드로가 "주는 그리스도시요 살아계신 하나님의 아들이시니이다"라는 신앙고백을 했고, 예수님은 이 위대한 신앙고백 위에 교회를 세우겠다고 하셨다고 이해하는 것입니다.

두 번째는 '페트라'로 해석하는 것입니다. "이 반석 위에"라고 할 때, 이것은 예수 그리스도를 의미합니다. 고린도전서 10장 4절에 보면 "그 반석은 바로 그리스도다”라고 말씀하고 있습니다. “Petra was Christ.” 큰 반석 페트라가 그리스도라는 것입니다. 그래서 그리스도 위에 교회를 세운다는 뜻입니다.

이스라엘 사해 남쪽으로 가면 페트라라는 도시가 있습니다. 그 도시는 ‘에돔’ 지역으로서 바위산을 뚫어서 그 안에 도시를 만들어 놓았는데 지금도 있습니다. 그게 바로 ‘페트라’입니다. 돌산을 뚫어서 도시를 만들었기 때문에 적이 쳐들어올 때 피할 수 있는 안전한 곳입니다. “만세 반석 열리니 내가 들어갑니다” 찬송할 때의 그 반석입니다.

그런데 이 교회를 예수님이 세운다고 하셨습니다. 예수님이 교회의 설립자입니다. 그래서 목사들이 조심해야 합니다. 특히 개척 교회 목사는 조심해야 합니다. 목사가 시작해서, 목사가 교회를 세우면 내 교회 같은 착각이 들어서 문제가 많이 일어납니다. 개척 교회에서 혼자 교회를 잘 세우고 나면 혼돈이 일어납니다.

목사가 교회를 자기 개인 것이라고 생각하는 것은 큰 오류입니다. 교회의 주인은 언제나 예수님입니다. 설립자 목사가 아닙니다. 그런데 예수님이 어떻게 교회를 세우십니까? 예수님은 성령님을 보내서 그 작업을 하시는 것입니다.

사도행전 2장 1-4절에 보면 오순절 사건이 나옵니다. 그때 16개국 사람들이 모여서 성령의 특별한 사건을 체험합니다. 성령이 바람같이 임하고, 갈라진 혀처럼 사도들의 머리 위에 나타났고 사도들이 방언을 했습니다. 그 여러 나라 사람들이 말하기를 “그들이 우리나라 말을 배운 적이 없는데, 우리말로 하나님의 위대한 역사를 말했다”고 했습니다. 그 말이 열여섯 나라 말로 들리는 것입니다.

그때 베드로가 성령에 충만하여 예수 그리스도의 고난과 부활을 설명하며 설교했습니다. 성령님이 그들의 마음을 움직이셨습니다. 그래서 그들은 "우리가 어찌할꼬?" 물었습니다. "너희가 주 예수를 믿으라. 회개하고 예수를 믿으라. 그리하면 너희가 구원을 받을 것이다." 베드로가 대답했습니다.

그래서 거기서부터 예수 그리스도의 교회가 출발한 것입니다. 열여섯 나라 사람들이 모였다가 예수 믿고 자기 나라로 돌아가서 교회를 세웠습니다. 그래서 사도 바울이 후에 로마에 갔을 때 그곳에 벌써 교회가 있었습니다. 여러 곳에서 왔던 사람들이 교회를 세워 놓았습니다. 이렇게 성령님이 교회를 시작하셨던 것입니다.

고린도전서 12장 13절에 보면 "한 성령으로 다 세례를 받아서 한 몸이 되었다"고 기록하고 있습니다. 우리는 모두 성령으로 세례를 받았습니다. 그래서 한 몸이 되었습니다. 그런데 지금은 교파가 너무 많아 섭섭합니다. 평신도들이 모여서 "야, 우리가 우리 교파를 하나 만들자" 하는 경우는 없습니다. 교파를 가를 때는 반드시 목사들이 합니다. 교파 분리는 목사들 책임입니다. 어떤 때는 교리 문제 때문에 갈라진 때가 있기는 합니다만 대개의 경우 교권을 위한 정치적인 이유에서 일어나는 불행한 일입니다. 이것은 인간이 잘못해서, 인간이 죄성이 있고, 인간이 불완전해서 나타나는 현상입니다.

그런데 분명히 기억해야 하는 한 가지는 조직적인 면에서 갈라질 수는 있어도, 유기체로서의 보편적 교회는 절대로 분리될 수 없다는 것입니다. 어떤 교파는 팔일 수 있고, 어떤 교파는 다리일 수 있고, 또 어떤 교파는 손일 수 있는데, 이 몸이 와해될 수는 없습니다. 그래서 그분이 어느 교파이든지, 나와 함께 한 성령으로 우리 모두 다 같이 세례를 받았기 때문에 그리스도의 몸이 되었다는 사실을 절대로 잊어버리면 안 됩니다. 그래서 설령 같은 교회를 다니지 않아, 다른 교파에 속해 있다고 해도, 그 모든 사람이 예수 그리스도를 구주로 고백할 때에 성령께서 그 사람도 같은 성령으로 세례를 주어, 이들이 다 그리스도의 한 몸이 되었다는 사실을 잊으면 안 됩니다. 물론 다른 교파일 수 있고, 다른 교회일 수 있는데, 그것은 별 문제가 되지 않습니다. 그래도 성도를 만날 때는 내 형제자매인 줄 알고, 자기 식구인 줄 알아야 됩니다.

제가 자랄 때는 엄격한 교파에서 자랐는데 다른 교파 교회에 가서 예배를 못 드렸습니다. 옛날 얘기입니다만, 저희 교파에서는 의자에 앉아서 예배를 드리지 않았습니다. 우리 목사님들이 설교하시면서 "불경건하게 의자에 앉아서 건방지게 예배드린다"고 우리 어렸을 때는 타교파 교회를 비난했던 적도 가끔 있었습니다. 불경건한 교회는 의자에 앉아서 예배드리고, 경건한 교회는 마루에 앉아서 예배를 드렸습니다. 그런 때도 있었습니다.

제가 16년 만에 미국에서 한국에 처음 나와 그 교회에 갔더니 의자가 놓여 있었습니다. 제가 목사가 돼서 돌아왔다고, 「김상복 목사 귀국 환영 연합예배」를 드렸습니다. 저에게 설교하라고 하는데, 의자를 정죄하던 교회에서 의자에 앉아 예배를 드리니까 마음이 착잡했습니다. 그러나 의자와 같이 사소한 것으로, 성령이 하나 되게 하신 예수 그리스도의 교회를 나누어서는 안 됩니다.

우리의 형제됨은 예수님 때문입니다. 성령님이 우리 모두에게 성령으로 세례를 주셔서, 예수 그리스도의 몸이 되게 해주셨기 때문에 우리 모두가 가족이 된 것입니다. 그래서 우리는 성령의 하나 되게 하심을 열심히 지키기 위해서 삼가고 조심해야 됩니다.

제가 미국의 신학교에 갔더니 제 옆에 침례교 학생들이 앉아 있었습니다. 저는 그때까지도 침례교를 이상한 종교로 알았었습니다. 그때 한국에는 침례교가 한 도시에 한두 개나 있을까 말까 했던 때였습니다. 그런데 신학교에 가니까 제 옆에 침례교인이 와서 공부하고 있었습니다. 그래서 처음에는 '이상한 아이들이 와서 공부하고 있구나' 생각했었습니다.

그런데 같이 공부를 해보니까, 저보다 더 나았습니다. 저보다 더 신앙이 좋고, 저보다 더 기도도 잘하고, 저보다 더 훌륭한 신앙인들이었습니다. 또 감리교인들도 있고, 루터교인들도 있었습니다. 물론 장로교인들도 있었습니다. 저로서는 상상할 수 없는 환경이었습니다. 그런데 다른 교파 학생들이 다 신학교에서 같이 공부하는 것이었습니다. 처음에는 놀랐습니다. 그런데 그 친구들을 보니까 저보다 못한 부분이 하나도 없었습니다. 그래서, '아, 내가 너무 비좁은 사회에서 왔구나.' 하고 생각을 했었습니다.

또 교수님이 우리에게 여러분은 "You came with provincialism"이라고 했습니다. Province 하면 '도(道), 지역'이라는 뜻입니다. "여러분은 전부가 다 편견을 가지고 왔다"는 것입니다. 자기 나름대로의 환경과 여건과 배경을 가지고 온 것을 보고서 편견이라고 했습니다. 그래도 저는 '나는 그렇지 않다. 나는 아주 객관적인 사람이요, 나는 아주 개방적인 사람이다.'라고 생각했습니다. 그랬더니 교수님이 하는 말이,

"오늘부로 지방색적인 편견을 다 버리고 성경을 보자."고 했습니다. 그래서 "그것을 어떻게 버리냐고, 그게 나인데, 내 배경을 내가 버리면 어떡할 거냐?"고 질문했습니다.

그랬더니 그 교수님이, "여러분은 다 신학적인 편견을 가지고 왔다. 오늘부터 여러분이 지금까지 가지고 온 것을 다 버려라. 성경을 어떻게 해석하는지 가르쳐 줄 테니까 이제는 성경해석의 원리에 따라서 새롭게 성경을 해석해서 여러분의 신학을 재정비하도록 하라. 여러분의 신학으로 성경을 읽지 말고 성경으로 여러분의 신학을 보라."고 강조했습니다. 처음 듣는 이야기였습니다. 그래서 성경의 해석원리로 성경을 읽으니까, '아, 내가 이렇게 많은 편견을 가지고 있었나?' 하는 생각이 들기 시작했습니다. 그러면서 부당한 편견을 하나씩 버리니까, 자유로워졌습니다. 예수 믿는 것이 그렇게 자유로운 것인지 예전엔 미처 몰랐습니다. 그리스도 안에 있는 자유를 발견한 것입니다.

"진리를 알지니 진리가 너희를 자유롭게 하리라"(요 8:32).
"아들이 너희를 자유롭게 하면 너희가 참으로 자유로우리라"(요 8:36).

그냥 자유한 것과 참으로 자유한 것은 종류가 다릅니다. 그리스도가 자유롭게 할 때, 진리가 자유롭게 할 때, 성령님이 자유롭게 할 때 참 자유가 있습니다. "성령이 있는 곳에 자유가 있느니라"(갈 5:1). 그렇습니다. 참 자유를 발견하게 되니까 이 사람도 좋고, 저 사람도 좋고, 자기의 편견(provincialism)이 없어집니다.

그리스도를 중심해서, 성령을 중심해서, 말씀을 중심해서, 복음을 중심해서 사람을 보기 시작하니까, 얼마나 세상이 넓어지는지, 그리스도 안에 자유의 세계를 체험하게 되었습니다. 성령님이 우리 모두를, 심지어 나와 생각이 다른 사람도 성령의 세례로 그리스도의 한 지체가 되었습니다. 내가 안 좋아하는 그 사람도, 내가 신학적으로 합의가 안 되는 그 사람도 성령님이 그리스도의 몸으로 만드셨습니다. 예수를 진심으로 믿어 성령으로 거듭난 사람은 다 형제자매들입니다. 성령님이 교회를 창조하셨습니다. 예수 그리스도의 교회는 나보다, 내 교회보다, 내 신학보다, 내 교리보다 큽니다.

(2) 교회와 함께 계십니다.

성령님은 교회를 창조하셨을 뿐만 아니라 교회와 함께 계십니다. 교회 안에 계십니다. 고린도전서 3장 16절은 이렇게 말씀하고 있습니다.

> "너희는 너희가 하나님의 성전인 것과 하나님의 성령이 너희 안에 계시는 것을 알지 못하느냐"

"성령님이 너희 안에 계시는 것을 어찌 알지 못하느냐?" 이때 '너희'라고 했습니다. '너'라는 단수를 사용하지 않았습니다. '너희'는 누구입니까? 고린도교회입니다. 한 개인이 아니라 교회에 하는 말입니다. "하나님의 성전인 것과" 너희는 성령이 계시는 성전이라는 것입니다. '성전'은 단수이고, '너희'는 복수입니다. 그러니까 우리 모두 합해서 하나의 교회라는 것입니다.

이 교회 안에 성령이 계시고, 저 교회에도 성령이 계십니다. 뿐만 아니라 '너희'는 복수이니까 한 사람 한 사람 안에 성령님이 계시다는 것입니다. 그래서 성령님이 교회를 창조하셨고, 교회 안에 계시고, 또 교회의 멤버인 우리 안에 계신다는 것입니다.

그래서 에베소서 2장 22절에 "너희도 성령 안에서 하나님이 거하실 처소가" 되었다고 했습니다. 우리가 성령 안에 있다는 것입니다. 성령 안에서 너희가 하나님이 거하실 하나님의 거처가 되었다고 말함으로써 성령님이 교회와 함께 계시고, 교회의 멤버들과 함께 계시다는 것을 보여줍니다.

(3) 교회를 다스리십니다.

교회를 운영하시는 분은 누구입니까? 성령님이십니다. 사도행전 20장 28절은 장로들에 대해 언급합니다. 장로를 세워서 조직을 만드는데, 어느 교회 장로들에게 말하는지 알려면 17절에 보면 알 수 있습니다. 바울이 밀레도에서 사람을 에베소로 보내어 교회 장로들을 청했습니다. 교회를 조직해서 장로들을 세우고 그 장로들을 모아서 하는 내용입니다.

"여러분은 자기를 위하여 또는 온 양 떼를 위하여 삼가라 성령이 그들 가운데 여러분을 감독자로 삼고 하나님이 자기 피로 사신 교회를 보살 피게 하셨느니라"(행 20:28).

여기서 장로들을 감독자(overseer)라고 했습니다. 위에서 전체를 보고 감독한다는 뜻입니다. "성령이 여러분을 감독자로 삼았다"고 했습니다. 누가 교회의 조직과 교회의 직분자를 골라서 세우십니까? 성령님이 하시는 일입니다. 그래서 우리는 교회에서 직분을 맡은 권사, 장로, 집사, 위원장이나 교역자들일 수 있는데, 그 교회의 직분을 맡는다는 것은 우리가 검토하고 추천하기는 하나, 최종적으로는 성령님이 선택한 사람이라는 것입니다. 성령님이 교회의 조직을 세우신다는 것을 알면, 훨씬 더 교회 안에 평화가 있습니다. 그런데 많은 경우에 교회에서 이 사실을 인식하지 못해서 문제가 많이 생깁니다.

어느 교파에서 총회장 선거를 하는데 돈을 써서 당선된다는 것은 한국교회의 슬픔입니다. 성령님이 결정하신다는 것을 알면 그렇게 하지는 않을 것입니다. 결원된 사도를 뽑을 때도, 예수 그리스도를 처음부터 따르다가 부활하신 예수님을 만나본 사람들 중에서 두 사람을 놓고 기도한 후에 제비를 뽑았습니다(행 1:21-26). 결과는 성령님이 결정하신다는 것입니다. 초대교회 성도들은 그렇게 했습니다. 기도하며 성령님이 결정해 주시도록 부탁하고는 그 결정에 순복했던 것입니다.

마지막에 가서는 하나님이 택하시는 것입니다. 하나님의 성령님이 선택해서 세운 것이기 때문에 설령 내가 원하는 사람이 안 되었다고 해도 순복해야 합니다. 교회에서 제직을 뽑거나 할 때, 얼마나 많이 기도합니까? 주님의 교회에 인간적인 방법으로 뽑힌 사람들이 나서면 큰일이기 때문입니다. 교회는 성령님이 선택해서 조직하는 것입니다.

우리는 성령님을 의존해서 교회의 조직을 해야 합니다. 인위적이거나 인간적인 것이어서는 안 됩니다. 저도 목회를 하면서 인위적이고,

인간적인 방법에 항복해 본 적이 있습니다. 번번이 결과가 좋지 않았습니다. 우리교회에서는 제직을 뽑을 때 질의 문답서를 보냅니다. 자신의 신앙을 스스로 점검해 보라고 합니다. 신앙을 점검해 보고 제직을 하지 말라는 얘기가 아닙니다. 스스로 신앙을 점검해 보며 대답하다 보면 '아, 이 부분은 내가 부족하니까 좀 더 보완해야 되겠구나. 이 부분은 그래도 하나님께서 은혜를 주셔서 많이 발전했구나.' 이렇게 자신의 신앙을 한번 점검해 보고, 자기의 위치를 알아보고, 또 자기 신앙의 목표를 설정해 보자는 것입니다. 그래서 그런 질문들을 통해서 성령님이 우리 신앙에 도전을 주시고, 신앙적인 생활을 권고해 주시도록 하자는 것입니다. 결국 성령님이 교회를 조직하시는 분이기 때문입니다.

그뿐 아니라 말씀을 선포하는 것도 성령님의 능력을 통해서 하십니다. 사도행전 4장 8-12절에 베드로가 설교하는 부분이 나오는데, "베드로가 성령이 충만하여 이르되"라고 했습니다. 그렇기 때문에 우리가 기도해야 하는 것입니다.

우리는 성경을 공부하기 전에도 기도를 합니다. 왜 기도합니까? 이 시간에 우리가 배우는 이 진리를 성령님이 깨우쳐 주실 때, 조명해 주실 때 깨달음이 되고, 피와 살이 되기 때문입니다. 그리고 그때 우리의 신앙이 성장합니다. 그런데 성경을 순전히 지적인 면에서, 학문을 공부하듯이 해서는 지식은 늘어도 신앙에 성장은 없습니다. 그러나 성령님이 우리가 모여서 공부하는 이것을 들어서 우리 각자에게 귀를 열어주실 때, 귀에 들리고, 영혼에 들리고, 우리를 새롭게 해주는 역사가 나타나는 것입니다. 그래서 말씀을 선포할 때도 성령님이 역사하셔서 나타나는 것입니다.

에베소서 6장 18절에 보면 "모든 기도와 간구를 하되 항상 성령 안에서 기도하고"라는 말씀이 있습니다. 기도하는 것도 성령님이 교회를 위하여 도우시는 사역 중 하나입니다.

공중 기도할 때 들어보면 안에서 하나님께 기도하는 것이 아니고, 교인들에게 설교하듯 기도하는 경우가 간혹 있습니다. 어떤 때에는 자기 성경 지식을 자랑할 때도 있습니다. 그래서 저분이 누구한테 기도하는지 모호한 경우를 가끔 봅니다. 성령 안에서 기도하는 것은 하나님께 기도하는 것입니다. 또 사람을 의식하면서 기도하지 않아야 하는데, 어떤 기도는 사람을 의식하고 기도하는 것이라는 것을 애써 느끼지 않으려고 해도 저절로 느껴질 때가 있습니다. 우리는 사람에게가 아니라 하나님께 기도해야 합니다. 성령님이 이끄시는 대로 솔직하고 간절하게 기도를 드려야 합니다. 그래서 기도도 "항상 성령 안에서 기도하라"는 말씀을 늘 기억해야 합니다. 그렇게 기도할 때 그 기도가 참된 기도가 되고 감동이 있습니다.

찬송도 마찬가지입니다. 에베소서 5장 18-19절에도 보면 "술 취하지 말라 이는 방탕한 것이니 오직 성령으로 충만함을 받으라 시와 찬송과 신령한 노래들로 서로 화답하며 너희의 마음으로 주께 노래하며 찬송하며"라고 했습니다. 성령으로 충만하여 시와 찬송과 신령한 노래로 경배하라는 것입니다.

그래서 교회의 조직이나, 말씀을 선포하는 것이나, 기도하는 것이나, 찬송하는 것이 교회에 모여서 예배가 됩니다. 이런 것이 다 성령님이 하시는 일입니다. 성령님은 교회를 창조하시고, 교회와 함께하시고,

교회를 다스리시고, 교회의 일치를 도모하십니다.

(4) 교회의 일치를 도모하십니다.

교회를 하나 되게 하는 것은 성령님이 하시는 일입니다. 여기에 관련된 말씀을 찾아서 한번 살펴보겠습니다. 에베소서 4장 3절입니다.

"평안의 매는 줄로 성령이 하나 되게 하신 것을 힘써 지키라"

여기에 보면 성령님이 우리를 이미 하나로 만들어 놓았다고 합니다. 이것은 대단히 중요합니다. 우리는 벌써 하나입니다. 그래서 하나가 된 것을 힘써 지키라고 했습니다. "늘 우리가 서로 볼 때 하나라는 사실을 인식하고 그것을 지키려고 애를 써라." 하나가 되려고 애를 쓰라고 하지 않고, 하나가 된 것을 힘써 지키라고 했습니다. 그래서 어떤 때는 감리교, 장로교, 침례교, 성결교 등 어떤 교파든 이름은 달라도 우리가 하나이기 때문에 하나라는 사실을 인식하면 서로 협조가 됩니다. 신학이 좀 달라도 서로 협조할 수 있고, 이해가 되고, 친교할 수 있고, 서로 함께 선교할 수 있습니다. 이미 성령님이 하나로 만들어 놓으셨기 때문입니다.

(5) 교회를 완성하십니다.

그리고 교회를 완성하시는 것도 성령님입니다. 사도행전 13장 2절에 보면 선교사 선정을 성령님이 하십니다. 교회는 하나님의 성전과 마찬가지입니다. 그래서 선교사들이 세계 곳곳에서 하나님의 성전을 짓고 있는데, 아프리카에서, 남미에서, 한국에서, 아시아에서도 세우면서 전 세계에서 예수 그리스도의 교회를 완성해가는 것입니다. 그래서 마지막에 우리 주님께서 재림하시는 것입니다. 신부가 될 교회를 데리러 오시는 것입니다. 그때가 땅끝에서 마지막 복음이 전파되는 날입니다.

그래서 오늘 땅끝까지 복음을 전하기 위해서 전 세계로 선교사를 보내는 것입니다. 지상에는 수없이 많은 종족이 있는데 종족마다 하나님께서 믿는 사람을 구원하셔서 하나님 나라의 백성을 만드는데 그것을 위해서 선교사를 보내는 것입니다.

그런데 선교사를 선정하는 것도 성령님이 하십니다. 사도행전 13장 2절에 성령님이 말씀하시기를 바나바와 사울을 따로 세워서 그 사람들을 임명해서 선교사로 보내라고 하셨습니다. 그래서 안디옥교회는 그 두 사람을 세워서 안수하고 보냈습니다.

세우는 것도 성령님이요, 안수해서 선교사를 파송하는 것도 성령님입니다. 선교지를 선정하는 것도 성령님이십니다. 바나바와 바울이 아시아로 갔습니다. 브루기아와 갈라디아 지방에 갔다가 다른 곳으로 가려고 하는데, 그쪽에 가지 말라고 막으시고 다른 곳으로 보냈습니다. 마게도냐였습니다. 선교지를 성령님께서 선정해서 보냈다는 것입니다 (행 16:6-10).

그렇기 때문에 모든 것을 성령님 안에서 행해야 된다는 것은 바로 "제가 어디로 가는 것을 원하십니까?" 성령님께 물어서 성령님께서 정해주시는 대로 가는 것입니다. 이것이 성령 안에서 사는 삶입니다.

그뿐 아니라 선교사들이 어려움을 당하면서도 기쁘게 할 수 있고 박해 속에서 교회를 유지하게 해주시는 분도 성령님입니다. 사도행전 13장 50-52절입니다.

"이에 유대인들이 경건한 귀부인들과 그 시내 유력자들을 선동하여 바울과 바나바를 박해하게 하여 그 지역에서 쫓아내니 두 사람이 그들을 향하여 발의 티끌을 떨어 버리고 이고니온으로 가거늘 제자들은 기쁨과 성령이 충만하니라"

박해 받고 쫓겨나고 어려움을 당하는데, 교회의 제자들을 성령으로 충만하게 해 주시고, 성령으로 기쁨을 주셔서 교회가 지탱이 되었다는 것입니다.

이렇게 교회를 시작하시고, 함께하시고, 다스리시고, 교회의 일치를 도모하시고, 완성하시는 이 모든 일뿐만 아니라, 마지막으로 사도행전 15장 28절에 보면 선교사들의 문제를 해결하시는 분도 성령님입니다.

선교지에는 여러 가지 문제가 있고, 선교사들끼리도 문제가 있습니다. 베드로와 바울 사이에도 문제가 있었고, 야고보와 그 지역의 사람들 사이에도 문제가 있었습니다. 사도행전 15장 28절에 보니까 성령님이 이 문제를 해결했다고 말씀하고 있습니다. 23절부터 드디어 모든 문제가 해결됐다고 기록하고 있습니다.

이때 예루살렘 공의회가 모였는데, 이 공의회에는 야고보가 의장이었습니다. 야고보는 예수님의 동생인데 전에는 예수를 안 믿었습니다. 그런데 지금은 믿게 되었습니다. 바울도 예수님이 부활해서 자기 동생 야고보에게 나타났다고 기록한 적이 있습니다(고전 15:7). 자기 육신의 형이 부활해서 나타난 것을 보고 예수님을 믿게 된 것 같습니다. 그 이후 예루살렘 공의회 의장인 야고보가 주재한 회의에서 모든 결정이 났습니다. 22절을 보십시오.

그래서 예루살렘에서 이루어진 결정을 안디옥교회에 편지로 보냅니다. 그때 해결된 문제가 28-29절에 나타나 있습니다.

이것이 편지의 내용이었습니다. 우상의 제물을 먹어야 되냐 안 먹어야 되냐, 또 피가 있는 생고기를 먹어야 되냐 안 먹어야 되냐, 또 음행의 문제, 이런 것들 때문에 교회에 문제가 있었습니다. 예루살렘 공의회가 모여서 이런 것을 결정하기를, “그 우상의 제물 먹지 말고, 피와 목매어 죽인 것을 먹지 말고 음행을 멀리하라"고 했습니다. 그것을 누가 정했습니까? 28절에 보면 "성령과 우리"라고 했습니다. 성령님이 우리 가운데서 하신 것이라고 했습니다. 공의회에서 결정한 것은 성령님이 하신 것이라고 말하는 것입니다.

우리는 회의를 할 때도 성령님을 의존해서 해야 합니다. 기도하고 회의해야 합니다. 말할 때도, "성령님, 제가 이 말을 하는데, 이 말이 우리 사이에 문제를 해결하는 데 도움이 되게 해주옵소서." 기도해야 합니다. 결정할 때는 다 합의가 되면 좋지만 너무 반대가 심하면 결정을 좀 연기해도 좋습니다. 반대는 있어도 그렇게 심하지 않으면 기도하고 다수결로 결정해도 좋습니다.

결정할 때도 인간적으로 하면 안 됩니다. 성령께서 나에게 뭐라고 말씀하시는지 늘 기도하면서 결정해야 합니다. 이렇게 할 때 문제가 해결됩니다. 일단 결정되면 내 맘에 안 들어도 성령님이 선히 인도해주시도록 기도해야 합니다.

물론 여기서 말하는 것은 진리를 말하는 것이 아닙니다. 진리는 끝까지 사수해야 합니다. 성경에 있는 것은 양보해서는 안 됩니다. 그러나 성경에 없는 것을 가지고 논할 때는 내 마음에 좀 안 들어도 대부분이 원하면 그렇게 따라야 합니다. 그런데 문제는 예수님 말씀하신 대로, 남을 판단하지 말아야 하는데 자기 개인적인 자를 쓰지 말라는 것입니다. 개인적인 것, 자잘한 것들, 성경에 없는 것들은 성령님의 움직이심에 따라 대부분이 원하는 대로 하면 됩니다.

문제를 놓고 구태여 성경에 있는 것이나 진리의 문제가 아닌데, 그것을 가지고 결사적으로 반대할 필요가 있습니까? 이 세상에서 진리만 가지고도 얼마나 바쁜데, 성령님이 그런 문제를 해결해 주시도록 맡기고 기도해서 인도하심을 구하고, 또 결정된 것이 내 맘에 안 들어도 믿고 따라가면 됩니다. 성령님이 교회를 움직이시는 분이기 때문입니다.

기독교인과 관련된 사역

"예수께서 대답하시되 진실로 진실로 네게 이르노니 사람이 물과 성령으로 나지 아니하면 하나님의 나라에 들어갈 수 없느니라" 요 3:5

이제부터 예수를 믿는 신앙인들과 관련해서 성령께서 어떤 일을 하시는지, 또 비기독교인들과 관련해서는 어떤 일을 하시는지 살펴보도록 하겠습니다.

1. 기독교인과 관련된 사역

(1) 우리를 거듭나게 하십니다(요 3:5; 딛 3:5).

"예수께서 대답하시되 진실로 진실로 네게 이르노니 사람이 물과 성령으로 나지 아니하면 하나님의 나라에 들어갈 수 없느니라"(요 3:5)

성령님은 우리를 영적으로 거듭나게 하시고, 하늘로부터 태어나게 하시고, 하나님으로부터 새 생명을 얻게 해 주십니다. 육체의 생명은 부모로부터 받으나, 영원한 생명은 하나님에게서 받습니다. 둘 다 선물이지 노력해서 얻는 것이 아닙니다. 예수 그리스도를 믿을 때 두 번째 태어납니다.

디도서 3장 5절에도 성령의 거듭나게 하시는 은혜로 구원받는다고 했습니다. 하나님의 아들 예수를 구주로 믿고 고백하는 순간 성령님이 우리 안에 영원한 생명을 주십니다. 우리를 하나님의 자녀로 태어나게 하시고 하나님의 성품을 소유하게 하십니다. 거듭난다는 것은 기독교인에게 가장 기본적인 교리요, 가장 기본적인 경험입니다. 이것은 기독교의 A와 같은 것입니다. 영어에 A, B, C, D…가 있으면 그 A에 해당합니다.

거듭나지 않으면 하나님 나라에 들어갈 수 없고, 볼 수도 없고, 하나님의 자녀가 될 수도 없습니다. 교회는 다녀도 거듭나야 하나님의 자녀가 될 수 있는 것입니다. 거듭나는 것은 어렵지 않습니다. 아기가 태어나는 것도 산모에게 어려운 일이지 아기는 어머니가 생명을 주어 세상에 나옵니다. 예수 그리스도를 나의 구원자로 믿을 때, 그 순간에 하나님께서 영원한 생명을 우리 안에 넣어 주심으로 우리는 한 번 더 영적으로 태어납니다. 예수를 자기 구원자로 믿고 고백하는 사람은 이미 거듭난 사람입니다.

그런데 한국교회는 이 '거듭난다'는 단어를 너무 광범위하게 쓰는 것 같습니다. 그래서 혼동을 일으킵니다. 우리 사회가 다시 거듭나야겠다는 등 기독교 용어를 사회에서 많이 쓰는데, 이 거듭난다는 것은 영적으로 생명이 생기는 사건이요, 예수를 믿을 때 하나님의 자녀가 되는 사건입니다. 그래서 이것은 협의의 뜻으로 써야 됩니다.

그러나 교회에서 폭넓게 쓰기 때문에 애매한 일이 생깁니다. 어떤 때는 거듭나는 것과 성화되는 것, 거룩하게 변하고 영적으로 성장하는 것을 혼동하는 일이 종종 있습니다. "당신이 그렇게 행동하면서 어떻게 거듭난 사람이라고 할 수 있느냐?” 이렇게 질문하면, “아, 내가 아직도 한 번씩 신경질은 내니까, 내가 거듭나지 못했구나.” 또는 “어쩌다 남편하고 싸우는데, 이거 내가…” 이런 경우에도 신학적인 혼란이 있습니다.

제가 최근에도 어느 신학교 교장이 쓴 논문을 읽었는데, 그분도 거기서 거듭난 것을 그렇게 썼습니다. 거듭난 것과 선한 행위와 관련을 시키고 있었습니다. 조금 잘못을 저지른 경우 거듭난 사람의 언행이 아니라서 거듭나지 않은 것 같은 인상을 줄 수 있습니다.

거듭난 사람이 예수 믿기 전과 후가 다르지 않으면, 거듭 태어난 사람이 아닙니다. 거듭 태어난 사람이 성경도 안 읽고, 기도도 안 하고, 예배도 안 드릴 수는 없습니다. 거듭난 사람은 반드시 영적으로 성장을 시작합니다. 어떤 사람은 빨리 성장하고, 어떤 사람은 속도가 느리게 성장하는 차이는 있어도, 거듭난 사람은 달라집니다. 복음을 듣고, 예수를 영접한 사람은 하나님께서 그 순간에 영적인 생명을 주셨기 때문에, 생명이 그 속에서 움직이고 성장을 시작합니다. 그래서 참된 신앙은 성장하게 되어 있습니다.

마음으로 믿어 입으로 예수를 주라 시인하는 그 순간에 하나님께서 영원한 생명을 그 사람에게 주시는 것입니다(롬 10:9-10). 이것은 전적인 은혜의 선물입니다. 부모가 아이 낳아놓고, 그 생명을 줬다 뺏었다 하지는 않습니다. 한 번 낳았으면 그것은 못난 자식도 내 자식이고, 잘난 자식도 내 자식이고, 문제를 일으키는 자식도 내 자식입니다. 몸이 약해서 늘 병 치례를 하는 경우가 있더라도, 때로는 장애아로 태어나서 제대로 말도 못하고 걷지를 못하고 공부를 잘 하지 못해도 나에게서 태어난 아이는 나의 아이입니다.

영적으로도 마찬가지입니다. 하나님께서 생명을 주셔서 태어났으면 하나님의 자녀입니다. 영적인 생명은 하나님이 주시는 것이고, 그것을 받았을 때 거듭 태어나는 것입니다. 예수를 구주로 믿고 시인하는 사람은 이미 거듭난 사람입니다. 잘 자라는 아이도 있고 제대로 자라지 못하고 말썽을 부리는 아이도 있을 수 있습니다. 그러나 태어난 자녀는 자녀임에는 틀림없습니다. 몸과 혼과 영에 부족함이 있다고 내 아이가 아닙니까?

하나님께서 흙으로 창조된 아담에게 숨기운을 불어넣었더니 살아난 것과 마찬가지입니다. 성령님이 우리 안에 영적인 생명을 불어넣어 주셔서 우리를 하나님의 자녀로 태어나게 하시고 하나님의 DNA를 소유하게 하셨습니다. 영적으로 다시 태어나야 하는 것은 기독교인에게는 기본적인 교리요 또한 가장 기본적인 경험입니다. 다시 태어나 그리스도 안에서 새로운 피조물이 되면 반드시 성장과 변화가 시작됩니다. 속도에 차이는 있어도 성화의 시작이 있습니다. 성장의 과정을 잘 거치는 사람은 성숙하게 자라고, 태어나기는 했지만 성장의 과정을 제대로 거치지 못하면 성화의 과정이 더딥니다. 그래도 거듭나면 하나님의 자녀임은 틀림없습니다.

워싱턴신학대학에서 가르치고 있었을 때 흑인학생이 한 명 입학해서 기숙사에서 살고 있었습니다. 그런데 이 학생은 감옥에서 예수를 믿은지 얼마 안되어 감옥생활이 전보다 많이 좋아지는 변화를 보고 일찍 석방을 시켜 주어서 바로 신학교로 온 학생입니다. 신학공부를 하려고 애를 쓰고 있으나 오랜 범죄생활에 그의 모든 형제들이 다

익숙해서 네 형제가 다 감옥에 가 있는 가정이었습니다. 오랜 세월동안 좋지 않은 삶에 젖어있다 보니 신학교에 왔지만 기숙사 냉장고에서 다른 학생들의 음식을 그냥 꺼내 먹는 습관이 있어 기숙사 학생들이 소란이 나곤 했습니다. 누가 우리 음식을 먹어버리나? 조사한 끝에 이 흑인학생이라는 증거가 나오기 시작했습니다. 많은 백인 학생들이 이 흑인학생에게 네가 먹었느냐고 솔직하게 묻기가 곤란하니까 '너 예수 믿는 것이 확실하냐?'라고 돌려 묻곤 했습니다. 이 흑인학생은 그 질문을 자주 받으니까 내가 정말 예수를 믿는 사람인가 걱정이 생겼습니다. 저에게 찾아 왔습니다. "제가 구원 받은 것을 어떻게 알 수 있습니까?"라는 질문을 해왔습니다. 저는 그에게 "너는 십자가에서 네 죄를 위해 너 대신 죽으신 예수님을 내 구원자로 믿느냐?"고 물었더니 "네, 믿습니다"고 대답했습니다. "그러면 너는 구원은 받았어. 나는 네가 왜 그 질문을 하는지 알고 있어. 네가 기숙사 냉장고에 있는 다른 아이들의 음식을 허락도 없이 그냥 먹는다고 학생들이 생각하고 있어. 그래서 너에게 그런 질문을 한 거야. 넌 예수를 믿어 구원은 받았지만 오랜 잘못된 생활습관이 아직 변하지 않고 있어. 이제부터 믿음뿐 아니라 언행에 변화가 필요해. 그리고 냉장고에 있는 학생들의 음식을 허락 없이 먹지마. 알겠어?" "네, 알겠습니다. 안 먹겠습니다." 그는 거듭났지만 성장이 없는 상태였습니다.

사도 바울도 고린도 교인들을 (1) 거듭나지 않은 육에 속한 자연인 (natural man), (2) 구원 받고 잘 성장하는 영적인 사람(spiritual man), (3) 구원은 받았으나 아직도 육에 속한 사람처럼 영적 변화가 부족한 사람 (carnal man)으로 구별한 적이 있습니다(고전 2:12-3:9). 세 번째 사람을 구원 받지 못한 사람, 거듭나지 못한 사람으로 거듭난 사실마저 부인하면 안 됩니다. 성장을 격려하고 도와주는 것은 옳은 일이나 '너는 거듭나지 않은 사람'이라 할 수는 없습니다.

성령님은 우리를 주님 오시는 날까지 인쳐 놓았습니다. 이것은 '소유'를 의미하는 것입니다. 성령님이 우리에게 도장을 꽉 찍어 놨기 때문에 우리는 성령님의 소유입니다. 주님이 재림하시는 그날까지 우리는 성령님의 것입니다. 구원이 왔다 갔다 할 수 없습니다. 성령님이 이미 도장을 찍어 놓았는데, 누가 그것을 지워버릴 수 있습니까? 우리는 영원히 성령님께 속한 사람들입니다.

고린도전서 6장 19절과 로마서 8장 9절에 "성령이 너희 안에 거하사"라고 말씀하심으로 성령께서 우리 안에 내주하고 계신다는 것을 가르쳐주고 있습니다. 우리 믿는 사람들에게는 성령님이 이미 우리 안에 살고 계십니다. 예수님도, 우리가 이미 본 것처럼, 성령이 영원히 우리 안에 거하신다고 말씀하셨습니다.

성령님이 내 안에 계시다는 것과 성령으로 충만하다는 것은 같은 것이 아닙니다. 성령님이 내 안에 계시다는 것은 성령님이 내 안에 임재해서 나와 함께 영원히 계신다는 것이고, 성령으로 충만하다는 것은 성령님이 내 안에서 나를 완전히 통치하신다는 것입니다.

그런데 성령님이 내주하시지만 완전히 통치하시지 않을 수 있습니다. 내가 마음의 방에 나쁜 책을 잔뜩 쌓아 놓았으면 성령님이 그 방에 계실 때 얼마나 불편하시겠습니까? 또 분노와 질시와 경멸과 같은 쓰레기로 가득 채워 놓으면 그 방에서 성령님이 얼마나 힘들어 하시겠습니까? 그래서 모든 방을 깨끗이 정리해서 다 치워 놓고, 치워주시도록 맡기고 성령님이 내 삶 전체를 관리해 주시도록 하는 것이 성령으로 충만한 것입니다.

(4) 성령님은 세례를 주십니다(고전 12:13).

“우리가 유대인이나 헬라인이나 종이나 자유인이나 다 한 성령으로 세례를 받아 한 몸이 되었고 또 다 한 성령을 마시게 하셨느니라”

한 성령으로 우리 모두 세례를 받았습니다. 인종이 다르고 지방이 다르고 학력이 다르고 교파가 다를지라도 우리는 한 성령으로 세례를 받아 한 몸이 되었습니다. 한 성령을 마시고 호흡하는 한 형제입니다.

(5) 성령님은 우리를 채워 주십니다(엡 5:18).

"술 취하지 말라 이는 방탕한 것이니 오직 성령으로 충만함을 받으라"

① 성령 충만의 의미

성령님은 우리를 채워주십니다. 채워준다는 말은 성령이 우리를 완전히 다스린다는 의미입니다. 영어로는 filled with the Spirit, 즉 성령으로 가득 채우는 것입니다. 가득 채운다고 할 때는, 절반 채우고, 삼분의 이 채우고, 마침내 다 채우는 그런 의미가 아닙니다. 내 속에 성령님을 점점 더 채워서 내가 성령을 더 많이 소유하는 것이 아닙니다. 성령님이 나를 완전히 차지하는 것입니다. 우리에게 내놓지 않으려는 것들이 있지 않습니까? 내가 개인적으로 좋아하는 것들을 절대로 양보하지 않을 때가 있습니다. 그런 것까지도 전부 다 내놓고, 성령님이 완전히 내 마음의 집의 관리자가 됐을 때, 그것을 보고 성령 충만이라고 부릅니다.

성경에 보면, 분노로 가득 차다(눅 6:11), 두려움으로 가득 차다(눅 5:26), 슬픔으로 가득 차다(요 16:6), 도시가 혼란으로 가득 차다(행 19:29)라는 표현이 나옵니다. '가득 찼다'는 말은 완전히 지배한다는 뜻입니다. 그 마음을 지배한다는 것입니다.

그와 같이 성령으로 가득 찼다는 것은 성령으로 충만하다는 말과 같은 단어입니다. 성령을 더 많이 소유할 수는 없습니다. 성령이 내 안에 계시든지, 안 계시든지 둘 중의 하나지, 성령을 절반만 가졌다는 것은 있을 수 없습니다. 우리가 성령을 더 많이 소유하는 것이 아니고,

성령이 우리를 더 많이 소유하는 것입니다. 그렇지 않습니까? 우리의 삶을 가만히 봐도 어떤 부분은 성령님에게 드렸는데, 어떤 부분은 항복을 하지 않은 부분들이 있습니다.

② 성령 충만의 본질

그러면 성령 충만의 본질은 무엇입니까?

첫째, 우리는 절대로 성령 충만해야 합니다.

성령 충만하라고 명령하셨기 때문입니다. 예수 믿는 사람은 누구나 성령 충만해야 합니다. 필수입니다. 예수 믿는 사람은 누구를 막론하고 성령 충만해져야 하는 것이 원칙입니다. 성령 충만은 누구에게나 평범한 경험이지 특수한 경험이 아닙니다. 누구든지 예수 믿는 사람은 성령님의 지배를 받으면서 사는 것이 기독교인의 정상적인 삶입니다.

둘째, 성령 충만에 대한 책임은 우리에게 있습니다.

성령 충만하라는 것은 명령입니다. 게다가 2인칭 복수 현재형의 명령입니다. 어느 한 사람도 예외 없이 모두에게 적용됩니다. 그래서 우리에게 충만하라는 명령에 복종할 의무가 있습니다. 책임이 우리에게 있습니다. 그리고 충만하라는 현재형 동사여서 그 충만한 상태가 계속하거나 반복해야 합니다. 순간순간마다 충만해야 하는 것입니다. 이것이 헬라어의 의미입니다. 특히 헬라어의 현재형은 계속되고 반복되는 상태를 의미합니다.

"성령님이여, 내 마음을 주관해 주시고, 내 입술과 내 행동을 주관해 주시고, 통치해 주옵소서." 이렇게 충만하다는 말은 완전히 지배해 해달라는 뜻입니다. 우리가 성령님께 우리의 언행을 다스려 달라고 구하는 순간, 그 순간부터 성령님이 우리를 제어해 주십니다. 그렇기 때문에 성령 충만한 것은 오늘도, 내일도, 시시때때로 반복될 수 있는 것입니다. 성령 충만은 한 번의 자극적 경험이 아니라 계속되고 반복되는 경험입니다. 수도꼭지에서 물이 나와 한번 컵을 넘치도록 가득 채우는 것이 아니라 떨어지는 물이 컵을 계속 채우고 반복해서 채우는 것과 같은 것입니다.

③ 성령 충만의 조건

그러면 어떤 조건이 있어야 됩니까?

먼저, 우리 자신이 원해야 됩니다. 요한복음 7장 37절에서 주님은 "누구든지 목마르거든 내게로 와서 마시라"고 권면하고 있습니다. 이렇게 원하는 사람은 성령님의 지도와 통제를 받으며 살겠다고 목마름을 의식하고 예수께 다가가 성령님께서 나를 지배해 주시도록 구해야 합니다.

둘째, 자기 자신을 드려야 됩니다. 로마서 12장 1-2절에 "너희 몸을 하나님이 기뻐하시는 거룩한 산 제물로 드리라"고 권면하고 있습니다. "성령께서 나를 완전히 주관해서 앞으로 내가 생각하는 것이나 먹는 것, 마시는 것, 말하는 것, 행동하는 것, 모든 것을 성령님이 전부 다 다스려 주관해 주옵소서. 내가 여기 있나이다. 나를 지배해 주옵소서." 이렇게 자신을 하나님께 바쳐야 합니다.

셋째는, 성령님에게 완전히 의지하며 살아야 합니다. 갈라디아서 5 장 16절에 보면, "성령을 따라 행하라"고 했습니다. 영어로 보면 'Walk in the Spirit'입니다. 성령 안에서 한 발자국씩 걸으라는 것입니다. 순간순간마다 성령님께 의존해서 그분의 은총과 도움을 받으며 살라는 것입니다. 그러니까 성령으로 충만하라고 할 때, 에베소서에서 말하는 것은 단번에 충만하라는 것이 아닙니다. 인생을 사는데 발자국마다 성령 안에서 걸으라는 것입니다. 무엇을 해도 성령님 뜻 안에서 항상 기도하고 성령님과 교제하면서 성령님의 인도하심을 따라 매일 살아가는 것입니다.

④ 성령 충만의 결과

그러면 성령 충만의 결과가 무엇입니까? 성령 충만의 결과는 여섯 가지가 있습니다.

첫째는, 하나님의 영광을 위해서 말을 합니다. 에베소서 5장 19절에 보면 "시와 찬송과 신령한 노래들로 서로 화답하며"라고 했습니다. 우리말로는 "화답한다"고 했는데, 영어로는 'speak' 말하는 것입니다. 하나님의 말씀으로 말하는 것입니다. 입으로 하나님에 대해서, 예수에 대한 이야기가 나오는 것입니다. 하나님에 대해서 말하고 싶어지는 것입니다. 그것을 다르게 번역한 것을 보면 'communicate'라고 번역했습니다. 믿는 사람끼리나, 안 믿는 사람을 만나도 하나님에 대해서 말하고 싶어 하는 것입니다. 성령이 충만한 사람은 그 입에서 하나님의 이야기가 나옵니다.

둘째는, 하나님께 찬양합니다. "찬송하며"라는 구절처럼 그 마음속에서 찬양이 흘러나와 하나님을 찬양하는 것입니다. 찬양이야말로 성령 충만한 사람의 모습입니다.

셋째는, 자기 환경 속에서 만족합니다. 20절에서 "감사하며"라고 했습니다. 성령 충만하게 되면 모든 일에 감사하며 살게 되는 것입니다. "범사"는 자기 삶 전체를 말합니다. 자기 생김생김이나 자기의 환경이나 여건이나, 직장, 가족, 두뇌, 능력 등 모든 것에 감사해야 합니다. 불평과 짜증이 나고, 화가 넘치면 성령 충만이 아닙니다.

넷째로, 서로 복종합니다. 사람과 사람 사이에 서로 양보하고, 돕고, 위하는 성공적인 대인관계가 있습니다. 성령 충만은 여섯 가지 관계에서 나타납니다. 에베소서 5장 18-21절에 보면 처음에 (1) "아내들이여"라며 남편과의 관계에서 순종하라고 하십니다. 그다음에는 (2) 남편들에게 사랑하라고 권면합니다. 그것이 성령 충만한 사람의 특징입니다. 성령 충만한 남편은 아내를 사랑하나 안 하나에서 나타납니다. 자기 아내를 사랑하면 성령 충만한 남편이고, 자기 남편에게 순복하면 성령 충만한 아내입니다.

또 성령 충만한 (3) 자식은 부모에게 순복하고 부모를 공경합니다. 집에서 자기 부모를 귀하게 여기고, 공경하고, 사랑하나 안 하나 이것을 보면 그 자식이 성령 충만한가를 알 수 있습니다. 또 성령 충만한 (4) 부모는 자식을 분노하게 하지 않습니다. 아버지라는 권위 때문에 자식이 말도 못 하게 하고, 자식을 내리누르지 않습니다. 성령 충만하면 자식을 불필요하게 속상하게 만들지 않습니다.

에베소서 6장 5절에 (5) "종들아"라고 했습니다. 지금의 직장 생활을 이야기하는 것입니다. 직장에서 일하는 사람들은 상사의 눈치를 보고 일하지 않고, 하나님 앞에서 하나님을 기쁘게 하려고 일하는 것처럼 합니다. 예수 믿는 사람은 절대로 게으름을 부리지 않습니다. 그런 사람은 성령 충만한 사람이 아닙니다. 주인이 문제가 아니라 우리에겐 하나님이 주인입니다. 그러니까 자기 맡은 일에 충성하는 것은 성령 충만의 결과입니다.

(6) 상사들에 대한 권면이 있습니다. "상전들아"(9절). 주인이나 상사들에게, 네 위에도 주인이 있는 줄 알라는 것입니다. 네가 어떻게 직원들을 다스리는지 하나님이 위에서 보고 언젠가 내가 너한테 갚아준다는 의미입니다. 그래서 하나님께서 우리를 돌보아 주듯이 상사들은 직원들에게 하라는 권면입니다. 그래서 사람들을 어떻게 다스리는가에 따라서 성령 충만의 특징이 보입니다. 성령 충만의 큰 증거는 좋은 인간관계에서 나타납니다. 성령을 통해 대인관계를 잘 계발해야 합니다. 대인관계가 좋은 사람들은 인생에서 성공합니다.

다섯째로, 성령 충만하면 특별한 자질이 생깁니다. 담대함이 생기고(행 4:8, 31), 기도와 말씀을 좋아하고(행 6:3-4), 지혜가 생기고(행 6:10), 또 예수님을 볼 수도 있습니다(행 7:55). 스데반의 예입니다. 또 예수를 전합니다(행 9:17). 착한 사람이 됩니다(행 11:24). 기쁨이 충만합니다(행 13:52). 성령 충만한 사람들의 모습입니다.

성령 충만한 사람은 기도하고, 말씀 보고, 기쁨이 있고, 착하고, 예수 이야기하고, 담대하고, 지혜가 있습니다. 이런 것들은 성령님을 의지하고 성령님이 나를 다스리실 때 그렇게 됩니다. 그러나 벌써 마음속에 두려움이 있고, 예수에 대해서 한마디도 안 하고, 세상 얘기나 하고, 찡그리고, 기쁨이 없으면 성령 충만하지 않은 상태라는 것을 알 수 있습니다.

여섯째로, 성령 충만의 결과로는 성령의 열매가 나타납니다(갈 5:22-23). 사랑과 기쁨과 평화의 열매가 나타납니다. 하나님의 관계 때문에 그렇습니다. 인내와 부드러움과 착함이 이웃과의 관계에서 나타납니다. 믿음과 온유와 절제가 자기 자신과의 관계 속에서 나타납니다. 성령 충만한 사람은 할 말도 안 할 수 있는 능력이 있습니다. 절제할 줄 알기 때문입니다. 성령 충만한 사람은 자기 기분이나 멋대로 살지 않습니다. 성령 충만함으로 사는 사람들은 언제나 절제가 있습니다. 성령을 의지해서 움직이지 함부로 살지 않습니다. 성령 충만한 사람을 보면 삶에 규모가 있어서 조심스럽습니다. 성령님께 통제를 받으려고 하는 노력이 보입니다.

성령 충만한 사람은 성령님이 나의 삶 구석구석을 지배하는 사람입니다. 우리 주변에서 삶이 변화된 사람이나 변화되고 있는 사람들을 많이 볼 수 있습니다. 성령 충만해지니까 절제가 생기고, 그 사람을 몰라보게 변화시켰다는 느낌을 받습니다.

"은사는 여러 가지나 성령은 같고"(고전 12:4).

성령님은 우리에게 영적인 은사를 주십니다. 고린도전서 12장 4-11절에서 예수 믿는 사람 각자에게 성령께서 주권적으로 원하시는 성령의 은사를 이미 주셨다고 말씀하고 있습니다. 그래서 우리 안에 성령의 은사가 있는데, 그것이 무엇인지를 찾아서 개발해서 사용할 때, 우리가 이 땅에 태어난 본래의 목적을 이루게 된다고 했습니다.

우리가 구원받았을 때, 성령님이 우리 안에 주신 성령의 은사가 반드시 있습니다. 어느 은사가 나의 것인가가 문제지, 은사가 없는 사람은 없습니다.

우리 자신의 은사에 대해서 공부해보십시오. 은사 테스트가 있습니다. 찾아보십시오. 그리고 테스트를 해보세요. 저도 해보았는데 정확하게 나타났습니다. 또 성령의 여러 은사 가운데 혹시 내 은사인가 느껴지는 것이 발견되면 사용해서 실험을 해보십시오. 그 은사를 사용할 때, 자기 스스로 느낄 수 있을 것입니다. 자신이 즐겁습니다. 뿐만 아니라 다른 사람들이 "당신 그것 참 잘한다." 혹은 "당신에게 그것이 참 잘 맞는다" 하는 평을 받게 될 것입니다. 또 교회와 타인들에게 유익이 됩니다. 하나님께 영광이 됩니다. 성령이 주신 은사를 개발하면, 우리가 왜 이 땅에 태어났는지, 하나님이 왜 우리에게 구원의 은총을 주셔서 이렇게 변화시켜 주셨는지 그 목적과 이유를 알게 됩니다. 삶의 기쁨이 있습니다.

예를 들어 가르치는 은사에도 종류가 있습니다. 어떤 사람은 중그룹, 어떤 사람은 소그룹, 또 다른 사람은 일대일에서 좋은 결과를 경험하는 사람들이 있습니다. 하나님께서 각 사람에게 주신 가르치는 은사의 스타일이 다릅니다. 소그룹의 은사가 있는 사람, 대그룹의 은사가 있는 사람 등등 스타일이 다릅니다. 그래서 실험을 해봐야 알 수 있습니다. 그래서 우리에게 은사를 주셨다는 사실을 이해하고, 각자의 은사를 시험해 보고 발견해서 나를 이 땅에 보내신 뜻과 목적을 이루며 만족한 인생을 사시기 바랍니다.

(7) 성령님은 우리를 인도해 주십니다(롬 8:14).

"무릇 하나님의 영으로 인도함을 받는 사람은 곧 하나님의 아들이라"

하나님의 자녀는 성령이 우리 안에 임재해 계시기 때문에, 성령님을 의존하면 그분이 우리를 인도해 주신다는 말입니다. 그것이 성령의 사역을 이해하는 사람의 특징입니다.

믿지 않는 사람은 자기 자신의 노력과 수단과 능력으로 힘껏 살아가려고 노력합니다. 그러나 성령님의 임재하심을 알고, 성령님이 인도하시는 것을 아는 사람은 사사건건 성령님을 의존해서 그분이 나를 인도해 주시도록 부탁하고 살기 때문에 이런 사람들의 삶과 가슴에는 평화가 있습니다.

성령의 열매가 무엇입니까? 사랑과 기쁨과 평화가 아닙니까? 이것이 예수 믿는 사람들의 특징입니다. 성령님을 의지해서 순간순간마다 사는 사람들의 삶은 이와 같은 특징이 있어서 얼굴이 훤하지 않을 도리가 없습니다. 인생이란 그 자체가 얼마나 힘이 드는 것입니까? 그런데 이런 힘든 인생을 자기만의 노력으로 애쓰며 살려고 하니까 너무 힘든 것입니다. 그러나 성령님의 인도하심을 의지하면 그분이 우리의 인생을 한발자국씩 인도해 주십니다. 따라가면 됩니다. 힘들지 않습니다. "주의 인도하심 따라 주의 인도하심 따라 어디든지 주를 따라 주와 함께 함께 가려네."

(8) 성령님은 우리를 가르쳐 주십니다(요일 2:20, 27).

"너희는 주께 받은바 기름 부음이 너희 안에 거하나니 아무도 너희를 가르칠 필요가 없고 오직 그의 기름 부음이 모든 것을 너희에게 가르치며 또 참되고 거짓이 없으니 너희를 가르치신 그대로 주 안에 거하라"(요일 2:27).

그뿐 아니라 성령님은 우리를 가르쳐 주십니다. 요한일서 2장 20절과 27절에 보면 "그의 기름 부음이 모든 것을 너희에게 가르친다"고 했습니다. 기름은 성령을 상징합니다. 그래서 이 구절은 "성령이 너희를 가르쳐준다"로 바꿀 수 있습니다.

"성령님! 내 눈을 뜨게 해 주시사 말씀을 조명해 주십시오." 이렇게 기도하면 성령님은 가르쳐 주십니다. 영적인 진리는 머리가 좋아서 깨닫는 것이 아닙니다. 머리가 좋은 사람이 빨리 깨달을 수 있겠지만, 머리가 좋지 않아도 얼마든지 깨달을 수 있는 것이 영적인 진리입니다.

그런 것을 보면 참 하나님의 진리는 머리로 이해하는 것이 아니라 가슴으로 이해하는 것이라는 것을 새삼스럽게 느끼게 됩니다. 제가 누차 하는 얘기입니다만, 머리와 가슴 사이는 거리가 얼마나 됩니까? 한 30cm 정도라고 합시다. 어떤 것을 제대로 확실하게 알려면 지식이 머리에서 30cm 아래로 내려와야 가슴에 박혀야 합니다. 머리 위에만 있는 지식은 자칫 잘못하면 남을 정죄하는 도구가 되고, 남을 무시하는 도구가 되고, 남을 비판하는 도구가 될지언정 참으로 진리를 깨닫는 도구는 되지 않습니다. 진리를 깨닫는 때는 우리의 머리와 가슴이 일치하도록 성령님이 도와주실 때입니다.

(9) 성령님은 우리를 거룩하게 하십니다(벧전 1:2; 살전 2:13).

"곧 하나님 아버지의 미리 아심을 따라 성령이 거룩하게 하심으로 순종함과"(벧전 1:2).

성령님이 우리를 거룩하게 하신다는 것은 우리를 변화시켜서 예수를 닮게 만들어 주시는 작업입니다.

어떻게 우리가 예수님께 순종합니까? 순종하는 것은 성령께서 우리를 거룩하게 만들어 주시고 변화시켜 주시고 예수를 닮게 해주시기 때문입니다. 데살로니가후서 2장 12절에는 "성령의 성화로 구원받았다"고 했습니다. 성령의 거룩하게 하심으로 구원받았다는 것입니다. 구원과 믿음은 성령님이 우리를 거룩하게 하심으로 이루어지는 것입니다.

로마서 8장 15절에 보면 "양자의 영을 받았으므로"라고 하여 성령을 양자의 영이라고 했습니다. 우리는 양자의 영을 받아 하나님의 자녀가 되었습니다. 성령님이 우리의 영과 더불어 우리가 하나님의 자녀인 것을 증언해 주십니다.

우리가 하나님의 자녀라는 것을 어떻게 알 수 있습니까? 예수님을 영접하는 그 순간에 우리가 구원받고, 예수님이 우리 가슴 속에 임재하시는 동시에 성령님이 우리 가슴에 임재하심으로 알 수 있습니다. 그래서 우리 마음속에 계시는 성령님이 우리에게 "너는 하나님의 자녀라"고 증언하십니다.

그래서 이런 것을 주관적 확신(subjective assurance) 혹은 내적 확신(inner assurance)이라고 합니다. 내 마음속에서 내가 하나님의 자녀라는 확신이 그 속에서 솟아나는 것입니다. 이 내적 확신, 주관적 확신은 어디서 생기는 것입니까? 내 마음속에 있는 성령님이 내 영에게 일러준 것입니다. 그래서 가슴 속에서 울려 나오는 확신이 내적 확신이요, 주관적 확신입니다. 주관적 확신과 비교해서 또 객관적 확신이 있습니다. 내적 확신과 비교해서 외적 확신도 있습니다.

이 객관적 확신, 외적 확신이란 무엇입니까? 그것은 객관적인 하나님의 말씀입니다. 내가 믿든지 안 믿든지 확실한 것은 하나님의 말씀입니다. 왜냐하면 "누구든지 그를 믿는 자는 영생을 얻으리라"고 말씀하셨기 때문입니다. "영접하는 자, 그의 이름을 믿는 자들에게는 하나님의 자녀가 되는 권세를 주셨으니"(요 1:12) 믿는 우리에게 하나님의 자녀가 되는 특권을 주셨다고 예수님이 말씀하셨고 그것이 기록되어 있습니다.

그러므로 "나는 예수를 믿지만 하나님의 자녀라는 확신이 없습니다"라고 아무리 주관적 확신이 없다고 해도, 하나님의 말씀에 객관적 확증이 있습니다. 또 우리의 마음속에서 때로는 의심이 나도 믿은 것은 믿은 것입니다. 예수님을 영접했으면 예수님이 우리의 마음에 임재해 있는 것이요, 성령님이 임재하신 것이요, 성령님이 인치신 것이요, 성령님이 보호하시는 것이요, 성령님이 함께하시는 것입니다. 우리의 주관적 생각이 흔들린다고 구원이 왔다 갔다 하는 것은 아닙니다. 하나님의 자녀가 됐다 안 됐다 하는가요? 그렇지 않습니다. 성령이 주관적 확신을 주시고 성경이 객관적 확신으로 종지부를 찍어 줍니다.

"아들이 있는 자에게는 생명이 있고 하나님의 아들이 없는 자에게는 생명이 없느니라"(요일 5:12). 이것은 객관적인 말씀입니다. "내 말을 듣고 또 나 보내신 이를 믿는 자는 영생을 얻었고 심판에 이르지 아니하나니 사망에서 생명으로 옮겼느니라"(요 5:24). 이것은 객관적인 확신입니다. 예수를 영접하면 구원은 이미 결정이 난 것입니다. 객관적으로 하나님 쪽에서 이미 결정된 것입니다. 단지 내 가슴 속에 주관적인 확신이 없을 때가 있을 수는 있지만 그 확신 부족이 객관적인 사실을 부정할 수는 없습니다. 내가 아직 성경을 배우지 못해 객관적 사실을 깨닫지 못한 것뿐입니다.

진리를 깨닫지 못했다고 구원이 없습니까? 아닙니다. 구원은 하나님의 은혜로 인하여 믿음으로 말미암아 값없이 주시는 것이고, 그리스도 안에 있는 구속으로 의롭게 되는 것입니다. 그런데 이것을 모르는 사람은 아직도 주관적인 확신이 없는 것입니다. 주관적인 확신은 말씀을 깨달음으로, 말씀을 배움으로, 하나님의 말씀을 믿을 때 생기는 것입니다. 그때 내 가슴 속에서, "야, 너는 이미 하나님의 아들이야, 너는 하나님의 딸이야, 너는 영원한 나의 자녀야."라고 성령님이 말씀해주심으로 우리 속에는 주관적인 확신, 내적인 확신이 생깁니다. 성령님이 증언해 주심으로 생기는 것입니다.

저는 "내가 완전한 사람이다, 성숙한 사람이다"라고는 말하지 못합니다. 그러나 "나는 하나님의 영원한 아들이다"라는 말 한마디는 자신 있게 할 수 있습니다. 성경에 보니까 그렇게 돼 있고, 내 가슴 속에 성령님이 나에게 증언해 주시기 때문입니다. 요한일서 5장 7-8절에도 "증언하는 이가 셋이니 성령과 물과 피라 또한 이 셋은 합하여 하나이니라"고 했습니다.

(11) 성령님은 대신 간구해 주십니다(롬 8:26).

"이와 같이 성령도 우리의 연약함을 도우시나니 우리는 마땅히 기도할 바를 알지 못하나 오직 성령이 말할 수 없는 탄식으로 우리를 위하여 친히 간구하시느니라"

성령님은 또한 우리를 대신해 간구해 주십니다. 이것을 보고 중보해 준다고 합니다. "성령이 말할 수 없는 탄식으로 우리를 위하여" 우리를 대신하여 간구해 주십니다. 성령님이 친히 나 대신에 하나님께 간구해 주십니다. 어떤 때는 내가 기도할 바를 몰라서, 어떻게 기도할 줄을 몰라서 쩔쩔매고, 말도 안 나오고, 생각도 안 나는데, 그럴 때도 성령님이 대신 기도해 주시는 것입니다.

(12) 성령님은 열매를 맺게 하십니다(갈 5:22-23).

"오직 성령의 열매는 사랑과 희락과 화평과 오래 참음과 자비와 양선과 충성과 온유와 절제니 이같은 것을 금지할 법이 없느니라"

성령님은 우리로 하여금 열매를 맺게 해 주십니다. 삶이 맺는 성령의 열매입니다. 갈라디아서 5장 22-23절에 성령의 열매는 아홉 가지라고 말씀하고 있습니다. 사랑, 기쁨, 평화, 인내, 부드러움, 착함, 믿음, 온유, 절제. 이게 다 성령의 열매입니다. 사람들이 제일 원하는 것이 여기에 다 들어가 있습니다.

우리가 사랑으로 가득 차서 언제나 남에게 사랑을 주는 사람이면 얼마나 좋겠습니까? 또 늘 봐도 즐겁게 살고 기쁨이 넘치면 얼마나 좋겠습니까? 믿는 사람에겐 잔잔한 평화가 늘 있습니다. 아주 억센 사람이었다가 예수 믿고 나서는 인내하고 점점 부드러워지는 사람이 되는 것도 성령의 열매입니다. 또 전혀 악의가 없이 선한 사람들이 있습니다. 그 속이 투명하게 보이는 사람들입니다. 나다나엘을 보고 예수님이 "저 사람 속에는 악의가 없다"고 했습니다. 선함이 그 사람 속에 있다는 것입니다.

또 성령의 열매인 믿음은 구원의 믿음을 말하는 것이 아닙니다. 정확히 말하면 'faithfull' 신실하다는 의미입니다. 산을 옮길 만한 믿음을 말하는 것이 아니라, 성실하다, 충성되다는 뜻입니다. 이것은 특히 우리 믿는 사람에게 대단히 중요합니다. 신실함이 없으면 그 사람을 믿을 수 없기 때문입니다. 특별히 목회는 신실하지 않으면 아무짝에도 쓸모가 없습니다. 믿음이란 단어와 신실하다는 단어는 같은 헬라어 단어입니다. 믿음이 있는 사람의 특징은 신실함, 일관성입니다.

신학교에서 여러 해 동안 학생들을 가르치다 보면 어떤 학생들은 신실하지가 않습니다. 과제 해오라고 해도 안 해 오고, 또 시험을 안치고도 안 찾아옵니다. 그래서 제가 메모를 해서 "시험 안 봤는데, 빨리 와서 어떻게 할 것인가 말하라"고 해도 안 옵니다. 또 메모를 해도 또 안 옵니다. 그래서 F 학점을 주면 그때에야 찾아옵니다. 왜 F학점을 주었냐고 항의합니다. 그래서 자네는 목사 될 자격이 없다고 말해주었습니다. 목사는 무엇보다도, 조그만 일에도 신실해서 교인들이 전적으로 신뢰할 수 있어야 합니다. 특히 믿는 사람에게 신실함은 매우 중요합니다. 성령님이 우리에게 열매를 맺게 해 주셨는데, 충성스럽지 않던 사람들이 예수 믿게 되면 충성스럽게 되어야 합니다. 믿음은 충성스러운 것입니다.

또 온유는 부드러운 것입니다. 부드러우면 약한 줄로 생각하는데 그렇지 않습니다. 아무도 감당할 사람이 없을 만큼 강력한 사람인데, 그 강한 것을 숨겨놓고 부드러워지는 모습을 보고 온유라고 합니다.

마지막으로 절제는 우리의 성격 하나하나를 잘 통제하는 것입니다.

열매라고 할 때는 성령의 열매만 얘기하는 것이 아니라, 두 가지의 열매가 더 있습니다. 우리의 성품(character), 우리의 인품도 열매입니다. 또 우리 때문에 구원받는 사람, 우리가 전도해서 구원받는 사람도 열매입니다. 사도 바울이 로마에 있는 교회를 향해 "내가 이방인 사회에 열매를 맺은 것처럼 너희 가운데도 열매를 맺게 하려 함이니라" 했는데, 이때 열매는 믿는 사람을 말합니다.

그런데 이런 열매들은 내가 소유하고 있는 것이 아니고 내 안에 임재해 계시는 성령께서 소유하고 계신 자질들입니다. 우리에게 어떤 열매가 필요하든지 성령님께 구하면 그때 그때마다 주십니다. 인내가 필요하면 인내를 구할 때 주십니다. 절제가 필요할 때 구하면 또 주십니다. 자주 구하면 자주 받아서 그 열매가 우리의 습관이 될 수 있고, 결국 인격이 될 수 있습니다.

(13) 성령님은 우리의 몸을 부활로 변화시킵니다(롬 8:11).

"예수를 죽은 자 가운데서 살리신 이의 영이 너희 안에 거하시면 그리스도 예수를 죽은 자 가운데서 살리신 이가 너희 안에 거하시는 그의 영으로 말미암아 너희 죽을 몸도 살리시리라"

성령님은 부활로 몸을 변화시켜 주십니다. 우리가 죽었다가 다시 부활할 때 그것도 성령님이 하십니다. 로마서 8장 11절에 예수님을 살리신 분이 성령님이요, 나사로를 살려내는 그 능력도 성령님의 능력입니다. 또 우리가 죽었다가 부활하는 것도 성령님의 능력입니다.

(14) 성령님은 우리에게 힘을 주십니다(눅 24:49; 행 1:8).

"내 아버지께서 약속하신 것(보혜사 성령)을 너희에게 보내리니 너희는 위로부터 능력으로 입혀질 때까지 이 성에 머물라"(눅 24:49).

여기 "능력으로 입혀진다"는 것은 영어로 'empower', 즉 힘이 생긴다, 힘을 불어넣어준다는 뜻입니다. 영적인 힘, 때로는 육적인 힘도 우리 속에서 생길 수 있는데, 그것이 바로 성령님이 하시는 일입니다.

사도행전 1장 8절에서도 "성령이 임하시면 너희가 권능을" 받는다고 했습니다. 그래서 담대한 마음과 힘이 생긴다고 했습니다. 또 에베소서 3장 20절에서도 성령을 "우리 가운데서 역사하시는 능력"이라고 말하고 있습니다.

그래서 우리 믿는 사람들은 성령이 내 안에 임재해 계시다는 사실을 이해하고 깨닫게 되면, 앞으로 어떤 형편에서 무엇을 하든지, 하나님께서 나에게 힘을 주시는 영적인 자원이 우리 속에 있다는 것을 알고 안심하게 되는 것입니다. 자기 자신을 생각할 때는 불안합니다. 그러나 내 안에 있는 성령님의 능력을 생각하면 불안하지 않습니다.

미국에서 집회를 하던 어떤 때 너무 기운이 없어 집회하러 갈 수 없을 때가 있었습니다. 집회를 취소하려고 했지만 그쪽 교회의 상황 때문에 가지 않을 수 없었습니다. 할 수 없이 비행기를 타고 앉아서 기도했습니다. "저에게 힘을 주십시오." 도착해서 금 토 일 사흘 동안 모

든 집회를 잘 인도하고 성령이 주시는 은혜로 새 힘을 받아 돌아온 적
도 있었습니다. 떠날 때는 힘이 없었는데 돌아올 때는 힘이 생겼습니
다.

(15) 성령님은 우리를 견제해 주십니다(행 16:6-7; 창 20:6).

“성령이 아시아에서 말씀을 전하지 못하게 하시거늘 그들이 브루기아와
갈라디아 땅으로 다녀가 무시아 앞에 이르러 비두니아로 가고자 애쓰
되 예수의 영이 허락하지 아니하시는지라”(행 16:6-7).

성령님은 우리를 견제(control)해 주십니다. 예를 들어 봅니다. 사도
행전 16장 6-7절에 보면, 이제 사도 바울이 아시아에서 복음을 전하
려고 하는데, 아시아에서 복음을 전하려는 것을 성령님이 금하셨습니
다. 아시아 쪽으로 가지 말라고 견제하시고는 마게도냐로 가라고 하셨
습니다.

이렇게 성령님은 어떤 때는 강권적으로 우리의 방향을 돌립니다.
제가 한국에 귀국할 때 그런 경험을 했습니다. 마지막 가서는 도저히
못 견뎠습니다. 눈이 안 보이고, 귀가 안 들리고, 목소리도 안 나왔습
니다. 그래서 기도도 못 드리고, 찬송하려고 해도 목소리가 안 나오고,
기운이 하나도 없었습니다. 그리고 피부가 막 바늘로 찌르는 것 같이
아팠습니다. 일 년 동안 고통 속에 살았는데, 마지막에 가서는 도저히
견딜 수 없어서, 제가 고함을 지르면서 부르짖었습니다.

“하나님, 이제는 저에게 가라면 가라고 말씀해 주십시오. 그것이

한국인지, 미국인지. 제가 나머지 생애를 어디서 일하기를 원하시는지 알려 주십시오. 이제는 도저히 견딜 수가 없습니다. 말씀해 주십시오." 그랬더니 KOREA라는 조그만 글자가 나타나더니 점점 다가오면서 커져서 제 눈앞에 떡 버티고 섰습니다.

그때 저는 에딘버러대학교에 있었는데, 짐을 싸서 미국으로 돌아왔습니다. 돌아와서 결국 제 아내에게 말하고, 교회에 말하고, 신학교에 말했는데 아무도 찬성하지 않았습니다. 저도 찬성하지 않았습니다. 한 명도 제가 한국 가는 것에 대해서 찬성하는 사람이 없었습니다. 그러나 저로서는 어쩔 수 없었습니다. 도저히 그 이상 더 견딜 수 없었습니다. 저는 미국에 오래 있었기 때문에 미국이 저의 사역장이라고 믿고 사역하고 있었습니다. 하나님은 저를 묶어서 강권적으로 견제하셨습니다. 그렇게 강권적으로 하나님의 움직임이 우리 삶 속에 나타날 때는 순종하는 것 외에 다른 도리가 없습니다. 때로는 성령으로 통제하십니다.

(16) 성령님은 우리로 예수님을 닮게 하십니다(고후 3:18, 4:19).

"그와 같은 형상으로 변화하여 영광에서 영광에 이르니 곧 주의 영으로 말미암음이니라"(고후 3:18).

성령님은 우리를 변화시켜서 예수님을 닮게 해 주십니다. 우리가 가는 마지막 목표입니다. 고린도후서 3장 18절에 보면 그 변화의 역사는 주님의 영으로 말미암은 것입니다. 주님의 영이 우리를 변화시켜서 예수 그리스도와 같은 형상으로 변화시켜 주십니다. 변화시켜 주시는데 그 모습은 처음 예수 믿었을 때와 비교하면 영광스러운 모습입니다. 그런데 그 모습에서 또 계속 성령님을 의존하고 계속 성령님이 우리를 변화시키면, 영광스러운 모습에서 그 위 단계의 영광스러운 모습으로, 더 영광스러운 모습으로 변화시켜서 마지막 가서는 예수님의 모습을 닮은 우리로 만들어 주실 것입니다. 우리가 영화롭게 되는 순간입니다.

갈라디아서 4장 19절에도 "그리스도의 형상을 이루기까지 다시 너희를 위하여 해산하는 수고를 하노니"라고 했습니다. 성령님이 우리로 그리스도의 모습을 닮게 하신다는 것입니다. 그래서 믿는 사람을 만나면, 한 번도 만난 적이 없는데도, 한 10분만 대화하면 전에부터 알던 사람 같습니다. 자기 누이 같고, 자기 동생 같고, 자기 형 같습니다.

제가 전주에 갔었는데, 호남 지방에는 처음 가보는 길이었습니다. 한 번도 못 가봐서 오래전부터 가보고 싶었습니다. 제가 호남 지방에 처음 갔는데도 전주에 가서 믿는 사람을 만나니까 옛날부터 알던 사람 같았습니다. 저하고 생각하는 것도 비슷하고, 원하는 것도, 느끼는 것도, 좋아하는 것도, 안 좋아하는 것도, 처음 만난 사람들이 그렇게 비슷했습니다. 왜 그럴까요? 모두 다 지방은 달라도 예수를 만나서 예수를 닮아가고 있기 때문입니다. 그렇게 느낌과 가치관과 생활 방법이 너무도 흡사한 것이었습니다. 그것이 바로 예수 그리스도를 닮아가는 것입니다. 누가 그렇게 변화시키십니까? 바로 성령님이십니다.

2. 비기독교인과 관련된 성령의 사역

앞에서 살펴본 대로 기독교인에게 성령님이 하시는 일은 열여섯 가지였습니다. 정리해 보면, 거듭나게 하시고, 인을 치시고, 내주하시고, 세례를 주시고, 채워주시고, 은사를 주시고, 인도하시고, 가르치시고, 거룩하게 하시고, 증언하시고, 대신 간구하시고, 열매를 맺게 하시고, 부활로 몸을 변화시키시고, 힘주시고, 견제하시고, 예수를 닮게 하십니다.

우리가 마음속에 영원히 모시고 사는 성령님이 이런 역사를 하십니다. 그러니까 이 성령님이 내 안에서 어떤 역사를 하시는지 우리가 깨닫기만 하면 우리는 더 이상 자신을 의지하고 살고 싶지 않게 됩니다. 예수를 믿기 전에는 얼마나 내가 나 자신만을 믿고 삽니까? 그러나 내 안에 성령님이 계셔서 16가지의 방법으로 역사하고 계시는 것을 알게 되면 내가 무엇 때문에 옛날처럼 살고 싶겠냐는 말입니다.

제일 멋있게 사는 방법은, 성령님을 의지하면서 사는 방법입니다. 이것을 깨닫고 나면 "주여, 제가 성령님과 함께 살게 하여 주옵소서." 이런 기도가 안 나올 수 없습니다. 이것을 알고도 자기 재주대로, 자기 능력대로, 자기의 지혜대로 살려고 하는 사람이 어디 있겠습니까. 우리 안에서 역사하시는 성령의 역사가 있습니다. 하나님께 감사를 드립니다.

그러면 이제부터 믿지 않는 사람들과 관련된 성령의 사역에 대해 살펴보도록 하겠습니다.

성령님은 불신의 죄를 책망하십니다. 믿지 않는 것에 대하여 심판을 경고하십니다. 요한복음 16장 8-9절입니다.

“그가 와서 죄에 대하여, 의에 대하여, 심판에 대하여 세상을 책망하시리라 죄에 대하여라 함은 그들이 나를 믿지 아니함이요”

(2) 불의를 책망하십니다(요 16:10).

악한 것들에 대하여 성령님은 간과하지 않고 그 불의함을 책망하십니다. 여기서 불의라는 것은 세상이 참 의이신 예수님을 의로 여기지 않고 오히려 박해한 것을 말합니다. 요한복음 16장 10절입니다.

“의에 대하여라 함은 내가 아버지께로 가니 너희가 다시 나를 보지 못함이요”

(3) 다가올 심판의 확실성을 알려주십니다(요 16:11).

성령님은 마지막에 심판이 있다는 것을 믿지 않는 사람들을 향하여 강렬하게 선포하시고, 당신의 종들을 통하여, 말씀을 통하여, 또 세상의 역사를 통하여 경고해 주십니다. 요한복음 16장 11절입니다.

예수님이 이천 년 전 이 땅에 오셔서 우리를 위하여 십자가에 돌아가심으로 인간의 죄를 다 사해주시고 모든 사람에게 구원의 길을 열어놓으셨습니다. 이제는 누구든지 예수를 믿으면 구원을 받습니다. 그냥 돌아서서 하나님께로 향해 걸어가면 됩니다. 하늘의 문은 활짝 열려 있습니다. 그런데도 세상에는 끝까지 예수님을 부인하고 구원을 거부하는 사람들이 있습니다. 하나님은 사람들이 멸망하는 것을 원치 않고 모두 구원 받게 하시기 위해서 예수님을 통한 구원의 길을 확실하게 열어놓았습니다. 그러나 하나님의 자비와 긍휼의 손길을 끝까지 뿌리치는 사람들이 있습니다.

성령님은 이런 거부하는 사람들에 대하여 불신의 죄를 책망하십니다. 예수 안에 있는 구원의 길을 버리고 끝까지 제 갈 길로 가는 불의함과, 그들에게 닥칠 심판의 확실함을 선포하십니다. 아무도 지옥에 갈 필요가 없습니다. 돌아서지 않고 자기 발로 걸어들어가는 사람들이 있습니다. 슬픕니다. 안타깝습니다. 구원의 손을 뿌리치면 도울 길이 없습니다.

믿지 않는 사람들에게 구원의 복음을 전하고, 그들을 위해 기도할 책임이 우리에게 있습니다. 우리가 성령님께 구하면 성령님은 언제든지 우리에게 복음 전도의 담대함과 지혜와 기회를 주십니다. 믿지 않는 이들을 위해서 성령님의 능력을 구하는 성도들을 성령님은 기뻐하십니다. 믿지 않는 사람들은 성령님께서 우리 손에 맡기신 사람들입니다.

성령님께 범할 수 있는 죄

"성령을 소멸하지 말며" 살전 5:19

　　성령님은 인격적인 분이십니다. 그러므로 우리는 성령님과의 교제를 통하여 기쁨과 평강을 얻을 수도 있고, 성령님 또한 우리와의 교제를 통하여 기쁨과 영광을 받으십니다. 마찬가지로 우리가 성령님께 범할 수 있는 죄들도 있습니다. 인격적이신 성령님을 근심하게 하거나 슬프게 하는 일, 그리고 성령님을 거역하는 일들이 있을 수 있습니다.

　먼저, 신자들이 범할 수 있는 죄를 살펴보고, 이어서 비신자들이 범할 수 있는 죄를 살펴보도록 하겠습니다.

1. 신자들이 범할 수 있는 죄

(1) 성령을 소멸하는 죄입니다(살전 5:19; 행 18:25; 롬 12:11).

"성령을 소멸하지 말며"(살전 5:19).

　신자들이 범할 수 있는 첫 번째 죄는 성령을 소멸하는 죄입니다. 소멸(消滅)한다고 할 때의 '소(消)'자는 사라진다는 뜻이고, '멸(滅)'은 없앤다는 뜻입니다. 성령님의 역사가 우리 가슴 속에 불길처럼 일어나는데 그것을 꺼버리고 없애버리는 것입니다.

사도행전 18장 25절에는 아볼로에 대한 기사가 기록되어 있습니다. "그(아볼로)가 일찍이 주의 도를 배워 열심히 예수에 관한 것을 자세히 말하며 가르치나 요한의 세례만 알 따름이라." 아볼로는 성경에 나타난 사람 가운데 성경을 많이 아는 사람인 것 같습니다. 율법학자요, 성경을 잘 가르치는 성경 교수였습니다. 영적으로도 성령 안에서 열심이 있었습니다. 이때의 열심이라는 단어가 성령의 열기라는 뜻입니다. 소멸하는 죄란 내 안에서 움직이는 성령의 열기를 꺼버리는 것입니다.

로마서 12장 11절에서도 주님을 섬기는 데 있어서 성령으로 열심을 내라고 합니다. 주님을 섬길 때 성령 안에서 열심이 있어야 되고, 또 아볼로처럼 말씀을 가르칠 때나, 말씀을 선포할 때, 성령 안에서 열심이 있어야 합니다. 그런데 성령님이 우리를 충동하시고, 우리 속에서 역사하셔서 우리의 삶에 열심이 있기를 원하시는데 우리는 그 성령을 소멸할 수 있습니다. 그렇게 그 성령의 열심을 우리가 꺼버릴 수도 있습니다.

우리가 죄를 범하면 그렇게 됩니다. 우리 삶의 주관자이신 성령님을 의지하지 아니하고, 우리 마음대로 살고, 또 우리 속에 악독과 분노와 질시와 이런 것들이 우리 속에 들어가면 그 불이 꺼집니다. 죄가 들어가면 성령의 불이 꺼지는 것입니다. 그래서 우리 믿는 사람들은 순간순간 하나님 앞에 죄를 자복해야 합니다. 죄를 회개하지 않고 오래 두면 성령의 불길이 소멸될 수 있습니다.

어느 분이 주일 예배를 몇 달 빠졌다고 합니다. 처음엔 몸이 아파서 빠지기 시작했는데, 한참 빠지니까 양심에 별로 느낌도 없었다고 합니다. 교회의 중요한 직분을 맡은 사람인데도 불구하고 말입니다. 처음에 빠질 때는 '아, 내가 교회를 빠졌다'고 하며 안타까워했답니다. 두 번째 빠지니까 '아, 내가 건강해서 교회에 가야 하겠는데…' 생각했다고 합니다. 세 번째 빠지니까 '교회 가야 되는데…', 네 번째 빠지니까 '교회 가도 괜찮고 안 가도 괜찮고…' 이렇게 두세 달 빠지니까, 이젠 건강한데도 교회에 가지 않아도 아무렇지 않더랍니다.

그래서 제가 찾아가서 그분을 아끼는 마음으로 권면했습니다. "안 낫는 병 같으면, 결국은 우리가 죽을지 모르는데, 죽을 바에는 교회에 가서 예배를 드리다 죽는 게 낫지 않습니까? 집에 드러누워 있어도 죽는 것이고, 예배 참석해도 죽는 것인데 말입니다." 그분은 걸어 다닐 수 있는 병이었습니다. 매일 직장에는 나갈 수 있는 병인데, 교회 예배에만 가려고 하면 더 아픈 병이었습니다.

그래서 제가 말했습니다. "당신이 아파서 집에서 시들시들하다가 직장에만 가끔 왔다갔다 하다가 죽었다고 했을 때의 간증과, 몸이 아파서 직장생활도 제대로 하지 못하는데, 죽는 그 순간 마지막 주일까지 예배를 드리다가 집에 가서 죽었다고 했을 때, 뒤에 남긴 신앙 간증의 차이가 어떨 것 같습니까? 어차피 잘 안 낫는 병이니 죽으려면 교회 와서 죽읍시다." 그렇게 성령님이 충동하고 열심을 내게 하려고 했습니다. 그런데도 그분은 이런저런 핑계로 그 열기를 제거해 버리는 것이었습니다. 마지막엔 싸늘해져서 주일날 오랜 기간 빠져도 아무렇지도 않게 되었습니다. 그분은 스스로 성령을 소멸하고 만 것이었습니다.

성령님은 말씀을 통해서 도전하십니다. "열심을 내라. 성령을 소멸하지 말라!" 우리는 말씀에 귀를 기울이고, 성령님께 민감해져서 성령의 열기가 있을 때 금방 순종하고 성령님의 인도하심을 따라야 합니다.

성령을 근심하게 하는 죄입니다. 에베소서 4장 30절 말씀은 우리의 구원에 대한 인치심이 되는 성령님을 근심하게 하지 말라고, 신자들이 흔히 범할 수 있는 죄에 대해서 강력하게 경고하고 있습니다.

이것은 누구의 예입니까? 아나니아와 삽비라의 이야기입니다. 거짓말은 성령님이 다 아십니다. 단지 우리가 우리의 죄를 인정하는지 안 하는지의 문제입니다. 성령님이 우리의 죄를 모르기 때문에 우리에게 죄를 고백하라는 것이 아닙니다. 성령님은 다 아십니다. 그러나 우리가 평안을 누리기 위해서 다 고백하라는 것입니다. 성령은 우리가 회개하기를 바라십니다. 그래서 죄를 범하지 않았다고 거짓말하지 말라고 하는 것입니다. 사실대로 자백하면 평안이 돌아옵니다.

2. 비신자들이 범할 수 있는 죄

(1) 성령을 거스르는 죄(행 7:51).

"너희도 너희 조상과 같이 항상 성령을 거스르는도다"

비신자들이 범할 수 있는 첫 번째 죄는 성령의 역사를 받아들이지 않고 거스르는 것입니다. 사도행전 7장 51절은 스데반 집사의 이야기입니다. 스데반은 마지막 죽기 전에 유대 사람들에게 설교하면서, "너희 조상과 같이 항상 성령을 거스르는도다" 하고 그들의 죄를 신랄하게 지적했습니다.

성령님이 스데반을 통해서 부활하신 예수님을 증언하고 그들을 구원하기 위해서 그렇게 노력했는데, 유대 사람들은 거절하고 오히려 스데반을 죽였습니다. 요한계시록 16장에 보면, 마지막 시대에 가서 한

참 이 땅에 하나님의 진노를 쏟아 부을 때, 안 믿는 사람들이 죽지 않
도록 하기 위해 믿는 사람들이 그렇게 고생을 하는데도, 끝까지 거부
하는 사람들은 하나님을 비방한다고 했습니다(9, 11, 21절). 그렇게 고생
하면서 끝까지 버티면서 항거한다는 것입니다. 이것이 믿지 않는 사람
들이 범할 수 있는 첫 번째 죄입니다.

(2) 성령을 욕되게 하는 죄(히 10:29).

"하물며 하나님의 아들을 짓밟고 자기를 거룩하게 한 언약의 피를 부정
한 것으로 여기고 은혜의 성령을 욕되게 하는 자가 당연히 받을 형벌은
얼마나 더 무겁겠느냐"

이 죄에 대해 히브리서 10장 29절 말씀은 엄중한 목소리로 경고하
고 있습니다. 하나님의 아들을 짓밟고, 언약의 피를 부인함으로써 성
령님을 욕되게 했다는 것입니다.

성령님은 하나님의 아들 예수 그리스도가 죄인들의 구원자라고 분
명히 증언하셨습니다. 하나님의 아들 예수의 피가 우리 인간을 위하
여 흘린 마지막 피라는 것을 말씀해 주는데도 그것을 부정합니다. 그
것이 바로 하나님의 아들을 발로 밟는 것이나 마찬가지요, 성령을 욕
되게 하는 죄입니다.

"성령을 모독하는 것은 사하심을 얻지 못하겠고 또 누구든지 말로 인자를 거역하면 사하심을 얻되 누구든지 말로 성령을 거역하면 이 세상과 오는 세상에서도 사하심을 얻지 못하리라"(마 12:31-32).

성령을 모독하는 죄는 예수 믿는 사람은 범할 수 없습니다. 이것은 믿지 않는 사람이 범하는 죄이지 믿는 사람이 범할 수 있는 죄가 아닙니다. 그러나 여기에 대해서 많은 오해가 있을 수 있고, 저도 그런 질문을 많이 받았습니다. 혹시 자기가 성령을 모독하는 죄를 범해서 용서받지 못하는 것이 아닌가 걱정하는 사람들이 많이 있습니다. 그러나 예수를 믿어서 이미 구원받은 사람은 성령 모독이나 거역하는 죄를 범할 수 없습니다. 이것은 믿지 않는 사람이 범하는 죄이지 믿는 사람이 범하는 죄가 아닙니다.

예수님이 귀신을 쫓아내시자 바리새인들은 마귀가 귀신을 쫓아냈다고 주장했습니다. 바리새인들은 예수님을 사탄의 도구라고, 또 예수님이 하시는 일을 마귀의 일이라고 주장하며 도전했습니다. 예수님의 사역이 분명히 하나님의 역사인 것을 알 수 있음에도 불구하고, 이렇게 말함으로써 그들 가운데서 성령이 증언해 주시는 사역을 고의적으로, 또 가장 결정적인 방법으로 성령의 조명을 거부해서 성령이 깨우쳐 주시는 것을 거부한 것입니다. 이것이 성령을 모독하고 비방하는 죄입니다.

성령의 증언하시는 사역은 하나님의 특별한 방법으로 완악해진 영혼을 예수께로 인도하시려는 노력입니다. 성경에서 기적이 일어날 때는 두 가지 뜻이 있습니다. 엘리야의 예를 보면, 첫째는 기적을 행하는 그 사람이 하나님의 사람이라는 것을 증명하는 것입니다. 둘째는 그분의 메시지가 하나님의 메시지라는 것을 확증해 주는 것입니다. 물론 그 결과로 인해 그 사람의 병이 낫기도 하고, 죽은 사람이 살아나기도 하고, 무화과나무가 말라버리기도 하고, 홍해가 갈라지기도 하고, 여러 가지 기적적인 사건이 일어나기도 합니다.

예수님이 기적을 베푸셨다는 것은 성령의 증언하심입니다. 성령님이 '이분이 바로 그리스도요, 살아계신 하나님의 아들'이라는 것을 증언해주는 것입니다. 이래서 사람들로 하여금 예수께로 이끌려고 하는 것입니다. 그런데 이 성령의 증언하시는 사역을 마귀의 것이라고 하니까, 어떻게 사람들이 주님께로 올 수 있습니까? 분명히 눈으로 보고 알면서도 이렇게 고의적으로 성령의 역사하심을 거부할 때 그 죄의 용서는 불가능합니다. 성령님이 증언하시는데, 그 증거를 빤히 알면서도 아니다, 싫다고 거부하는 것입니다. 성령의 설득을 거부함으로써 바리새인들은 용서받을 수 없는 죄를 범했던 것입니다.

성령 모독죄는 성령님이 부르시며 사람을 그리스도께로 이끌어 주시는 분명한 영향력을 거부하고 부인하고 고의적으로 반대하는 것입니다. 이것을 보고 성령 모독죄라고 합니다.

하나님은 구원받은 사람이 범하는 죄는 어떤 죄든지 용서해 주실 수 있고, 또 용서해 준다고 약속하셨습니다. 그래서 요한일서 1장 7-9절에서도, "너희가 범죄하지 않는다고 하면 거짓말쟁이다"라고 했습니다. "너희 속에 진리가 없으니까 죄가 없다고 한다"는 것입니다. 진리가 있는 사람은 자기가 범죄한다는 것을 인정합니다. "나는 범죄하지 않는다. 나는 죄가 없다." 이렇게 말하는 사람은 그 자신이 거짓말쟁이요, 하나님을 거짓말쟁이로 만드는 것입니다. 인간은 속성상 죄성이 있고 죄성 때문에 죄를 범하는 존재이기 때문입니다.

그러나 "만일 우리가 우리 죄를 자백하면 그는 미쁘시고 의로우사 우리 죄를 사하시며 우리를 모든 불의에서 깨끗하게 하실 것이요"라고 하여 어떤 죄도 용서해 주신다는 것을 성경은 분명히 말하고 있습니다(요일 1:9). 그 조건은 회개와 죄의 고백과 죄를 버리는 것입니다.

그리스도를 외면하는 사람이 범하는 죄는 그가 전적으로 타락한 상태에 있기 때문에 용서해 줄 수 없고 용서해 주지 않습니다. 그리스도 안에 들어온 사람은 과거의 어떤 죄를 범했어도 그리스도 안에 들어와 있기 때문에 용서받을 수 있습니다. 그리스도의 피가 그 죄를 덮어버렸기 때문에 새사람이 되었습니다. 과거에 극악한 죄를 범했어도 인간의 죄를 사하시기 위해 주님이 대신 십자가에 죽으심으로 죄를 용서해 줄 수 있습니다. 그러나 예수 그리스도 안에 들어오지 않는 사람은 용서할 수 없습니다. 예수 대속의 피의 영역 안으로 들어오지 않았으니까 용서할 수 없습니다.

성령 모독죄는 예수님께 오라고 부르시고 죄를 깨닫게 하시는 성령님의 증언을 끝까지 거부하는 죄입니다. 즉 이것은 반드시 지옥 가겠다고 결심하는 행위입니다. 자기가 자기 자신을 정죄하는 것입니다. 참으로 거듭난 사람은 이미 그리스도 안에 들어와 있기 때문에 성령 모독죄를 범할 수 없습니다.

오늘의 시대는 그리스도께서 십자가에 못 박혀 피 흘리시고 돌아가셔서 우리의 죄값을 다 치르시고 사흘 만에 부활하신 다음, 하늘에 오르셔서 하나님 우편에 앉아계신 시대입니다. 즉 구원을 위한 그리스도의 사역이 완성된 시대라는 것입니다. 지금 시대는 지옥 가기 어려운 시대입니다. 구원은 하나님에게는 너무도 어려운 일이었지만 사람에게는 너무도 쉽기 때문입니다. 구원은 하나님의 은혜요, 하나님의 선물이기 때문에 받아들이고 믿는 자에게는 값없이 거저 주어지고 있습니다.

우리 교우들이 전도훈련을 받고 가서 전도하자 돌아가시기 얼마 전에 그렇게 버티던 사람이 결국은 하나님께로 돌아오는 일도 있었습니다. 제가 최근에 편지를 받았습니다. 어떤 분은 저의 확신시리즈 테이프를 듣고서는 이제 마음에 확신이 생겨서 자기 친척들에게 복음을 전하는데, 많은 사람이 그 확신시리즈 때문에 구원을 받게 되었다는 내용이었습니다. 전도 훈련받은 분 중의 한 분이 자기 시아버지가 고치기 어려운 병에 걸려서 그 치료를 위해 참으로 열심히 기도했다고 합니다. 열심히 기도하고 복음을 전하는데도 시아버지는 안 받아들였답니다. 그래서 확신시리즈 테이프를 갖다 드렸더니 다 듣고서는 드디어 예수 믿겠다고 하셨답니다. 말도 하지 못하던 시아버지가 "예수! 나 예수 믿겠다." 그러더랍니다. 그래서 이것이 기적이라고 생각한답니다. 확신시리즈를 통해서 예수 믿는 이런 역사가 나타났다고 간증했습니다.

예수님은 이미 영생을 성취해 놓았습니다. 이젠 아무도 멸망할 필요가 없고 멸망할 이유가 없습니다. 이제는 누구든지 성령님이 그렇게 이끌어 주시는데도 끝까지 거부하면 도리가 없습니다. 그리스도 밖에 있겠다고 끝까지 거부하면 그건 그 사람 때문에 멸망하는 것이지 구원의 길이 없기 때문이 아닙니다.

여기에 우리가 전하는 복음의 중요성이 있습니다. 예수님이 이미 이루어 놓으신 구원의 복음을 전할 의무가 우리에게 있습니다. 우리의 일은 구원의 좋은 소식을 전하는 것이고, 마음을 열어 믿게 하는 일은 성령님이 하시는 책임입니다. 언제든지 어디서든지 누구에게든지 성령의 능력을 힘입어 복음을 전하는 여러분이 되시기를 간절히 바랍니다.

이제 우리는 성령님을 모시고 그분의 인도하심 속에 살고 있습니다. 그러므로 우리는 날마다 성령 충만한 삶으로 신앙적인 인격의 변화와 함께 성령의 열매가 풍성히 맺히도록 늘 성령의 도움을 받으며 성령님과 함께 날마다 살아야 합니다. 그래서 믿는 사람들의 영적인 열매가 많이 나타나도록 하나님께서 우리 모두를 축복해 주시기 간절히 기도합니다.

2부

아, 성령이 오셨구나. 참된 영성

참된 영성이란?

"육에 속한 사람은 하나님의 성령의 일들을 받지 아니하나니 이는 그 것들이 그에게는 어리석게 보임이요, 또 그는 그것들을 알 수도 없나니 그러한 일은 영적으로 분별되기 때문이라" 고전 2:14

우리는 그리스도인입니다. 그리스도인이란 '그리스도께 속한 사람들'이란 뜻입니다. 그리스도인이란 호칭은 바울과 바나바가 안디옥에서 약 일 년간 하나님의 말씀을 가르친 후, 복음을 믿고 삶이 변화된 사람들에게 처음 붙여진 이름입니다. 그러므로 그리스도인은 바로 예수를 믿고 구원받아 예수님을 통해서 영적인 삶을 사는 사람들을 가리켜 부르는 호칭이라 할 수 있습니다.

그러나 오늘날 우리 주위에는 영적인 삶이란 무엇인지, 참된 영성은 어떤 것인지 정확하게 알지 못하기 때문에 영적인 삶을 살지 못하는 그리스도인들이 허다합니다. 영적인 삶이란 무엇인지, 참된 영성을 어떻게 계발할 수 있는지 올바로 아는 것은 그리스도인에겐 매우 중요한 일입니다.

우리의 삶은 육적(肉的 physical)인 삶, 혼적(魂的 soulish)인 삶, 영적(靈的 spiritual)인 삶으로 나누어 볼 수 있습니다(살전 5:23). 육적인 삶이란 먹고, 마시고, 자고, 운동하는 등 몸의 활동을 말합니다. 혼적인 삶은 지정의(知情意)의 활동 등을 일컫는 것입니다. 머리로 공부하고 감성으로 음악을 즐기고 스스로 생각하고 결정하고 행동할 수 있는 자유로운 의지적 활동들입니다.

누구나 다 육적인 삶과 혼적인 삶을 살고 있습니다. 이것을 1차원, 2차원적인 삶이라고 할 수도 있습니다. 모두가 공유한 삶입니다. 그러나 영적인 3차원적인 삶은 몸과 혼만이 아니라 하나님과 교류할 수 있는 영의 채널, 영의 세계가 있다는 것입니다. 그래서 영적으로 삶을 누리고 있는 사람들이 있고 몸과 혼적인 삶은 있으나 영적인 삶이 없는 사람들이 있습니다. 영적인 삶은 예수 그리스도를 통해 하나님을 만나 성령 임재와 관계를 갖고 사는 삶입니다. 불교나 유교 등에서는 영적인 삶을 사는 것처럼 보이지만 육과 혼을 통한 1-2차원적인 종교활동을 하는 것이지 하나님과의 개인적인 영적 세계를 깨닫고 그 세계를 계발하며 사는 것은 아닙니다. 일반 종교는 영적인 세계를 육적, 혼적 차원의 종교성으로 사는 것입니다. 정서적 내지 심리적 상태로 이해하기 때문입니다.

기독교는 그렇지 않습니다. 그리스도인은 예수 그리스도를 만나고 변화를 경험하면서 하나님의 영을 통해 보통 사람이 경험하지 못하는 다른 하나의 3차원적 세계를 경험하며 살아가고 있습니다. 그러므로 영의 세계가 잘 계발되어야 육적, 혼적 삶을 제대로 해석하고 인생의 목적을 발견하고 영원한 하나님의 세계를 계발해갈 때 분명한 육과 혼을 계발할 수 있습니다. 영적인 삶이 모든 육적, 혼적 삶을 감싸주는 포괄적 영역임을 알게 됩니다. 그리스도인의 삶의 중심은 영적인 삶에 있습니다. 영적인 삶이 잘 계발되면 신앙생활을 하는 즐거움과 보람이 넘쳐납니다. 영적인 삶이 잘 계발된 생활은 신앙생활의 극치라고 말할 수 있습니다.

1. 참된 영성

참된 영성이란 하나님의 자녀로서 하나님을 기뻐하며 삶의 모든 영역에서 하나님께 영광 돌리는 영적인 상태를 말합니다. 그런데 하나님을 완전히 기쁘게 하고 영화롭게 해드린 유일한 분은 예수 그리스도뿐입니다. 예수님만큼 영적인 분이 어디에 또 있습니까? 예수님은 인류 역사상 가장 완전한 영성을 소유하신 유일한 분이기 때문에 하나님은 그의 유일한 아들을 통해 하나님의 뜻을 이루며 영광을 받으셨습니다. 따라서 우리 인간이 예수를 믿고 예수님을 가장 가깝게 닮아가는 것이 바로 영성이고 참된 영성입니다.

성령께서는 우리가 예수님을 영접하고 구원받은 순간부터 그리스도의 형상을 닮아가도록 일하고 계십니다. 그것이 우리를 구원하신 목적입니다. 로마서 8장에서 사도 바울은 하나님께서 우리를 영원 전부터 사랑하였고 구원하신 것은 '예수 그리스도의 형상을 닮게 하기 위함'이라고 분명히 말씀하셨습니다(롬 8:19). 성령은 모든 여건을 통해 모든 방법을 통해 시시각각 우리 속에서 역사하고 계시는 것입니다. 우리의 그리스도도화만이 하나님을 기쁘시게 하고 하나님께 영광을 올려드리는 유일한 길이기 때문입니다.

따라서 우리 안에서 이 순간에도 성령의 역사로 말미암아 예수님의 성품이 형성되고 있습니다. 이것을 신학에서는 성화(聖化, Sanctification)라고 부릅니다. 아무리 처음 만난 사람이라도 예수 믿는 사람끼리는 옛날부터 알던 사람 같고 형제자매 같은 느낌이 드는 이유가 우리의 장소와 형편이 다르지만 예수 그리스도를 닮아가고 있기 때문입니다.

바퀴의 중심 축을 그리스도라 하고 바퀴의 살을 믿은 성도들이라고 했을 때, 한쪽 바퀴의 살이 축에서 멀어지면 다른 한쪽 바퀴의 살에서도 서로 멀어지고, 한쪽이 가까워지면 옆에 있는 살과도 가까워지는 것과 같이(바퀴의 원리) 참된 영성은 예수님을 닮아가는 것입니다. 그 과정이 잘 되면 영성이 좋은 것이요, 잘되고 있지 않으면 영성이 약하다고 볼 수 있습니다.

그리스도께서는 우리를 통해 자신의 삶을 살고 계십니다. 2,000년 전, 33년 동안 이 땅에 사시다가 돌아가신 후 부활 승천하신 예수님은 지금도 바로 '나'를 통해서 이 땅에서 사시는 것입니다. 그런데 '나'라는 인간은 내 마음대로 사느라고 예수님을 방해하곤 합니다.

2,000년 전에 예수님께서 이 땅에서 사시며 사역을 하신 것과 같이 예수님이 나를 통해 한 번 더 이 땅의 현실 속에서 사실 수 있도록, 나를 숨기고 예수님을 드러내는 것이 바로 영성운동입니다. 주님이 나를 통해 하셔야 할 일을 내가 혼자 스스로 하고, 주님이 생각하실 것을 내가 마음대로 생각하고, 주님이 싸우실 것을 내가 나서서 스스로 싸운다고 나섰다가는 악한 사탄에게 백전백패를 경험할 수 있습니다. 내가 예수님 안에 거하며 내 안에 예수님이 사시면서 성령의 도움을 받아 예수님이 우리 안에서 역사하고 계시다면 좋은 영성을 소유하고 있는 상태입니다.

마귀가 우리 마음 문을 두드릴 때, "예수님, 저 밖에 누가 왔는데 좀 봐주세요." 하면 될 것을 괜히 내가 그냥 나서서 문을 열다가 마귀에게 얻어맞고 맙니다. 예수님이 나가서 문을 여시면 마귀가 보고 놀라서 달아날 텐데 말입니다.

우리는 예수 믿기 전까지 너무나 육신의 정욕을 따라 살았기 때문에 나의 육을 죽이고 예수의 영을 내 안에서 주관하게 하는 것이 참으로 힘듭니다. 따라서 참된 영성이란, 내가 죄성의 나를 철저히 그리스도와 함께 죽이고 내 안에 계신 예수 그리스도가 내 마음의 집을 통째로 맡아서 관리해 주셔야 우리의 영성이 정상이 됩니다. 내 마음의 손님으로 와 계시는 것이 아니라 주인으로 오시게 하는 바로 그것입니다.

기독교는 그리스도 중심의 종교입니다. 내가 성화된다는 것도 그리스도 중심이요, 영성도 그리스도 중심이며, 그리스도인의 삶 자체도 바로 그리스도가 중심에 있을 때 비로소 참된 영성이 시작됩니다. 사도 바울도 "내게 사는 것이 그리스도니 죽는 것도 유익함이라"고 빌립보서 1장 21절에서 고백했습니다. 또

"이제 내개 그리스도와 함께 십자가에 못 박혔나니 그런즉 이제는 내가 사는 것이 아니요 오직 내 안에 계시는 그리스도께서 사시는 것이다"(갈 2:10).

예수님이 가장 영적인 분이요 사도 바울도 참된 영성을 제대로 깨달은 분이었습니다.

고린도후서 3장 18절에 보면 "우리가 다 수건을 벗은 얼굴로 거울을 보는 것 같이 주의 영광을 보매 그와 같은 형상으로 변화하여 영광

에서 영광에 이르니 곧 주의 영으로 말미암음이니라”고 기록되어 있습니다. 우리 모두가 주님의 형상을 똑같이 닮아간다는 것입니다. 무엇에 의해서 변화되어 간다는 것입니까? 주의 영, 성령으로 말미암는다는 것입니다.

“수건을 벗은 얼굴”이란 무슨 뜻입니까? 사도 바울 시대에는 여자들이 모두 얼굴에 베일을 썼습니다. 그러나 이제는 주님께서 그 수건을 벗겨 주셨기 때문에 그 당시처럼 수건을 쓰고 눈이 가려진 상태로, 수건 사이로 보는 것이 아니라 예수님의 얼굴을 직접 쳐다볼 수 있습니다. 그렇게 되면 그 형상이 내 영혼에 투영되어 늘 생각하며 나도 모르는 사이에 그분 모습으로 점차 변하게 됩니다. 그분 모습으로 변화된 되는 상태가 영성입니다.

맞는 말입니다. 과거 우리나라의 시어머니와 며느리 사이를 봐도 그렇습니다. 시어머니가 워낙 힘들게 하니까 며느리는 그 앞에서는 대꾸를 하지 못하고 뒤에서 욕하고 미워하게 됩니다. 그러면서 ‘나는 절대 저런 시어머니가 안 되리라’고 매일매일 다짐하면서 시어머니를 항상 생각하다 보니, 어느새 그 며느리도 2, 30년 후에는 시어머니를 닮아버립니다. 자기도 모르는 사이에 시어머니가 한 그대로 하게 되는 것입니다.

사람을 미워하면 그 미워하는 사람과 똑같이 되어버립니다. 공연히 미워하느라 잠도 못 자고, 밥도 못 먹고, 소화도 안 되면서 늘 미운 사람 생각하다가 어느새 그 사람처럼 변해 있는 자신을 발견하게 될 수 있습니다. 반대로, 어느 사람을 사모하는 마음으로 늘 생각하면 그 사람을 닮게 됩니다. 어떤 형편에 처하든 예수님을 생각하고 사모하는 마음으로 바라노라면 내 안에 계신 성령께서 나를 변화시키셔서 예수님처럼 닮게 만들어 주십니다. 이것이 참된 영성이요, 믿는 사람의 최고의 소망입니다.

대형교회를 목회한다고 예수님께서 기뻐하시는 것은 아닙니다. 그 마음에 인간의 명예나 욕심이나 자랑만 있다면 사람을 기쁘게 할 수 있을지 몰라도 하나님을 기쁘시게 할 수 없습니다. 여러분이 어떤 일을 하든 예수님이 투영되는 모습으로 일을 해나갈 때 하나님은 그것을 기뻐하시는 것입니다. 왜냐하면 하나님이 그러한 여러분을 보면 예수님을 보는 것 같기 때문입니다.

큰 교회에서 목회하는 은사는 누구에게나 주어지는 것은 아니지만 예수를 닮아가는 것은 누구에게나 주어지는 축복입니다. 바로 이것 때문에 예수님은 십자가에서 돌아가신 것입니다.

욥기 22장 21절을 봅시다.

"너는 하나님과 화목하고 평안하라 그리하면 복이 네게 임하리라."

하나님과 가까이 잘 사귀면 평안이 있다는 말씀입니다. 여기서 '평안'이라는 단어를 주목해야 합니다. 우리는 '평화'라고 하면 '전쟁 없는 상태, 아무 일도 없는 고요한 상태'를 생각하는데, 히브리어로 '평화' '샬롬'의 원래 의미는 '평화'가 아니라 '완전하다' '모자라는 것이 다 채워진다'라는 의미입니다. 즉 '치유, 보충'의 뜻입니다. 영양소가 모자라는 것을 발견했을 경우 필요한 영양분을 채워주는 것이 바로 샬롬이며, 어떤 문제로 속상하던 사람의 문제가 해결되는 것이 샬롬입니다. 배고픈 사람이 빵 한 조각을 먹어 배고픔을 해결하는 것이 샬롬입니다. 몸도 건강하고 좋은 학교를 나왔어도 예수님을 알지 못해 영적으로 죽어있는 사람이 예수님을 알게 되는 것, 그것이 바로 샬롬입니다.

여러분도 하나님과 가까운 사귐을 통해서 지금 샬롬의 상태를 경험하시기 바랍니다.

2. 참된 영성을 어떻게 분별합니까?

(1) 하나님은 우리가 얼마나 지식적으로 하나님을 알고 있는가, 우리가 얼마나 많은 봉사하고 있는가를 두고 우리의 영성을 가늠하시지 않습니다.

우리는 흔히 신학 공부를 많이 하여 박사학위 받은 사람을 보면, 영적으로 뛰어난 사람인 줄 착각하고 부러워합니다. 그러나 예수님에 관한 지식을 많이 갖고 있는 것과 영성이 뛰어난 것은 반드시 비례하는 것이 아닙니다. 신학공부를 많이 한 분들의 착각은 그 지식이 영성인 줄 아는 것입니다.

또한 열심히 뛰면서 많은 일을 하는 사람을 우리는 영적으로 훌륭한 사람이라고 생각하기 쉽습니다. 여기저기 이름이 많이 나 유명해지면 큰일, 훌륭한 일을 해낸다고 생각합니다. 그러나 큰일을 많이 하는 것과 예수님을 닮는 것이 반드시 비례하지는 않습니다.

평생 조용히 산골에 묻혀 살면서도 예수를 많이 닮아 참된 영성을 가진 사람이 기독교 역사에는 많이 있었습니다. 크게 이름 내며 일하지 않았어도 그저 자그마한 일이나마 부엌에서 조용히 일하면서 예수님과 가까이 살아간 브라더 로렌스는 예수님을 닮은 영성있는 신앙을 묵묵히 살아갔습니다. 그리고 그렇게 죽어간 사람들이 교회 역사에 많이 있습니다. 우리는 그들의 이름을 모를지라도 하나님은 그들을 기뻐하셨고 그들을 통해 영광을 받으셨습니다.

그러므로 행동주의(activism)를 영성으로 잘못 생각하면 안 됩니다. 저와 여러분 가운데 하나님께 영광 돌릴 수 없는 사람은 한 사람도 없습니다. 여러분이 예수 닮아가는 것 그 이상으로 하나님이 원하시는 것 없습니다! 그것이 바로 영성입니다!

'헌신'의 영어 단어 'devotion'은 단순한 헌신이 아니라, 헌신과 깊은 사랑이 합해진 상태를 말합니다. 나 자신을 바칠 뿐 아니라 하나님을 지극히 사랑하는 것을 말하는 것입니다. 여기서 자신을 바친다는 것은 나의 재능과 열정과 찬송과 기도뿐 아니라 나의 고민과 슬픔도 다 주님께 드리는 것입니다. 찬송은 바치면서 고민은 내가 붙들고 있는 것이 아닙니다. 제일 사랑하는 분이기 때문에 하나님께 숨길 것 하나 없이 자신을 다 드리는 것, 그것이 바로 헌신입니다.

참된 영성을 가진 사람은 하나님과 친밀합니다. 하나님을 아버지라고 부를 만큼 친밀한 사람이야말로 하나님의 자녀입니다. 참된 영성을 가진 사람은 하나님과 가깝습니다. 하나님의 말씀과 친밀하며, 하나님께 드리는 기도에 친밀합니다. 하나님을 찬양하기에 친밀합니다. 하나님과 더 깊이 친밀할수록 아들이 아버지를 닮아가듯 하나님을 더 많이 닮아가기 때문입니다. 하나님은 아브라함을 친구라고 불렀습니다. 다윗을 하나님의 마음에 합한 자라고 했습니다. 이들이 약점이 없는 것이 아니었지만 그들은 하나님 제일주의로 살아간 분들입니다. 잘못을 저질렀을 때에도 고난에 처했을 때에도 원수들이 죽이려 할 때에도 하나님께로 즉시 나아갔습니다. 상황이 너무 어려워 하나님께 불평하거나 하소연을 해도 혼자서 독백을 하는 것이 아니라 하나님께 나와 부르짖으며 그분에게 모든 것을 이야기했습니다. 특히 다윗의 수많은 시들이 다윗이 얼마나 하나님과 동행했는지를 여러 형편에서 자세히 알려주고 있습니다.

(4) 우리의 모습이 얼마나 예수님을 닮았는가로 하나님은 참된 영성을 분별하십니다.

참된 영성은 주님을 얼마나 닮았는가 하는 것으로 판단할 수 있습니다. 이것은 참된 사랑을 나누는 부부가 서로를 닮아가는 것과 마찬가지입니다. 친밀할수록 부부는 더 깊은 사랑과 교제를 나누게 되며 마침내 얼굴과 식성과 성격까지도 닮아가게 됩니다. 그러므로 그 사람의 말과 행동과 인격이 얼마나 예수님을 닮았나 하는 것으로 우리는 그가 참된 영성을 이루어가고 있는지를 알 수 있습니다.

3. 참된 영성인지 아닌지 구별하는 질문

만약 여러분이 영적 신앙인인지 아닌지, 또 어느 정도 영적인지 알아보기를 원한다면 다음과 같은 질문을 스스로에게 던져 보십시오.

(1) 내가 그분을 얼마나 잘 알고 있는가?

여기서 '안다'는 것은 막연히 상대방의 배경이나 현실을 지식적으로 아는 정도가 아니라 얼마나 친밀하게 상대방에 대해 아느냐 하는 것입니다.

구약성경 창세기 4장 1절에 "그 아내와 동침하매"라는 표현이 나오는데, 이때의 '동침한다'는 단어가 '안다'는 의미입니다. 남편이 아내에 대해 속속들이 아는 것, 그러한 앎을 의미하는 것입니다. 사도 바울이 진정 원하는 것은 주님과 주님의 부활의 능력을 알고 싶다고 고백했습니다(빌 3:10).

(2) 그분을 얼마나 사랑하는가?

우리는 자신에게 주님을 얼마나 사랑하는지 물어볼 필요가 있습니다. 하나님을 위해 많은 일을 할 수도 있습니다. 새벽기도도 열심히 다니고 성경공부를 열심히 할 수도 있습니다. 그러나 이렇게 열심인 사람일수록 더욱 두 번째의 질문을 스스로에게 물어볼 필요가 있습니다. 목사이기 때문에, 또는 장로나 권사나 집사이기 때문에 우리는 얼마든지 의무적으로 교회와 하나님의 일들을 해낼 수도 있습니다.

그러나 정작 나의 마음 깊은 곳에서 주님을 사랑하는 마음이 부족하다면 이 모든 것은 헛된 것입니다. 천사와 같이 유창한 말을 할지라도, 하나님의 말씀은 선포하는 선지자가 되더라도 자신을 내어 주어 불사르게 순교하더라도 주님에 대한 사랑이 없으면 아무것도 아니기 때문입니다. 사도 바울은 위대한 사랑장인 고린도전서 13장에서 바로 이것을 가르쳐주고 있습니다. 모든 은사 중에 가장 고귀한 사랑의 은사를 추구하라고 한 말이 바로 이것입니다.

(3) 얼마나 그분을 닮아가고 있는가?

아들은 아버지를 닮고 딸도 어머니를 닮습니다. 부모만큼 자기 아들과 딸을 사랑하는 사람은 없습니다. 또 아내는 남편을 알고 남편은 아내를 압니다. 부부 사이만큼 서로를 세밀히 알고 서로를 사랑하는 관계도 없습니다. 만약 어떤 사람을 잘 알고 사랑한다면 우리는 우리가 알게 모르게 그 사람처럼 조금씩 변하며 닮아가게 됩니다. 여러분이 참된 영성을 가진 사람이라면 여러분은 틀림없이 예수님을 닮은 모습이 다른 사람들에게도 보일 것입니다. 참된 영성이란 예수님을 닮아가는 데서 비롯되기 때문입니다(롬 8:29).

이상의 세 가지 질문이 참된 영성을 구별하는 질문입니다.

우리가 성경공부를 할 때, 지식을 더 많이 갖기 위해 공부할 수도 있고 개인적으로 예수님에 대해 더 알고 싶어서 하는 사람도 있을 것입니다. 어떤 사람이 신학교에서 성령론을 가르칠 수도 있고 기독론으로 박사학위를 받을 수도 있으나 그 사람이 얼마나 영적인 사람인가는 또 다른 이야기입니다.

우리의 진정한 소원은 성경에서 말하는 참된 영성을 소원하고 계발하는 것이어야 합니다. 우리 주위의 사람들이 우리를 바라볼 때 우리의 모습과 언행이 하나님을 드러내어 하나님을 영화롭게 하고 기쁘시게 할 수 있기 때문입니다.

4. 영성과 관련된 단어에는 어떤 것이 있습니까?

고린도전서 2장 14절 이하를 살펴보면 영성과 관련된 단어로 '영적인 사람, 육에 속한 자연인, 육신에 속한 사람' 등이 보입니다. 자연인은 부모로부터 한 번 태어난 'natural man'을 말합니다. 예수님은 니고데모에게 "육으로 난 것은 육이요, 영으로 난 것은 영이니 내가 네게 거듭나야 하겠다 하는 말을 놀랍게 여기지 말라"(요 3:6-7)고 하셨습니다. 그러나 니고데모는 그 말씀이 이해되지 않았습니다. 한 번 태어난 육신과 지성으로, 한 차원 위인 영적인 것에 대해 이해가 잘 되지 않았습니다. 영혼이 죄와 허물로 죽어 있었기 때문입니다(엡 2:1).

예수님은 자기를 찾아다니던 무리가 그 전날 예수님께서 수많은 사람을 먹이셨던 것 때문에 다시 찾아온 것을 아시고 그들에게 "썩을 양식을 위하여 일하지 말고 영생하도록 있는 양식을 위하여 하라”고 하셨습니다(요 6:27). 예수님이 떡을 먹이신 것은 먹는 떡에 목적을 두신 것이 아니라 예수님 자신이 생명의 떡임을 알게 하려고 물리적인 떡으로 먹인 것입니다. 요한복음은 여러 차례 물리적인 것을 말하면서 그것들을 통해 영적인 교훈을 주는 방식으로 전개되고 있습니다.

예수님은 육신적인 것을 통해 영적인 것을 설명하시고자 한 것입니다. 영적인 것을 이해하기 위해서는 육신의 삶을 관찰해보면 도움이 됩니다. 육신의 삶은 영적인 삶에 대한 예화, 시청각적 모델로 볼 수 있습니다. 마치 구약은 실제 이스라엘의 역사로 전개되지만 신약의 영적인 진리들을 구체적으로 이해하게 해 주는 것과 같습니다.

그러면 영성과 관련하여 정확한 개념을 알아두어야 할 단어들에 대해서 하나씩 살펴보도록 하겠습니다.

(1) 자연인(natural unsaved man)

육으로 한번 태어난 자연인은 영적인 진리를 받아들이지 않습니다. 그 이유는 그것이 미련하게 보이며, 깨닫지도 못하기 때문입니다. 자연인에게는 영적인 진리들이 바보처럼 우스꽝스럽게 보인다는 말입니다. 전혀 이해가 되지 않으니까요. 여기에 대해 사도 바울이 적절히 지적한 말씀이 있습니다.

“육에 속한 사람은 하나님의 성령의 일들을 받지 아니하나니 이는 그것들이 그에게는 어리석게 보임이요, 또 그는 그것들을 알 수도 없나니 그러한 일은 영적으로 분별되기 때문이라"(고전 2:14).

제가 미국에서 목회를 할 때 신앙 좋은 부인이 있었는데, 그 아버지께서 오랜만에 한국에서 방문차 오셨습니다. 와서 딸을 만나 보니까 딸이 자기가 알던 딸이 아니었습니다. 전혀 다른 사람처럼 변해서, 앉으면 찬송이요 기도하고 예수님 얘기만 하니까 아버지가 보기에는 기가 막혔습니다. 아버지는 "이런 짓 하라고 내가 대학 보내고 미국에 보낸 줄 아느냐?"고 소리치며 속이 무척 상했습니다. 자기가 보기엔 딸이 도무지 무식한 소리만 하는 것 같고 대화가 잘 안 통하는 것 같으니까 그렇게 말했던 것입니다.

아무리 부녀 사이라도 한 사람은 자연인이요, 한쪽은 거듭난 영의 사람이기 때문에 이해가 되지 않았던 것입니다. 딸의 요청으로 제가 그 아버지를 만났습니다. 그분에게 "딸이 왜 이렇게 변했는지 그 자초지종을 설명해 드릴까요?" 했더니 제발 그렇게 해달라고 해서 자연스럽게 그분에게 복음을 전할 수 있었습니다.

한 번 태어난 자연인은 육과 혼밖에 없으므로 그보다 한 차원 높은 영의 세계가 이해될 리 없습니다. 따라서 안 믿는 사람들이 공연히 믿는 사람들을 욕하고 싫어하는 것은 당연한 이치입니다. 의과대학 연례 동창회에서 만나보니 주위의 동창 대부분이 예수를 믿는데 그 가운데 한 분이 아직 믿지 않고 있었습니다. 예수를 믿는 한 분이 믿지 않는 친구에게 "네가 뭔데, 뭐 잘났다고 예수 안 믿는 거야"라며 야단치는 것을 옆에서 들은 적이 있습니다. 압력을 가해서 전도하려는 경우를 제가 보았습니다. 그것은 자연인에 대한 이해가 부족하기 때문입니다.

자연인은 예수를 믿고 성령으로 거듭나야 그 때부터 영적인 세계가 보이기 시작합니다. 그전까지는 예수 믿는 친구들이 이상하게 보일 뿐입니다. 영적으로 다시 태어나야 이해가 가능해집니다. 예수님께서도 "거듭나지 아니하면 하나님의 나라를 볼 수 없느니라"고 니고데모에게 말씀하셨습니다(요 3:3). 따라서 안 믿는 사람이 복음을 전하는 사람에게 화를 내고 비판하는 것에 대해 속상해할 필요가 전혀 없습니다. 이해가 안 되어서 그러는 것입니다. 이해할 수 있는 능력이 없습니다.

최소한 육의 차원에서라도 설명해주고 도와줘서 그 시간에 성령께서 그의 눈과 마음과 귀를 열어주시면 예수님을 영접하게 되고, 그 순간 영의 세계가 보이기 시작하는 것입니다. 그전까지 자연인은 복음에 대해 알듯하면서 모를 수밖에 없습니다.

어떤 사람에게 전도했더니 조금 더 공부해 보고 믿겠다고 했습니다. 그러나 기독교는 공부해서 믿어지는 것이 아닙니다. 믿어야 공부가 되는 것입니다. 영적인 생명이 믿음으로 그 사람 안에 없으면 공부를 해도 이해가 되지 않습니다.

자연인의 본성은 자기중심적입니다. 심지어 선한 일을 해도 그 안에 이기적인 동기가 들어 있습니다. 자아가 마음 중심에 앉아 있고 예수님은 그의 삶 밖에 계시기 때문입니다.

자연인이 공부를 많이 하고 머리가 좋다고 해서 영적인 것을 알게 되느냐 하면 그렇지 않습니다. 구 소련을 공산화시킨 장본인 스탈린은 신학생이었습니다. 진화론을 쓴 찰스 다윈도 신학생이었습니다. 신학

공부는 거듭나지 않은 사람이 하면 오히려 큰일 납니다. 사탄에게 이용당하기 안성맞춤입니다.

제가 어느 미국교회에서 기독교에 대해 강의하는데 핵공학박사 한 명이 엉뚱한 질문을 해대고 반론을 하면서 제 강의를 방해했습니다. 그래서 참다 참다 못해 "당신은 전공이 무엇이냐?"고 물었더니 핵공학이라고 합니다. 그래서 제가 "핵은 소금으로 만들어진 것을 아시나요?" 했더니 무슨 말도 안 되는 소린가 하고 의아해했습니다. 그래서 제가 "핵에 대해 전혀 모르는 내가 핵이 어쩌고 저쩌고 하면 얼마나 웃깁니까? 마찬가지로 기독교에 대한 것은 내가 전공해서 박사학위를 받았는데 핵공학박사가 기독교에 대해 말씀을 많이 하시니까 좀 조용히 앉아서 들으시면 어떻겠습니까?"라고 했더니 그 사람은 무안해서 그냥 그 자리에서 나가버리고 말았습니다.

이처럼 거듭나지 않으면 하나님 나라가 보이지 않는 것은 당연합니다. 보이지 않기 때문에 엉뚱한 생각과 말을 하는 것이지요.

또 의사 분들이 몇 명 모여 앉은 자리에서 제가 전도를 하면서 우리 인간은 모두 죄인이라 했더니, 한 분이 갑자기 마구 화를 내는 것이었습니다. 그는 자기 나름대로 착하고 성실하게 살아왔는데 자기에게 죄인이라고 한다고 화가 난 것입니다. 그래서 성경에서 말하는 '죄'란 사람들이 흔히 생각하는 일상적인 범죄가 아니고, '하나님의 완전하심에 미치지 못하는 것'(miss the mark)을 의미한다고 설명을 해드렸습니다. 죄의 성품을 갖고 태어났고 그 결과로 하나님의 뜻에 맞지 않는 잘못된 생각이나 언행을 가끔 하게 됩니다. 하나님의 완전하심에 이르지 못합니다(롬 3:23). 그런 의미에서 모두가 죄인이라고 말입니다. 그

제야 그 교수는 화를 풀었습니다. 오랜 세월 후에 그분도 예수를 믿고 거듭나는 은혜를 받았고 영적인 생활을 시작했다가 천국으로 이사를 갔습니다

이처럼 영적인 진리를 육적인 차원에서 이해하려고 하면 이해가 잘 안 된다는 것을 이미 거듭난 사람들은 이해해야 합니다.

자연인은 영적인 진리를 잘 받아들이지 않을뿐더러, 하나님의 진리를 이해할 수 있는 능력이 없습니다(고전 2:14). 이것은 자연인이 무식하다는 소리가 아니라 영적인 것을 이해할 영성이 없다는 뜻입니다.

마치 텔레비전을 한 번도 보지 못해서 어떻게 생겼는지도 모르는 사람에게 어느 프로그램이 어떻고, 거기에 누가 나오는데 어떻고 등등의 이야기를 아무리 해보았자 도무지 말이 통하지 않는 것과 같습니다. 그 사람이 이해하려면 먼저 텔레비전부터 사야 할 것입니다.

자연인은 영적인 생명이 없습니다. 교회에만 오면 조는 사람도 마찬가지입니다. 이러한 자연인을 먼저 거듭난 자들이 이해해주고 사랑과 인내로 그리스도의 복음을 들려주면 육에 속한 자연인이 전혀 다른 영적인 사람으로 다시 태어날 수 있습니다.

(2) 육신에 속한 자(carnal man)

"형제들아 내가 신령한 자들을 대함과 같이 너희에게 말할 수 없어서 육신에 속한 자 곧 그리스도 안에서 어린아이들을 대함과 같이 하노라"(고전 3:1).

‘육신에 속한 자’는 예수 믿는 자와 믿지 않는 자를 합한 상태의 사람입니다. 예수는 믿기는 하는데 언행이 아직은 믿지 않은 사람과 같은 사람입니다. 아직도 영성이 계발된 신앙인이 아니기 때문에 영적인 사람에게처럼 말해 봤자 잘 알아듣지 못하므로 그 수준에 맞게 말하겠다고 고린도 교인들을 향한 서신에서 사도 바울은 이야기합니다.

고린도 교회는 사도 바울이 개척한 교회인데, 그 당시 고린도라는 도시는 엄청난 상업 도시이며 환락가요 세계 여러 나라 사람이 모여들고 우상을 섬기는 신전도 있었습니다. 이런 도시의 사람들이 예수를 믿게 되었는데 구원의 믿음은 있으나 아직도 영적인 성장이 부족하기 때문에 예전의 생활방식과 사고방식이 그대로 남아 있고, 예수 믿은 지 얼마 안 되어서 영적으로는 어린아이와 같은 상태였습니다. 물론 예수 믿은 지 오래되어도 어린아이 같은 사람들이 있습니다. 교회 생활을 오래 해서 관록만 늘어 교회 돌아가는 것에 대해서는 너무 잘 알지만 영적인 성장과 변화가 없는 사람들도 있습니다.

육신에 속한 자의 마음의 집에는 자아가 중심에 자리 잡고 예수님은 한편 구석에 있습니다. 거듭났다는 자체가 성화된 것은 아닙니다. 이것이 가끔 혼동되는데, 거듭났다는 것은 영적으로 태어났다는 것이지 영적으로 성숙하다는 것은 아닙니다. 아이가 태어났다는 것과 성장하고 있다는 것은 다르지 않습니까?

예수님이 마음 중심에 자리하려면 신앙이 성장해야 합니다. 그 사람의 영적 상태를 파악해서 다섯 가지 주고 싶어도 한두 가지만 주며 영적인 성장을 도모하고 또 잘 키운 뒤 나머지 높은 차원의 것을 주어야 합니다. 야단칠 일이 있어도 처음부터 야단을 치면 그 사람은 낙심하고 방황하게 됩니다. 이런 사람은 영적인 어린아이와 같기 때문입니다.

육신에 속한 자의 특징은 세 가지입니다.

첫 번째 특징은 미성숙하다는 것입니다.
그러므로 어린아이 다루듯이 잘 보살피고 가르치고 한 걸음씩 훈련해 주어야 합니다. 어느 구역예배에서 나란히 앉은 두 사람을 보니 한 사람은 믿은 지 오래된 분으로 성경과 찬송가를 가져와서 척척 잘 찾았습니다. 그 옆에 앉은 사람은 이제 얼마 되지 않아서인지 성경과 찬송을 가져오지 않았습니다.
그런데 오래된 사람은 찬송을 넉절 다 부르도록 바로 옆에 앉아 찬송가도 없이 있는 사람에게 찬송가를 함께 나누며 보여주지 않고 있었습니다. 찬송가를 옆의 사람과 함께 보면 안 되나요? 그렇게 다른 사람의 필요를 의식하지 않고 눈치 없이 자기에게만 집중하고 있었습니다. 이 사람은 아무리 오래 교회를 다녔어도 제가 보기엔 영적으로 어린아이 같았습니다.

두 번째 특징은 영적인 진리를 제대로 이해하지 못합니다.
그래서 영적인 진리를 이미 잘 알고 있는 누군가가 설명해서 도와주어야 합니다. 오랫동안 믿은 분 중에도 성경을 어떻게 이해할지 모르는 사람들이 제법 많이 있습니다. 그런 때는 어느 본문을 정해서 읽은 후 그 본문의 중심 단어가 무엇인지, 중심 교훈이 무엇인지 찾아보는 훈련을 해주어야 합니다.

성경을 잘 풀어서 전달해 주어야지 설교시간에 성경 구절만 잔뜩 늘어놓을 것 같으면 교인들은 그 설교가 어렵기만 합니다. 그 구절이 담고 있는 영적인 진리를 잘 풀어서 전해줄 책임이 서로에게 있습니다.

세 번째 특징은 다른 교인들에 대한 질투심이 많고 비판을 잘합니다.

육신적인 그리스도인은 남에 대해 못마땅한 것이 많습니다. 옷 색깔이 어떻고, 머리 모양이 어떻고, 말하는 것이 어떻고 하면서 늘 꼬투리를 잘 잡습니다. 이런 사람을 보면 '아하, 영적으로 어린아이로구나' 알아차리고 이들을 무조건 야단치면 안 되고 잘 살펴 영적으로 성장하게 도와주어야 합니다. 그렇지 않으면 어린아이와 같은 상태가 계속될 것입니다

(3) 영적인 사람(spiritual man)

"신령한 자는 모든 것을 판단하나 자기는 아무에게도 판단을 받지 아니하느니라"(고전 2:15).

영적인 사람은 구원의 확신이 있는 거듭난 사람으로 성령이 충만한 사람, 마음의 중심에 예수님이 앉아계시고 겸손히 예수님을 섬기는 사람입니다. 이런 사람은 나 자신이 점점 사라지고 그 대신 예수님이 내

삶을 점차적으로 점령하고 지배하게 합니다. 예수님 잘 믿고 차분하게 성장하다가도 가끔 어린아이와 같은 모습이 나타나면 조금 섭섭한 생각이 들 때도 있습니다. 인간적으로 생각하면 내 주장, 내 권리, 내 생각이 점점 사라지기 시작하는 것을 발견하게 되니까요.

1970년대에 제가 한번 미국 기독교텔레비전의 한 시간 대담프로에 출연해서 진행자와 여러 가지 대화를 나누었습니다. 방송이 끝나고 집으로 돌아오면서 가만히 생각해 보니 '나'라는 인간은 어느새 간 곳 없고 그저 '예수님, 바울, 이사야, 창세기, 마태복음 …' 등으로 일관된 저의 사고(思考)영역을 돌아보게 되었습니다. 미국에 올 때는 원대한 꿈을 갖고, 공부를 많이 해서 내 주장과 내 아이디어와 내 사상을 멋지게 펼쳐 보이는 대단한 교수가 되리라 생각했는데, 어느새 나는 어디론가 간 데가 없고 남은 것이라곤 예수님과 성경밖에 없는 것을 발견했습니다. 그래서 '내가 이렇게 되려고 미국에 왔나' 싶어 공연히 억울한(?) 생각이 들더란 말입니다.

그러나 곧 제정신을 차리고 보니, 아직도 더 죽어야 할 나의 자아, 나의 고집이 눈에 띄었습니다. 자신을 내려놓고 예수님 발아래 마리아처럼 자리하고 앉아 그 분의 음성을 듣고 있으면 그 이상 행복한 일은 없을 것입니다.

하나님의 영이 매 순간 나의 생각, 행동, 말을 관리하셔서 나를 통해 예수님과 하나님의 말씀, 두 가지 진리(요 14:1, 17:17)만이 늘 나타나는 사람, 이런 사람이 바로 영적인 사람입니다.

5. 어떤 사람에게 성령이 내재합니까?

(1) 예수를 믿고 고백하는 사람 모두 안에 성령이 계십니다.

즉 거듭난 사람입니다. 사도 바울은 "너희는 너희가 하나님의 성전인 것과 하나님의 성령이 너희 안에 계시는 것을 알지 못하느냐?"(고전 3:16)고 말했습니다. 그러나 내재하시되 얼마만큼 성령이 내 삶을 점령하셨는가는 또 다른 이야기입니다. 만약 내 가슴 속에 질투, 분노, 욕심, 육정 등이 차 있다면 성령님이 활동하시기 어려워집니다.

따라서 우리가 예수를 믿자마자 마음속의 욕심, 악독, 분노, 질투 같은 죄들을 계속 보이는 대로 찾아 내버려서 내 마음의 방을 깨끗하게 치워드리고 비워 드릴 때 성령께서 더 강하게 역사하실 수 있는 것입니다. "하나님의 성령을 근심하게 하지 말라"(엡 4:30)는 말씀을 기억해야 합니다.

(2) 성경의 가르침을 따르는 자에게 성령이 계십니다.

성령은 하나님의 말씀을 통해서 역사하십니다. 하나님의 말씀은 성령의 감화로 쓰여진 것이기 때문에 말씀만 철저히 이해하고 알아도 성령의 뜻을 대부분 알 수 있습니다. 말씀과 기도, 예배와 섬김으로 신앙이 성장합니다. 말씀 충만이 성령 충만과 동일합니다(골 3:16-4:1, 엡 5:18-6:9). 말씀 충만 없이 성령 충만 없고 성령 충만 없이 말씀 충만은 없습니다. 이 문제는 이미 위에서 설명을 드렸습니다.

성령은 기도를 통해서 역사하십니다. 모든 것을 기도와 간구로 감사함으로 하나님께 아뢰며 기도를 합니다. 하나님께 기도하면 그 때부터는 하나님이 우리의 기도에 대한 책임이 있고 하나님이 관여합니다. 문제가 어려우면 어려울수록 기도로 하나님께 맡기면 어려운 문제는 이제부터 제가 염려할 문제가 아닙니다. 하나님 책임입니다. 하나님께서 역사하십니다. 그래서 우리는 문제가 어려울수록 기도하면 하나님께 맡겼으니까 그때부터 우리 마음에는 평화가 있습니다. 그런가 하면, 말씀과 기도로 성령 충만하여 영적으로 성숙하고 지혜로운 사람에게서 도움을 받는 것도 좋은 방법입니다. 이런 분을 만나는 것은 쉽지는 않습니다. 기도하며 이런 분을 만나게 해달라고 하십시오. 다만 성경에 없는 얘기를 하는 사람은 조심해야 합니다. 그가 아무리 신비한 체험을 하고 신비한 얘기를 해도 그것을 하나님의 진리처럼 생각하는 것은 위험한 일입니다. 그래서 영(靈)을 시험하고 분별하라고 하셨습니다(요일 4:1). 불안이나 두려움, 위험이나 강압을 느끼게 한다면 아무리 영성이 깊은 사람이라 해도 조심하십시오. 성령은 두려움의 영의 아닙니다. 사랑과 평화의 영이십니다.

성경에서 불확실하게 언급한 것을 너무 자세하게 확실히 설명하는 사람도 조심해야 합니다. 주님께서 "나에게 환상을 통해서 그것을 보여주셨다"라고 주장하든가, 자기가 처음으로 어떤 성경의 진리를 계시받은 사람, 깨달은 사람이라고 주장하면 극히 조심해야 합니다. 이단일 가능성이 높습니다. 성경에서 불확실하게 둔 것은 불확실하게 알면 되고 분명하게 써놓은 것은 분명하게 알라고 하는 것입니다.

(3) 영적인 사람에게는 다음과 같은 특징이 있습니다.

① 영적인 사람은 거듭난 사람이고 진리를 배우고 싶어 할 뿐 아니라 성령의 도움을 잘 이해합니다.

설교를 들은 후 그 설교가 귀에 쏙쏙 들어오고 마음에 새겨져 은혜로운 말씀을 들었다고 기뻐하는 사람들이 있습니다. 설교자가 특별히 설교를 잘했기 때문이라기보다 그 사람에게 들을 귀가 있었기 때문입니다. 머리로 들은 것들이 금방 가슴으로 전해집니다. "들을 귀가 있는 자는 들을지어다"고 여러 번 계시록에 말하고 있습니다. 무엇이든지 잘 듣고 이해하는 사람은 영적 성장을 체험하며 영성에 진보가 있습니다.

② 영적인 사람은 또한 그리스도의 모습을 닮은 마음이 있습니다.

영적인 사람은 시간이 흐를수록 예수를 닮아갑니다. 그것은 지식이 많다는 것이 아닙니다. 물론 예수를 닮는 것과 지식이 느는 것은 비례할 수도 있습니다. 그러나 지식이 증가한다고 반드시 예수님을 닮아가는 것은 아닙니다.

그리스도를 닮은 마음을 갖는 것, 이것이 바로 우리가 가야 할 길입니다. 때때로 우리는 자신을 점검하여 우리가 어디에 속해 있는지 확인해볼 필요가 있습니다. 우리가 모두 목사나 신학박사가 될 수는 없어도 예수를 닮는 것은 누구나 가능하며, 이것이 우리의 궁극적 목표입니다.

참된 영성과 그에 대한 오해들

"내가 너희에게서 다만 이것을 알려 하노니 너희가 성령을 받은 것이 율법의 행위로냐 혹은 듣고 믿음으로냐 너희가 이같이 어리석으냐 성령으로 시작하였다가 이제는 육체로 마치겠느냐" 갈 3:2-3

1. 참된 영성에 대한 오해들

(1) 참된 영성은 내가 스스로 계발하는 것이 아니고, 자신을 스스로 개혁하는 것도 아닙니다.

내 노력으로, 내가 공부해서, 내가 훈련을 받아 자신을 발전시키며 변화시켜 나가는 것을 참된 영성이라고 하지는 않습니다. 동양의 불교나 유교 사상은 자기 수양을 쌓아 자신을 변화시켜서 발전을 도모하는 것이지만 기독교는 그렇지 않습니다. 갈라디아서 3장을 보면 그 사실이 잘 나타나 있습니다.

"내가 너희에게서 다만 이것을 알려 하노니 너희가 성령을 받은 것이 율법의 행위로냐 혹은 듣고 믿음으로냐 너희가 이같이 어리석으냐 성령으로 시작하였다가 이제는 육체로 마치겠느냐"(갈 3:2-3).

사도 바울은 갈라디아 교인들에게, 그들이 영적인 사람들이 된 것은 율법의 행위를 지킴으로 된 것인지 성령으로 말미암은 것인지를 묻

고 있습니다. 율법의 규율이나 법칙을 따라 나 자신을 계발하는 것이
아니라 나를 비워 내 안의 성령께서 나를 변화시켜 주시도록 주권을
성령님께 드리는 것이 참된 영성입니다. 내가 어떻게 하는 것이 아니
라 내가 어떻게 안 하는가도 중요한 것입니다.

그것은 쉬운 일이 아닙니다. 우리는 워낙 어려서부터 내 힘으로, 내
노력으로 살도록 훈련을 받았기 때문입니다. 우리는 어떻게 하면 예수
님께서 내 안에서 역사하시는지, 어떻게 하면 하나님의 뜻을 발견하고
하나님의 방법으로 생각하는지 훈련을 받은 적이 없습니다.

주일학교 때부터 그저 성경구절을 암송하라는 숙제를 주일마다 받
아 열심히 암송했습니다. 내가 새벽부터 교회를 위해 열심히 뛰고 또
뛰어야 예수 잘 믿는 사람이라고 인정을 받기도 합니다. 우리의 행동
과 노력과 수고가 드러나야 잘 믿는 것으로 착각하고 사람 앞에 드러
나려고 노력합니다. 이러다 보니 너무 바쁘고, 바쁘다 보니 예수님께
미처 묻고 행동할 여유가 없었습니다.

이제는 조용히 '나는 누가 원하는 것을 하고 있는 것인가?' 점검해
보아야 하겠습니다. 율법의 행위로가 아니라 성령의 인도하심을 따르
는 것이 참된 영성임을 다시금 기억합시다.

"구스인이 그의 피부를, 표범이 그의 반점을 변하게 할 수 있느냐 할 수
있을진대 악에 익숙한 너희도 선을 행할 수 있으리라"(렘 13:23).

예레미야서의 이 말씀은 죄성을 가진 인간은 스스로를 바꿀 수 없
다는 말입니다. 에티오피아 사람들처럼 얼굴이 검게 태어났는데 표범

처럼 몸에 반점을 갖고 태어났는데 우리가 어떻게 우리를 바꿀 수 있느냐는 것입니다. 어떻게 우리 자신의 노력으로 하나님을 기쁘시게 할 수 있느냐를 묻는 것입니다. 다른 종교에서는 자신의 노력을 통해 인간의 변화를 꾀하지만, 그렇게 해서는 겉모양은 변할 수 있어도 인간 내면의 죄성, 그 본성은 스스로의 노력으로 바꿀 수 없습니다. 인간을 변화시킬 수 있는 유일한 길은 하나님의 성령이 우리를 내면에서부터 변화시켜 주실 때만 가능한 것입니다.

결혼생활을 통해 배우자와 맞지 않는 부분 때문에 기도하는 분들이 많이 있습니다. 그러나 몇 십 년 배인 습관이 하루아침에 바뀔 수 있습니까? 그걸 어떻게 바꿔 보려고 자꾸 말하고 또 말하고 안되니까 나중에는 하나님께 호소하기도 합니다. "제 남편 좀 변화시켜 주십시오!"라고 부르짖게 됩니다. 그렇다고 변화될 리가 있습니까?

진정한 기도는 "주님, 저를 먼저 변화시켜 주시옵소서!"라고 해야 합니다. 그때에야 성령께서 내 안에서 역사하시면 나를 영적인 사람으로 변화시켜 주시며 내가 변하면 남편도 변하게 됩니다. 남편을 변화시켜 달라고 할 것이 아니라 남편을 맡아 달라고 기도하고 맡겨 두십시오.

예수님도 "너희 중에 누가 염려함으로 그 키를 한 자라도 더할 수 있겠느냐"라고 했습니다(마 6:27). 키를 늘려 보려고 아무리 바둥거리고 애를 써도 내 맘대로 키를 늘릴 수는 없으면서 자괴감만 느는 것처럼, 우리의 영적인 성장도 자신의 노력으로 되는 것이 아닙니다. 마치 꽃이 스스로를 성장시킬 수 없고 솟아나는 생명력에 순응함으로써 피어나는 것과 같은 이치입니다. 우리도 주님께 키워달라고 모든 것을 맡길 때 하나님의 때와 기준에 따라서 쑥쑥 크는 것입니다. "너희가 내 안에, 내가 너희 안에, 내 말이 너희 안에 거하면, 내 사랑 안에 거하면 많은 열매를 맺나니…"(요 15:4-8).

(2) 참된 영성은 율법적으로 자기를 의롭게 하는 것이 아닙니다.

이 말은 무엇을 하라 하지 말라, 이런 것은 하면 된다 안 된다의 차원이 아니라는 것입니다. 잘못하면 기독교가 윤리적인 종교로 인식되기 쉽습니다. 그러나 기독교가 이렇게 인식이 되면 믿지 않는 사람들이 교회에 나오기가 참 힘들어집니다. 교회만 가면 '뭐 하라 뭐 하라'는 것이 많은데 그것을 해내지 못하면 그 죄의식과 괴로움이 커지는 것입니다.

스스로 노력해도 안 되는 것은 안 되는 것입니다. 그러니까 교회에 가서 설교를 듣고 오면 늘 가슴이 답답하고 회개하고 우는 일이 많아집니다. 결국은 죄의식에 눌려 하나님 앞에 설 체면이 없다고 느끼면서 교회에 갈 마음이 없어질 수 있습니다.

제 경우, 미국으로 떠나기 전까지 주일이면 집에서 교회까지 멀고 먼 길을 버스 한번 안 타고 걸어 다녔습니다. 버스를 타면 돈을 쓰게 되니까 율법에 어긋난다는 이유 때문이었습니다. 주일에는 피곤해도 낮잠도 못 잤습니다. 그러니 한창 젊은 시절에 얼마나 목이 조이는 듯 답답함 속에서 지냈겠습니까? 교회와 설교가 율법으로 가득 차 있어서 은혜는 모르고 교회가 늘 말해주는 규례와 법도에 눌려 때로는 숨을 쉴 수가 없었습니다. 오히려 하나님이 베푸시는 은혜에 감동되어 가슴이 트이고 가벼워지고 자유가 느껴지고 기쁨이 솟아오르는 것이 기독교의 신앙이 아닙니까?

그러나 아무리 노력을 해도 성경대로 완전히 살지 못하는 것을 어떡합니까? 그저 목사님이 하라는 대로 다 해보았지만 마음속에는 평화가 없고 죄의식만 가득 차 있었습니다. 율법적이었기 때문이었습니다. 머릿속에는 '하라, 하지 말라'로 꽉 차 있었던 것입니다.

그래서 추운 겨울밤에 교회당에 올라가서 벌벌 떨며 밤새워 기도하곤 했습니다. '이렇게 고생하며 기도하는데 하나님도 좀 긍휼히 봐 주시겠지' 하는 기대감으로 그랬던 것입니다.

만약 이때, 성령님이 내 안에서 어떻게 역사하시는지를 배웠더라면, "표범이 그의 반점을 없앨 수 없으며, 구스인이 그의 피부색을 바꿀 수 없듯" 내 노력으로 아무리 발버둥 쳐봐야 안 된다는 것을 알고 전적으로 주님께 맡기고 "주여 날 도우시옵소서"라고 간구하며 맡기고 성령께서 역사하시는 것을 경험했더라면 젊은 시절의 고민이 훨씬 덜 했을 것입니다. 주님께서 인도해 주심에 따라 살아야 한다는 것을 배웠더라면 성령께서 더 빨리 역사하실 수 있었을 것이요, 예수 닮아가는 참된 영성이 더 일찍 계발되었을 것입니다.

내가 실수하고 잘못한 것이 있더라도 예수 그리스도로 말미암아 단번에 영원히 용서 받았다는 복음의 진수를 그때 누가 일깨워 주었더라면 얼마나 좋았겠습니까?

"무릇 우리는 다 부정한 자 같아서 우리의 의는 다 더러운 옷 같으며 우리는 다 잎사귀 같이 시들므로 우리의 죄악이 바람 같이 우리를 몰아가나이다"(사 64:6).

사람들은 저마다 의롭고 바르게 살아보려고 나름대로 노력하고 있습니다. 그렇기 때문에 누구의 의로움이 좀 더하고 덜하고의 차이는 있을 수 있어도 거기서 거기입니다. 마치 비행기에서 내려다보면 높다고 하는 빌딩이나 그 옆의 자그마한 빌딩이나 별로 차이 나지 않게 보이는 것과 같습니다. 사람들도 키가 큰 사람 작은 사람 다 하나같이 개미처럼 보일 뿐입니다. 그러니 하나님 보시기에는 오죽하시겠습니까?

나무에서 새로운 수액이 솟아오르면 시들은 잎사귀는 떨어져 나가고 새싹이 돋는 것처럼 우리 속에 계신 성령님의 손에 자신을 맡기면 우리의 옛 성품은 차츰 사라지고 새 성품이 만들어져 갑니다. 내가 어떻게 해보려고 발버둥 친다고 해서 '하라', '하지 말라'가 지켜지는 것이 아니라 내 속에서 새로운 생명력이 솟아남으로 저절로 지킬 수 있는 능력이 나타나기 시작하는 것입니다.

도덕과 윤리가 영성을 만들어내지는 못하지만 영성은 도덕을 만들어냅니다. 자녀들을 도덕적 훈계로 키우려 하면 잘 안 되지만 영적으로 잘 키워 놓으면 그 안에 생명이 있으므로 어디를 가든 성령이 싫어하는 것은 스스로 하고 싶지 않고, 성령께서 좋아하시는 것을 하고 싶은 마음이 생겨 선한 일을 도모하게 되는 것입니다.

제 딸이 어렸을 때 하루는 헤드폰을 끼고 무엇인가 열심히 듣다가 나를 보더니 얼른 끄고 자기 방으로 들어갔습니다. 그래서 무엇을 듣고 있었나 알아보려고 들어보니 록 음악이었습니다. 듣지 않던 음악을 듣기 시작한 것입니다. 며칠을 기다렸습니다. 그랬더니 스스로 고백을 했습니다. 학교에서 애들이 부르는 그런 음악을 하루 종일 들으니까 자기도 모르게 그 음악이 들리고 끌리게 되었노라고. 안 들으려 해도 끊을 수가 없다는 겁니다. 자려고 누워 눈을 감으면 학교에서 종일 듣던 노래가 귀에서 들린다고 고백했습니다.

그래서 그때부터 딸과 함께 기도를 시작했습니다. 스스로 안 들으려고 애쓴다고 해서 되는 것이 아니라 성령께서 도와주셔야 가능한 것이므로 자기 전에 밤마다 함께 기도했습니다. 그런 음악을 듣고 싶어 하지도 않는 아이의 모습을 볼 수 있었습니다.

이처럼 영적으로 성장할 때 솟는 생명력으로 말미암아 낡은 잎사귀들이 떨어져 나가는 것인데 생명력이 솟기도 전에 억지로 잎을 따버리고 쳐내버리면 역효과가 날 뿐입니다. 인내를 갖고 주님께서, 성령께서, 말씀이 내 안에서 역사하시도록 내가 비켜 드리면 되는 것입니다.

(3) 참된 영성은 좋은 영적 습관 자체를 말하는 것이 아닙니다.

교회에 가고, 기도하고, 찬송하고, 성경 읽고, 봉사하는 것 등은 그저 늘 하는 것이니까 습관적으로 하기가 쉽습니다. 주님과 친밀한 사귐을 갖고자 출발한 것이 어느새 형식적이고 습관적으로 하고 있고 의무감에서 하게 되는 경우가 많이 생겨납니다. 그런 것이 다른 사람들이 보기에는 영적으로 성숙해서 훈련이 잘되어 있어 모든 것을 잘하는 것으로 착각할 수도 있습니다. 그러나 주님은 그런 습관들을 통해 우리를 보시지 않습니다.

> "우리를 구원하시되 우리가 행한바 의로운 행위로 말미암지 아니하고"
> (딛 3:5).

새해가 되면 다 새로운 결심을 하는데 그것이 과연 얼마나 갑니까? '올해에는 이렇게 저렇게 해야지!' 하고 하나님 앞에서 계획하고 맹세해보건만 얼마 지나면 별수 없는 나의 옛 모습과 삶이 나타납니다. 인간의 결심도 어쩔 수 없습니다.

그래서 어느 새해 첫날, 저는 하나님 앞에서 "저를 불쌍히 여겨 주십시오. 어쩔 수 없는 연약한 인간입니다. 긍휼히 여겨 주시옵소서." 하는 기도만 거의 일년 내내 계속 드린 적도 있었습니다. 내가 생각과 내 능력을 신뢰하면서 하나님의 역사를 방해하는 나의 모습을 주님 앞에 그저 다 내려놓으면서 맡길 수밖에 없었습니다.

선한 영적 습관들이 영적 성장에 도움을 주기는 하지만 습관일 뿐이지 영성 자체를 생산해내지는 못한다는 것을 기억합시다.

2. 참된 영성이란 무엇입니까?

(1) 그리스도와 정상적인 원만한 관계를 맺는 것입니다.

이것이 참된 영성의 대전제입니다. 예수님을 먼저 알고 믿고 마음에 모신 다음에 성령으로 가야 합니다. 예수를 영접하지 않은 사람이 참된 영성을 가질 수는 없습니다. 참된 영성은 예수 그리스도를 구주로 영접하는 사람에게만 있습니다.

미국에서 음란한 잡지를 발행하여 큰돈을 번 잡지사 사장이 비행기를 타고 가다 옆자리에 앉은 어느 목사님과 대화를 나누던 중 온몸이 떨리면서 방언 같은 것이 터져 나오는 체험을 했답니다. 그 이후 그 음란잡지 사장은 방송에서 자신의 체험을 이야기하면서 성령을 체험하고 거듭났다고 말을 했습니다. 그 이후 사람들은 '자신이 주장하는 것처럼 거듭난 기독교인이라면 이제부터는 음란한 잡지를 더 이상 안 만들겠지.' 하고 생각했습니다. 그러나 그는 계속해서 그 잡지를 발행하다가 어느 사람에게 총으로 저격을 당해 신체마비로 휠체어를 타는 신세가 되었습니다. 그 이후에도 계속 음란한 기사를 싣고 있었습니다.

진정한 그리스도인이 되려면 먼저 예수를 알아야 합니다. 몸에 전율을 느꼈다고 거듭난 것으로 착각하면 안 됩니다. 그리스도의 복음을 분명히 듣고 예수님께서 나를 위해 십자가에서 하신 그 희생의 내용을 분명히 깨달아 예수님을 영접하고 예수님과의 정상적인 관계가 이루어진 후에야 성령에 대한 이야기를 할 수 있는 것입니다. 이것이 대전제입니다. 예수님과의 개인적 관계가 성립되지 않고는 어떤 다른 신비적인 경험을 했더라도 영적인 사람이 될 수는 없습니다.

교회 출석이나 세례가 구원을 이룬다고 잘못 생각하는 사람들이 가끔 있습니다. 그러나 교회를 열심히 다니는 것으로 신앙인이라고 판단해서는 안 됩니다. 세례는 예수님을 믿어 구원받은 기독교인이 된 사람이 받는 것이지, 세례 때문에 구원을 주시는 것은 절대 아님을 알아야 합니다. 천주교에서는 세례를 받음으로 구원에 이른다고 생각합니다. 아닙니다. 예수를 믿어 구원 받은 사람이 세례를 받는 것입니다. 따라서 저는 목사님이나 사모님들 가운데서도 복음을 모르고 구원받지 못한 분들을 만난 적이 있습니다.

도금한 것은 겉의 금이 벗겨지면 쇠가 속에서 드러나지만 금덩어리는 깎아도, 가루로 만들어도, 두들겨도 금 그 자체인 것처럼 예수 그리스도를 믿는 교인이란 그리스도로 말미암아 거듭난 자이므로 넘어져도, 아파도, 죽어도 그리스도인입니다. 예수 그리스도와 정상적인 관계가 수립되었을 때 영성은 시작합니다.

따라서 목회자들은 틈만 나면 교인 한 명 한 명의 영혼에 생명이 있는지 확인해야 합니다. 복음을 전해 예수님을 구주로 영접할 기회를 만들어야 합니다. 그제야 비로소 새로 태어나 성도가 되는 것입니다. 예수님을 영접하기 전까지는 도금한 상태와 같아서 얼마 지나지 않아 도금한 상태가 여기저기 벗겨지고 조금 어려운 일 있으면 넘어져 버립니다.

찬송을 잘하고 기도를 잘하고, 교회의 사역을 잘 따라 하면 기독교인인 것으로 알아서는 안 됩니다. 모태신앙이라고, 목회자 자녀라고 다 기독교인이냐 하면 그렇지 않습니다. 그들도 다 각자 예수를 믿어 자기 입으로 자신의 구주가 되심을 고백해야만 합니다. 하나님의 백성은 한 명씩 태어나는 것이지 몇 대째가 자동적으로 태어난다든가 그룹으로 태어난다든가 가족별로 태어나는 것이 아닙니다.

제 막내딸이 여섯 살 때 목욕을 시키면서 바라보니 어찌나 예쁘고 사랑스럽던지 이런저런 얘기 끝에 아빠가 먼저 세상을 떠나면 천국에 가서 기다려 주겠다고 했습니다. 그랬더니 이 아이도 자기가 먼저 천국에 가면 아빠를 기다려 주겠다고 했습니다. "어떻게 천국에 가는 것을 아느냐?"고 물었더니 "예수님이 내 마음에 계시니까요"(Jesus is in my heart) 하면서 주일학교 선생님이 예수님에 대해, 복음에 대해 자세히 설명해 주고 예수님을 영접하고 싶은 사람은 손들라고 해서 선생님을 따라 영접 기도를 했다는 것입니다. 그 이후로 예수님이 자기 마음속에 살아 계시는 것을 알고, 하늘나라 갈 것을 알고 있다는 것입니다. 얼마나 감사하던지요. 목사 딸이기 때문이 아니라 자신의 입으로 예수님을 믿고 마음에 모셨기 때문에 그 아이에게도 새 생명이 생긴 것입니다.

"영접하는 자 곧 그 이름을 믿는 자들에게는 하나님의 자녀가 되는 권세를 주셨으니 이는 혈통으로나 육정으로나 사람의 뜻으로 나지 아니하고 오직 하나님께로부터 난 자들이니라"(요 1:12-13).

육체의 생명이 태어나는 것은 부모가 생명을 주셨기 때문이지 자식이 태어나게 해달라고 해서 태어나는 것이 아닙니다. 마찬가지로 영적 생명도 아버지께서 주신 것을 받은 자만이 영적으로 다시 태어나는 것입니다.

저는 어려서부터 20여 년 동안 교회에 한 번도 빠져본 적이 없었지만 구원만은 몰랐었습니다. 성경을 또 많이 읽었어요. 우리 어릴 때에 우리 형제들의 오락은 누가 성경을 많이 읽는 것인가 하는 것이었습니다.

그래도 구원은 몰랐습니다. 목사님들이 늘 회개하라고 야단을 치니까 교회 가기가 때로는 주저되었습니다. 어려서부터 구원의 은혜를, 하나님의 사랑을, 영생을 알았더라면 교회 생활도 참 즐거웠을 텐데 말입니다. 교회생활을 잘 알고, 다 하는데 은혜로 주시는 영원한 생명만 모르고 있었던 것입니다. 그러자니 얼마나 신앙생활이 힘들었겠습니까? 자동차에 엔진을 걸고 가면 쉬울 것을 그냥 밀고 다니려니 얼마나 힘들었겠습니까?

영적 성숙의 첫걸음은 복음에 대한 이해를 갖고 언제든지 복음을 전함으로 말미암아 한 사람 한 사람이 예수 그리스도를 영접하도록 인도해 주는 것입니다.

자동차에 발동이 먼저 걸려야 합니다. 믿음이라는 열쇠를 꽂아 시동이 걸리면 노래 부르면서 운전하고 갈 수 있습니다. 그렇지 않고 차를 밀고 가려면 서너 발자국 가서 움직이지 않게 됩니다. 자동차는 밀고 가는 것이 아니라 엔진을 걸어 운전하라고 있는 것입니다. 자동차의 열쇠는 믿음이요, 발동 걸리는 것은 거듭나는 것으로 예수 그리스도의 엔진이 그 안에 있으면 저절로 가게 되어 있습니다. 말을 달구지 앞에서 끌어야 합니다. 뒤에서 말이 밀어서는 갈 수가 없습니다. 말이 믿음입니다.

예수님이 내 안에 있으면 신앙생활이 얼마나 쉬워지는지 모릅니다. 예전에는 하지 않으려 애썼던 것들이 예수님이 마음에 임하신 후로는 저절로 안 하게 됩니다.

(2) 참된 영성은 성령과 올바른 관계를 맺는 것입니다.

참된 영성을 원한다면 성령과의 관계가 어떠한지 스스로를 점검해 보십시오. 목회자와 그 가정은 가장 영적이지 못할 위험이 있습니다. 늘 그 분위기에 젖어 있다 보니까 교회생활이 습관화 되어 있고 무감 각해지기 쉬운 것입니다.

엘리 제사장의 두 아들이 왜 타락했는지 아십니까?(삼상 2:12-16). 제 사장 집에서 태어나 어려서부터 늘 제사 드리는 것만 보며 자라서 제 사의 진정한 의미에 대해서는 무감각해 졌기 때문입니다.

신학교 들어갈 때 뜨거운 열정으로 시작한 학생들이 졸업 즈음에 는 머리는 커졌으나 가슴은 다 식어서 갈 바를 모르는 경우도 자주 보 았습니다. 목회자들은 너무 바뻐 이리 뛰고 저리 뛰다 보니 알맹이는 다 빠져 버리고 껍데기만 남기 쉽습니다. 영적으로 깊이 들어가려 해 도 방해 요소가 너무 많습니다.

속이 허하니까 겉이라도 좋게 보이려고 바뻐 뛰어 봅니다. 그래야 남들 보기에 열심히 하는 것 같으니까요. 그래서 교회나 교인들이나 다 바쁩니다. 하는 것이 왜 그렇게 많은지, 현대의 기독교는 '활동'(ac-tivity)이 되어 버렸습니다. 기독교는 '상태'(condition)인데 말입니다. '내가 누구인가, 내가 얼마나 성장하고 변화하였나, 그리스도와 성령과 나와 어떤 관계에 있는가'를 묻는 'to be'라야 하는데 'to do'가 되어 버렸습니다.

어떻게 하면 성령과 좋은 관계를 가질 수 있습니까? 금고를 열려고 할 때는 금고 번호 조합이 딱 맞아야 열려서 그 안의 보화가 내 것이 되듯, 우리가 배운 영적 진리를 적절하게 조합할 때만 참된 영성이 계발되는 것입니다.

잘못하면 우리에게 인위적인 영성이 형성되기 쉽습니다. 나에 의해 혹은 누군가에 의해 영성이 조작될 수 있는데, 내 인격 속에 예수님의 인격이 형성되는 것은 어느 목사나 부흥사나 나 자신이 할 수 있는 것이 아니라 하나님의 성령만이 할 수 있는 일입니다.

참된 영성이란 그리스도 자신입니다. 예수 그리스도가 내 안에 형성되어야 합니다. 2,000년 전에 부활하신 예수께서 우리의 인격과 삶을 통해서 오늘 성령으로 내게 임하시어 성숙한 속사람으로 변화시켜 나가는 상태가 참된 영성입니다.

"내가 그리스도와 함께 십자가에 못 박혔나니 그런즉 이제는 내가 사는 것이 아니요 오직 내 안에 그리스도께서 사시는 것이라"(갈 2:20).

　　예수님의 역사를 내가 나서서 방해할 것이 아니라 주님께서 하시도록 비켜 드림으로 내가 무엇을 하든 어디에 있든 나를 통해 다시 한번 사시는 예수님의 모습이 내 말과 생각과 정서와 태도와 모든 행동 속에 나타나는 것, 그것이 참된 영성입니다.

성령께서 내 안에서 하시는 일
(로마서 8장을 중심으로)

"이는 그리스도 예수 안에 있는 생명의 성령의 법이 죄와 사망의 법에서 너를 해방하였음이라" 롬 8:2

“그러므로 이제 그리스도 예수 안에 있는 자에게는 결코 정죄함이 없나
니”(8:1).

“예수 안에 있는 자”가 되는 것이 참된 영성의 우선 조건입니다. 예
수 안에서 거듭난 때부터 성령이 내 안에 임재하셔서 영성은 시작됩
니다. 예수 밖에 있는 사람, 성령이 없는 사람과는 영성에 대해 아직
이야기할 단계가 아닙니다.

1. 성령께서 내 안에서 하시는 일

그러면 로마서 8장을 중심으로 참된 영성과 관련하여 성령께서 내
안에서 하시는 일을 살펴보도록 하겠습니다.

(1) 죄와 사망의 법에서 해방시켜 주십니다.

“이는 그리스도 예수 안에 있는 생명의 성령의 법이 죄와 사망의 법에

예수 안에 있기 전까지는 죄와 사망이 나를 노예로 붙잡고 내 삶과 생각을 지배하고 있었습니다. "죄와 사망의 법"이란 로마서 7장에서, 바울이 선을 행하기 원하나 행하지 못하고, 악을 행하지 않으려 하는 데 악을 행하는 자신의 모습을 보면서 "오호라 나는 곤고한 사람이로다 이 사망의 몸에서 누가 나를 건져내랴"(롬 7:24) 하며 절규하다가 그것이 바로 자신 속에 있는 죄성임을 발견한 것입니다.

인간은 그 죄성의 지배를 받다가 예수 그리스도 안에 들어오는 순간부터 성령의 힘, 성령의 역사가 죄성의 지배로부터 우리를 해방시켜 주는 것입니다. 죄와 사망의 법에서 해방시키는 것이 성령께서 내 안에서 하시는 일입니다.

복음을 듣고 예수님을 영접한 것은 내가 했는데 알고 보니 성령께서 이해시켜 주시고 내 마음을 열게 하신 것입니다. 성령으로 거듭나고 성령이 우리 안에 역사하게 되는 것은 우리 의지로 되는 것이 아닙니다. 마치 사울이 블레셋 군대와 싸워 패배하자 자살을 했는데 성경에는 "하나님께서 그를 죽이셨다"고 기록이 되어 있는 것처럼, 인생을 살아가면서 내가 이렇게 저렇게 하는 것 같아도 사실은 하나님의 큰 손이 위에서 움직이는 것임을 깨달아야 합니다. 그래서 예수 믿는 사람들은 어떤 상황에서도 느긋하게 대처할 수 있습니다.

(2) 영의 일을 생각하게 하십니다.

"육신을 따르는 자는 육신의 일을, 영을 따르는 자는 영의 일을 생각하나니"(5절).

제가 고등학생 시절에 박태선 장로 집회에 사람들이 많이 몰려가서 저도 참석해 봤는데 그가 행하는 것들이 도무지 성령의 역사라고는 믿어지지 않았습니다. 신기한 현상들, 치유하는 현장 등이 너무 조작적이고 찬송의 열기도 인위적인 느낌이었습니다. 결국, 그 집단의 결과가 어떠했는지 매스컴에 오르내려서 잘 아실 것입니다.

참된 하나님의 영을 가진 사람은 성령이 역사하시는 것을 제대로 알아봅니다. 내 안의 영과 바깥에서 일하고 계시는 영이 같은 영이기 때문입니다. 마치 거듭난 사람이 성경을 읽으면 예전에 읽던 책과 전혀 달라지는데, 전에는 이해가 안 되고 믿어지지 않던 것이 하나님의 말씀으로 다 받아들여지는 것과 같습니다. 성경을 기록한 성령과 내 안에 계시는 성령이 동일한 성령이기 때문입니다.

성령께 의존해서 성령과 늘 가까운 관계를 갖고 있으면 저것은 성령의 역사구나, 저것은 인간의 인위적 행위구나 하는 것을 구별할 수 있습니다. 따라서 우리가 순간순간 성령에 의존해서 살아가면 성령의 역사로 말미암아 성령의 일을 생각하게 되는 것입니다.

어떠한 환경에 처하든 성령께서 우리와 함께하신다는 사실을 가르쳐주시기 때문에 평안할 수밖에 없습니다. 평안하지 않은 것은 내 생각이나 문제, 조건, 지혜 같은 것을 성령께 의존하지 않기 때문입니다.

저도 성령께서 주시는 지혜를 따르지 않고 인간적으로 해결하려다가 좋지 않은 결과를 보게 된 경우들이 있었습니다. 예를 들어, 우리 교회에서는 제직을 선출할 때 26가지 질문에 자신을 솔직히 비추어 보고 응답하게 한 후 선출하는데, 한 분이 그 응답서를 제출하지 않았습니다. 제가 보기에도 그분은 아직 준비되지 않아서 제외하려고 생각하고 있었습니다. 그런데 당회에서 선출 작업을 할 때 이런저런 이유로 집사 임명을 꼭 해야 한다는 여론이 커서, 제 마음의 평안은 없었지만 동의하고 말았습니다. 그런데 몇 년 후에 이분이 교회에 큰 문제를 일으켰습니다. 성령을 따라 하지 않고 인간관계, 체면 등 육신을 따라 일했을 때 생기는 결과였습니다.

우리의 마음을 인도해 주시고 준비시켜 주시고 움직여 주시는 것이 바로 성령께서 하시는 일입니다.

우리 속에 있는 인간적인 정치성을 빼버려야 합니다. 인간적인 생각으로 하지 않고 성령의 인도하심을 따라 하려다 보면 어떤 때는 실수할 것 같고 안 될 것 같고 문제가 생길 것 같지만 성령의 방법대로 하면 안 될 것 같은 일이 되어 버립니다.

아브라함의 경우, 유일한 아들 이삭을 죽이면 절대 안 되는데 하나님이 죽이라고 하시니까 순종하여 칼로 내리치려는 순간, 비로소 하나님이 '되었다' 하시며 큰 복을 내리셨습니다. 대단한 역설입니다. "누구든지 생명을 얻고자 하는 자는 잃을 것이요, 그리스도를 위해 잃는 자는 얻으리라"는 말씀처럼 너무나 역설적이기 때문에 육신에 있는 사람들은 이해할 수 없습니다. 인간의 생각으로 먼저 계산해보면 성령의 삶의 방법으로 살 수 없습니다. 그런데 안 될 것 같은 일이 되니, 이 얼마나 신비하고 재미있는 삶입니까? 하나님은 이런 삶을 기뻐하십니다.

따라서 우리는 매 순간 성령을 따라가려는 부단한 민감성을 계발해야 합니다. 그래서 꾸준히 성령을 따르는 훈련을 하면 습관이 되어 그다음부터는 자동적으로 성령을 따라 움직일 수 있게 되고 하나님을 기쁘시게 해드릴 수 있습니다.

(5) 영에 속한 자, 그리스도의 사람이 되게 합니다.

"만일 너희 속에 하나님의 영이 거하시면 너희가 육신에 있지 아니하고 영에 있나니 누구든지 그리스도의 영이 없으면 그리스도의 사람이 아니라"(9절).

성령이 내주하지 않는 자는 그리스도의 사람이 아니며 그리스도의 사람이 아닌 자는 교회에 아무리 다녀봤자 참된 영성은 계발되지 않습니다.

신앙이 성장하지 않는 사람에게는 몇 가지 이유가 있습니다. 우선 영적으로 태어나지 않았기 때문이요, 정상적인 성장 과정을 거치지 못했기 때문입니다. 거듭난 사람이라도 그 안에 해결하지 못한 큰 죄덩어리(문제)가 있으면 성령께서 마음대로 움직일 수 없기 때문에 영적 성장이 어렵습니다. 문제 덩어리는 곧바로 빼서 던져버려야 합니다.

(6) 우리의 영과 몸을 살리십니다.

"또 그리스도께서 너희 안에 계시면 몸은 죄로 말미암아 죽은 것이나 영은 의로 말미암아 살아 있는 것이니라 예수를 죽은 자 가운데서 살리신 이의 영이 너희 안에 거하시면 그리스도 예수를 죽은 자 가운데서 살리신 이가 너희 안에 거하시는 그의 영으로 말미암아 너희 죽을 몸도 살리시리라"(10-11절).

그리스도께서 우리 안에 계시면 비록 우리의 몸은 죄로 말미암아 죽을 수밖에 없지만 우리의 영은 그리스도의 영으로 말미암아 그리스도와 함께 영원히 하나님 나라에서 살게 되는 것입니다.

뿐만 아니라 죽은 우리의 몸도 다시 살아나게 됩니다. 예수님이 죽은 자 가운데서 살아나셨듯이 예수님을 다시 살리신 성령께서 우리도 죽은 자 가운데서 다시 살리십니다. 부활의 몸을 입게 하시는 것입니다.

(7) 몸의 악한 행실을 죽입니다.

"영으로써 몸의 행실을 죽이면 살리니"(13절).

이 사실을 깨닫지 못한 분이 많습니다. 악한 행실을 죽이는 이는 성령인데 내가 노력하면 죽는 것으로 착각합니다. 내가 노력하겠노라고 다짐할 것이 아니라 성령께 완전히 나를 맡길 때 성령이 충만하게 되고, 성령 충만할 때에 악한 죄성은 힘을 쓸 수 없습니다.

내가 발버둥을 치며 노력한다고 해서 마음의 악이 제거되고 거룩한 평화나 성령 충만이 되는 것이 아닙니다. 거듭나기 전에는 사망의 법이 지배하기 때문입니다. 성령이 죄인을 해방시켜 주셔야 가능해집니다. 종교적 흉내를 낼 수 있으나 그것은 거듭나기 전에는 영혼 깊숙한 곳에 평안이 없다는 것을 알려 줍니다. 다른 것은 인간의 노력으로 가능할 수도 있지만 참된 영성이 생기는 것은 인간의 한계를 넘어섭니다.

그런데 인위적으로 인간이 짠 틀 안에서 성령이 역사하도록 제한하는 경우가 흔히 있습니다. 예배 시간도 설교 시간도 변화가 있으면 교인들이 좋아하지 않습니다. 그러나 성령께서 인간이 정해 놓은 시간의 한계 안에서만 역사하셔야 합니까? 성령님에게 자유를 드릴 줄도 알아야 합니다.

오래전 제가 31세 젊은 목사 때의 일입니다. 미국에서 한 교회의 목사님이 두 주간 여행을 가셔서 두 번째 주의 예배인도와 설교 요청을 받았습니다. 예배를 인도했는데 12시 3분에 마쳤습니다. 예배 후 인사를 하는데 한 할머니가 저에게 "젊은 목사님, 오늘은 다행이에요. 지난 주에는 12시가 되어서 예배가 끝나지 않으니까 몇 명이 일어서서 나갔어요. 오늘은 아무도 나가지 않았어요." 그 날 저는 충격을 받았습니다. 이렇게까지 자유와 너그러움이 없나? 성령 안에는 자유가 있습니다. "성령이 있는 곳에 자유가 있다"(고후 3:17). 영성이 부족하면 자유가 없었습니다. 편안한 마음도 없었습니다.

그런데 반대로 제가 만나 본 어떤 미국 목사님은 설교 준비를 전혀 하지 않고 설교 시간에 성경을 그냥 펼쳐서 나타난 구절을 성령이 주신 본문이라면서 즉석에서 성령이 주시는 대로 그 본문으로 설교한다고 합니다.

그러나 그날의 본문을 주시고 그 본문을 이해시켜 주시고 설교를 어떻게 구성할지 가르쳐 주시고 어떻게 전달해야 할지 알려 주시도록 성령께 구하면 성령님은 얼마든지 미리 가르쳐 주실 수 있습니다. 그런데 전혀 준비 없이 성령님이 즉석에서 인도하시는 대로 한다는 것도 위험한 일입니다.

(8) 하나님의 아들이라 인정받게 해주십니다.

"무릇 하나님의 영으로 인도함을 받는 사람은 곧 하나님의 아들이라"(14절).

우리를 하나님의 자녀라, 하나님의 아들이라는 사실을 우리 마음에 알려주시는 분은 성령이십니다. 성령님이 우리를 하나님의 아들인 것을 증언해주십니다. 그러나 예수를 믿는다고 말은 하면서도 정작 성령의 증언을 받아들이지 못한다면 그 사람은 하나님의 아들임을 모르기 때문에 영성이 그분 안에 있을 수 없습니다. 그런데도 우리 주위에는 그런 이들이 많이 있습니다. 말씀의 가르침과 성령님의 인도하심을 구하기보다 자신의 생각이나 지혜와 주장을 따라가면서 그것이 마치 하나님의 뜻인 듯 착각하는 이들이 있습니다. 이런 이들에게 사도 바울은 성령님의 인도함을 받는 이가 바로 하나님의 아들임을 가르쳐 주고 있습니다.

(9) 하나님을 두려워하는 대신 더 가까이 이끌어 주십니다.

"너희는 다시 무서워하는 종의 영을 받지 아니하고 양자의 영을 받았으므로 우리가 아빠 아버지라고 부르짖느니라"(15절).

성령께서 내 안에 계셔서 새로운 영성으로 하나님을 아버지라 부를 수 있게 해 주십니다. 하나님을 아버지라고 부르지 못하는 신학자들도 있습니다. 우주의 주관자, 모든 존재의 기초, 형이상학적 실체 정도로 생각하지, 아버지라고는 부르지 않습니다. 그러나 예수님이 가르쳐 주신 기도는 시작할 때, 당시 유대인들이 두려워 감히 하나님의 이름을 부르지도 못하던 시대에 그 하나님을 "하늘에 계신 우리 아버지"라고 불렀습니다.

여러 해 전 야외예배를 드리러 갔을 때, 사람들과 한참 얘기를 주고받는데 여자아이들 한 무리가 우르르 내게 몰려오더니 그중 제 딸아이가 제게 돈을 5달라 달라고 해서 그 자리에서 제가 돈을 주었습니다. 딸아이는 너무 자연스럽고 당연하게 아빠인 제게 돈을 요구했고 저는 주었습니다. 다른 아이가 돈을 달라고 했으면 '너희 아빠에게 가서 달라고 하라'고 했겠지요.

이처럼 영적인 자녀가 된 자는 아버지로부터 받는 특권을 누릴 수 있습니다. 따라서 아버지 하나님께 우리는 무엇이든 구할 수 있는 것입니다. 그분은 우리 아버지시니까요. 사실상 예수님도 "무엇이든지 내게 구하면 내가 행하리라"(요 14:14)고 약속하셨습니다. 그리하면 아버지께서 영광을 받으실 것이라(요 13:13)고 하셨습니다.

(10) 우리가 하나님의 자녀인 것을 증언해 주십니다.

"성령이 친히 우리의 영과 더불어 우리가 하나님의 자녀인 것을 증언하시나니"(16절).

성령이 내 안에 계시면 내가 하나님의 자녀 된 것을 가르쳐 주십니다. 우리가 의심을 할 때 성령은 마음의 평강으로, 그리고 하나님의 말씀을 생각나게 하심으로 우리가 하나님의 자녀인 것을 가르쳐 주십니다. 우리가 유혹을 당할 때도 우리의 양심을 일깨우고 성령은 우리를 지키십니다. 이것을 내적 증거라고 합니다. 그리고 외적 증거는 성경에 기록되어 있는 증거를 말합니다.

(11) 우리 죽을 몸의 영광스러운 변화를 기다리게 합니다.

"우리 곧 성령의 처음 익은 열매를 받은 우리까지도 속으로 탄식하여 양자 될 것 곧 우리 몸의 속량을 기다리느니라"(23절).

예수님이 재림하실 때 우리의 썩을 육신이 영광의 몸으로 변화될 것을 믿고 기다리게 해주시는 분이 성령입니다. 즉 성령께 속한 사람은 다시 오실 예수님을 바라고 기다립니다. 인생이 힘들고 고달파서 견디기 힘들고 믿음의 시험을 당할 때도 우리에게 인내를 주시는 분은 성령입니다. 이 세상에서의 삶이 아무리 힘들어도 우리 몸이 주 안에서 예수님의 부활하신 몸과 같이 변화를 받고 주의 영광을 볼 것이라는 것을 가르쳐 주시며, 우리를 견디게 하는 것도 성령이 하시는 일입니다. 몸은 죽어도 속량의 그 날을 기다립니다.

(12) 우리의 기도를 도우십니다.

"성령도 우리의 연약함을 도우시나니 우리는 마땅히 기도할 바를 알지 못하나 오직 성령이 말할 수 없는 탄식으로 우리를 위하여 친히 간구하시느니라" (26절).

가슴이 답답하고 기도의 문이 막혀 끙끙 앓는 소리만 나올 뿐 기도를 전혀 할 수 없는 때가 있습니다. 성령께서 우리의 연약함을 도우셔서 기도하게 하십니다. 기도해야 할 것이 있고 기도하고 싶은 마음도 간절하지만 어떻게 기도해야 할지 몰라 갈피를 잡지 못할 때도 우리를 도우셔서 기도의 문을 열어주셔서 기도하게 하십니다.

(13) 우리 생각을 우리보다 더 잘 아시어 우리를 위해 간구해 주십니다.

"마음을 살피시는 이가 성령의 생각을 아시나니 이는 성령이 하나님의 뜻대로 성도를 위하여 간구하심이니라"(27절).

성부 하나님은 성령 하나님의 생각을 아십니다. 성령 하나님은 또 성도들의 생각을 아십니다. 그래서 성령은 성도들을 대신하여 하나님께 간구하십니다. 우리가 잘못된 것을 기도할 때에도 그것을 바로잡아 하나님의 뜻대로 이루어지도록 하시는 분이 성령입니다. 성령 하나님이 우리를 위하여 간구하시는 것은 모두 다 응답됩니다. 그것은 성령 하나님이 성부 하나님의 뜻대로 간구하시기 때문입니다. 우리의 상황을 우리보다 더 잘 아시는 내 안에 계시는 성령님은 우리의 기도를 직접 하나님께 전해주십니다. 우리를 대신하여 친히 간구해 주십니다.

로마서 8장을 통해, 모든 참된 영적인 일은 전적으로 성령께서 하시는 일임을 다시금 확신하게 됩니다.

"우리가 다 수건을 벗은 얼굴로 거울을 보는 것 같이 주의 영광을 보매 예전에는 희미하게 보이던 예수님을 주목하면서 계속해서 그 영광의 모습을 보니 나의 속사람도 예수님처럼 변해갑니다. 처음 믿었을 때 신앙인의 모습의 영광에서 다음 단계의 영광으로, 또 더 높은 다음 단계의 영광으로 예수님을 닮아 가면 갈수록 점점 더 영광의 단계가 높아져서 이런 사람은 얼굴만 보아도 은혜롭게 느껴집니다. 그런 사람과 대화를 나누면 예수님과 대화하는 것 같은 느낌을 받는데 이것이 바로 성령께서 하시는 일입니다.

사람을 모으는 것은 그리 힘들지 않으나 모인 사람들이 예수를 믿고 거듭나 예수를 닮아가게 하는 것은 쉬운 일이 아닙니다. 해산하는 것만큼 고통이 있습니다. 주일학교 선생님 한 분에게 너무 많은 아이가 배정되어도 곤란하고, 영혼의 양식을 먹일 교인들이 너무 많은 것도 쉬운 일은 아닙니다. 한 명씩 보살펴 주고 기도해 주고 격려해 주고 책망해 주기가 힘들기 때문입니다. 한 사람이 그리스도의 형상을 이루기까지 자라기 위해서는 해산하는 수고가 필요한데 너무 많은 교인이 있는 교회에서는 한 사람 한 사람에게 해산하는 수고로 보살펴 줄 사람들이 부족합니다. 이것이 대형교회의 문제 가운데 하나입니다.

그래서 이들을 위하여 수고할 목회자는 부족하고 사랑방장은 모자라도 성령은 지금도 쉬지 않고 "말할 수 없는 탄식으로 우리를 위하여 친히 간구하시는"(롬 8:26) 것입니다.

지금까지 살펴본 로마서 8장의 성령의 역사는 예수님의 형상을 본받게 하기 위한 것임을 29절에서 다시 확인시켜 줍니다. 예수님만이 완전하신 분이요, 하나님을 기쁘시게 하는 분이기 때문에 예수님을 닮는 길만이 하나님을 기쁘게 할 수 있으며, 내가 아닌 그리스도를 존귀하게 할 수 있는 길입니다. 예수를 닮는 것이 참된 영성입니다.

"하나님이 미리 아신 자들을 또한 그 아들의 형상을 본받게 하기 위하여 미리 정하셨으니 이는 그로 많은 형제 중에서 맏아들이 되게 하려 하심이니라"(롬 8:29).

건강한 영성, 성숙한 영성

"영접하는 자 곧 그 이름을 믿는 자들에게는 하나님의 자녀가 되는 권세를 주셨으니 이는 혈통으로나 육정으로나 사람의 뜻으로 나지 아니하고 오직 하나님께로부터 난 자들이니라" 요 1:12-13

건강하다는 것과 성숙하다는 것은 차이가 있습니다. 갓난아기는 건강하지만 성숙하지는 못한 것처럼 영적으로 건강하다고 반드시 성숙한 것은 아닙니다. 그런가 하면 영적으로 어느 정도 성숙한 사람, 혹은 신앙적으로 성숙한 경험을 한 사람일지라도 일순간 건강하지 못한 상태로 하락할 경우도 있습니다. 그것은 대부분 일시적으로 마음에 담아두는 죄 문제 때문에 일어나는 상황입니다.

온전하고 참된 영성은 영적으로 건강하고 성숙한 상태가 잘 균형을 이루는 때에 가능합니다. 참된 영성은 그리스도의 형상을 온전하게 닮아가며 우리의 말과 행동과 인격에서 그리스도의 향기를 풍기는 것입니다.

그러면 이제 어떻게 하면 보다 더 예수님 향기가 날 수 있을지 생각해 봅시다.

1. 영적 성숙은 어디서 옵니까?

(1) 영적 성숙은 성장의 과정을 통해서 옵니다.

“영접하는 자 곧 그 이름을 믿는 자들에게는 하나님의 자녀가 되는 권세를 주셨으니 이는 혈통으로나 육정으로나 사람의 뜻으로 나지 아니하고 오직 하나님께로부터 난 자들이니라”(요 1:12-13).

육신의 삶과 마찬가지로 영적 성숙은 성장의 과정을 통해서 생겨납니다. 성장을 하기 위해서는 먼저 생명을 받아야 합니다. 육신의 생명은 자신의 의사와 관계없이 부모로부터 받아 태어나는 것처럼 영적인 생명도 우리의 수고나 노력으로가 아니라 예수를 믿음으로 하나님께로부터 거저 받는 것입니다.

생명을 이렇게 거저 받은 후에는 “지혜와 키가 자라가며 하나님과 사람에게 더욱 사랑스러워”(눅 2:52) 가신 예수님처럼, 영적 성장도 보통 사람들이 커가는 것과 똑같이 한 단계 한 단계 자라가는 것입니다. 그러나 낳아놓기만 하고 팽개쳐 놓는 부모가 있듯이, 전도해 놓고 돌보지 않으면 그 사람은 영적으로 잘 자랄 수 없습니다. 자녀를 키우기 위해 어머니는 얼마나 헌신적으로 수고합니까?

즉흥적인 영적 성숙이란 있을 수 없습니다. 예수님을 믿게 되자 갑자기 하루아침에 교회를 위해 열심을 쏟아붓다가 집안에 문제를 일으키는 것, 그것을 영적 성숙이라고 할 수는 없습니다. 갑자기 교회에 너무 열심인 사람은 주의할 필요가 있습니다. 목회자는 성도들에게 갑작스런 열심을 기대해서도 안 됩니다. 부흥회 한 번으로 갑작스런 성장을 기대해도 안 됩니다. 부흥회는 큰 잔치라서 잘못 먹으면 체하기에 십상입니다. 한꺼번에 많이 먹이려 하지 말고 꾸준히 매일매일 어린아이 키우듯 먹이는 것이 좋습니다. 성장에는 시간과 과정이 필요합니다.

여기서 '안다'는 것은 지식적으로 아는 것이 아니라 인격적으로 친밀해지는 상태를 말합니다. 우선 믿어서 생명이 생기고 그 후에는 사귐이 있어야 하는 것입니다. 매일 예수님을 만나 친해져야 합니다. 그래야 온전한 사람에 이를 수 있습니다.

또 여기서 '온전하다'는 것은 성숙함을 말합니다. 그 결과, "그리스도의 장성한 분량이 충만한 데까지 이르리라" 하였는데, '이른다'는 것은 하루아침에 도달할 수 있는 것이 아니라 점차적으로 이루어지는 것을 의미합니다.

거듭났으면 어린아이 상태로 너무 오래 있어서는 안 됩니다. 어떤 분은 교회에 오래 다녔으면서도 영적으로 너무나 미숙한 분이 있습니다. 연륜은 쌓였으나 도무지 크지를 않아 많은 문제를 일으키는 사람입니다. 이들은 늘 인간적인 생각이나 방법, 세상의 교훈과 풍조에 따라 삽니다.

교회에서 장로나 집사가 되면 큰 벼슬이라도 한 것처럼 축하받고, 드디어 출세했노라고 좋아하는 사람들도 간혹 있습니다. 차라리 장로가 되지 않았으면 좋았을 것 같은 사람들도 있습니다. 장로가 되었는데도 성장하지 않는 사람은 신앙의 성숙 그 자체에 초점을 두지 않고 직분에 초점을 두기 때문에 교회에 더 큰 문제가 생깁니다.

목사도 마찬가지입니다. 목사 되는 그 자체에 중점을 둘 것이 아니라 신앙의 성숙에 관심을 가져야 합니다. 사람에게 인정받고 세속적으로 자랑하는 것에 관심 가질 것이 아닙니다. 하나님의 생각은 인간의 생각과 정반대인 것을 잊지 말아야 합니다.

"오직 사랑 안에서 참된 것을 하여 범사에 그에게까지 자랄지라"(엡 4:15). 이것이 우리의 목적입니다. 이것을 향해 우리는 날마다 성장해 나가야 합니다. 요란하고 시끌벅적하게 믿는 것이 아니라 그리스도를 아는 것과 믿는 것에 하나 되어 각자 개개인이 주님과 조용히 사귐을 가지면서 매일 성장해 나가는 것에 초점을 두어야 합니다.

(3) 영적 성숙은 버려야 할 것들을 버릴 때 이루어집니다.

"그러므로 모든 악독과 모든 기만과 외식과 시기와 모든 비방하는 말을 버리고 갓난 아기들 같이 순전하고 신령한 젖을 사모하라 이는 그로 말미암아 너희로 구원에 이르도록 자라게 하려 함이라"(벧전 2:1-2).

여기 "구원에 이르도록"은 구원받지 못했다는 것이 아니라 구원의 완성을 말합니다. "자라게"는 성장하게 한다는 것으로 성장을 하기 위한 조건이 1절에 나와 있습니다. 모든 악독과 기만, 외식, 시기, 비방하는 말을 버리는 것입니다. 이런 것들은 몸의 질병과도 같은 것입니다. 제거해야 건강해집니다. 예를 들어, '악독'은 마음의 쓴 뿌리입니다. 다른 사람들의 말이나 행동에 의해 상처를 받아 쓰라린 속을 끌어안고 있으면 제대로 성장할 수 없습니다. 주님께 드려야 합니다.

(4) 영적 성숙은 그리스도의 은혜와 그를 아는 지식을 통해 이루어집니다.

"오직 우리 주 곧 구주 예수 그리스도의 은혜와 그를 아는 지식에서 자라가라"(벧후 3:18).

제대로 자라기 위해서는 그리스도의 은혜와 그리스도를 아는 지식이 있어야 합니다. 지난날을 돌아보면 모든 것이 하나님의 은혜임을 깨달을 때 감사하게 됩니다. 생활하는 데 있어서도 먹을 것, 입을 것,

마실 것 모두를 주님이 다 책임져 주셨습니다:

목회자의 경우, 피곤하고 힘들기도 하지만 24시간 주님을 섬길 수 있다는 것이 얼마나 큰 특권인지 모릅니다. 밤늦게 심방을 다녀오는 것도, 새벽에 교인이 전화로 깨우는 것도, 백일잔치나 개업식에 목사님을 초대해서 기도해 달라는 것도 다 주님을 섬길 수 있는 특권 아니겠습니까?

그러므로 어떤 형편에서든지 감사하고 기뻐할 줄 아는 사람이 참 성숙한 사람입니다. 교통사고를 당했는데 오히려 회개의 기회로 삼아 감사하는 사람, 무슨 일이 닥쳐도 풍랑 속에서 주무실 수 있었던 예수님처럼 끄떡없이 대처할 수 있는 사람이 성숙한 사람입니다.

여기 '안다'는 것은 물론 머리로 아는 것이 아니라 가슴으로 아는 것을 말합니다. 감동 깊게 읽었던 책의 저자를 실제로 만나서 얘기를 나눠보면 그 책이 더 좋게 여겨지고, 좋아했던 미술작품의 화가를 직접 만나게 되어서 교제한 후 그 그림을 보면 더 좋은 것과 같은 이치라고 할 수 있습니다.

(5) 영적 성숙은 인생의 여러 가지 상황에 적절히 대처할 때 이루어집니다.

"겉사람은 낡아지나 우리의 속사람은 날로 새로워지도다"(고후 4:16).

결혼생활은 워낙 2, 30년 동안 서로 다른 방식으로 살던 사람들이 만났기 때문에 초기에는 아름답고 좋기보다, 맞지 않고 불협화음이 생기는 경우가 많습니다. 죄성과 죄성끼리 만나면 다툼이 일어나기 마련입니다.

그런데 마치 삐삐주전자가 끓을 때 조그마한 구멍으로 수증기가 조금씩 계속해서 나오기 때문에 주전자가 터지지 않는 것처럼, 결혼생활도 꾸준히 하나씩 적응해 나가고 하나씩 배워 나가면서 일생을 두 사람이 살아내는 것입니다. 그것이 성장입니다. 이와 마찬가지로 신앙생활도 계속적으로 성장해 나가야 하는 것이기 때문에 믿는 사람에게는 죽는 날이 최고의 날입니다.

그러므로 영적 성숙은 어느 날 갑자기 성숙하는 것이 아니라 꾸준히 장기적으로 성장하는 것이 바람직합니다.

(6) 영적 성숙은 고통을 통해서 이루어집니다.

"그러나 내가 가는 길을 그가 아시나니 그가 나를 단련하신 후에는 내가 순금 같이 되어 나오리라"(욥 23:10).

고통을 통해서 성숙하는 것은 다른 사람의 아픔을 동감하고 이해할 수 있기 때문입니다. 고통을 견디어낸 신앙이 순금같이 단련된 성숙한 신앙의 모습입니다.

상담을 할 때도 이미 고난을 많이 경험한 사람과 상담하면 상담자의 눈만 쳐다봐도 이야기하는 동안에 벌써 고민이 다 풀어져 버립니다. 그래서 특별히 고통을 많이 경험한 사람은 목회자로 아주 적합하다고 생각됩니다. 교인이 뭐라고 한 마디만 호소해도 척 알아듣기 때문입니다. 이미 그런 고통과 갈등을 지나왔으므로 그의 갈등과 슬픔과 아픔이 환히 이해됩니다.

고통은 또한 나를 단련시켜 주기 때문에 웬만한 어려운 상황은 누워서 떡 먹기처럼 극복해낼 수 있는 힘을 줍니다.

저는 고등학생 시절에 거주할 만한 곳이 없어서 어느 친구 집에서 지냈는데, 그 친구가 얼마나 부러웠는지 모릅니다. 그의 부모님과 따뜻한 집과 음식이 그렇게 부러울 수 없었습니다. 그 후 대학을 졸업하고 비슷한 시기에 그 친구도, 저도 유학을 떠났는데 저는 이미 고생을 워낙 많이 해봤기 때문에 미국 유학생활이 전혀 힘들지 않았습니다. 그런데 그 친구는 외로움을 견디지 못하고 너무 힘들어 하다가 결국 발작을 일으키고 말아 귀국하여 몇 년 동안 치료를 받고 다시 유학길에 올랐다는 소식을 듣게 되었습니다.

젊은 시절 수없이 거처를 옮겨 다니면서 눈치만 보고 고생하던 때에는 비참했지만 목사가 된 후에 돌아보니 하나님이 섭리 가운데 미리 연단시키셨다는 것을 절감하지 않을 수 없었습니다.

어차피 목회는 사람을 돌보는 일입니다. 목회자는 인간에 대해 전문가가 되어야 합니다. 인간의 삶과 감정과 문제들을 잘 이해해서 어느 누가 찾아와도 목회자와 이야기를 나누고 나면 모든 어려움이 다 녹아져 위로함을 받고 돌아갈 수 있도록 성숙한 목회자가 되어야 하는 것입니다.

그러므로 고통과 시련이 찾아올 때 오히려 기뻐하십시오. 하나님께서 순금 같은 신앙으로 다듬으시기 위해, 영적 성숙을 위해 시련을 허락하셨습니다. 그래서 심지어 때로는 영적 패배도 영적인 성숙에 도움이 됩니다.

교회에서 꾸준히 지속적으로 신앙생활을 하다 보면 옳게 살려고 애를 쓰게 되니 별로 나쁜 일을 하는 법이 없습니다. 그러다 보니 자칫 교만해지기 쉽고 마치 바리새인처럼 남을 쉽게 비판하기도 합니다. 그러나 자신의 잘못이 눈에 많이 뜨이면 '나도 별수 없구나' 하게 되고 나아가 '인간은 별수 없구나' 하는 것을 깨닫게 됩니다. 그래서 남이 잘못했을 때 동정심이 가고 동병상련의 심정으로 그 사람을 껴안아 주고 싶어집니다.

교회 안에서 누군가에게 큰 문제가 생기면 마치 독수리 떼처럼 우우 몰려들어 물고 뜯는 모습을 흔히 볼 수 있습니다. 전화통에 불이 납니다. 서로 연락을 주고받고 비난하기에 정신이 없습니다. 영어성경 에는 'slander'(비난)라는 단어로 썼는데 이것의 히브리어 단어 뜻은 '짐 승이 뒤에서 쫓아와 목덜미를 물어뜯는다'입니다. 그래서 교회 안이 어수선해집니다. 그러면 저는 설교를 통해 뒤에서 비난하지 못하게끔 강조합니다. 교인들은 "김 목사님이 공의는 모르고 사랑만 강조한다" 고 또 수군수군하는데, 공의는 제가 안 해도 벌써 교인들이 다 해버립 니다. 사랑은 없고 공의만 난무합니다.

어쨌든 시련이나 어려움을 통해서 신앙은 성숙하게 되어 있습니다. 거듭난 사람은 시련을 성숙의 기회로 활용할 줄 압니다. 주님께서 함 께하신다는 것을 알기 때문입니다.

고통은 상대방을 이해할 수 있게 해주고 공감대를 형성해서 도와 주고자 하는 마음을 부여해줍니다. 잘 믿는 사람이 고생을 많이 하면 푹 익어서 포근함이 넘쳐나지만 믿지 않는 사람이 고생하게 되면 일그러지고 분노심이 눈에 서려 있게 됩니다. 왜냐하면 믿는 사람은 고생할수록 하나님께 가까이 나아가는데 믿지 않는 사람은 자꾸 화가 나기 때문입니다. 국가를 향해, 사회를 향해, 상사를 향해, 이웃을 향해 짜증이 나는 것입니다. 그러나 믿는 사람은 어떠한 일이 있어도 도움이 됩니다. 시련과 고통은 영적으로 성숙하게 해주는 과정이기 때문입니다.

로마서 5장을 보십시오.

여기서 '즐거워함'이라는 영어단어는 'exalt'로, 그저 즐거워하는 정도가 아니라 환희를 느낄 정도의 즐거움입니다. 참 인간의 생각으로는 말도 안 됩니다. 시련 중에 팔짝팔짝 뛰며 기뻐하라니요? 이것은 역설입니다.

그러나 우리를 이끄시는 분이 하나님이시기 때문에 그렇게 말씀하실 수 있습니다. 우리는 환난을 통해서 성숙해집니다. 그러므로 궁극적으로 기뻐할 일인 것입니다. 아이들 키울 때도 고생과 어려움을 좀 겪게 하는 것이 장래를 위해서 좋습니다. 무엇이든 아쉬울 것 없이 자라난 아이들은 커서 조금만 어려움이 닥쳐도 쩔쩔매고 헤매기 십상입니다.

"환난은 인내를"(롬 5:3).

환난의 결과로 인내가 생깁니다. 인내에는 소극적 인내, 적극적 인내가 있는데 여기서는 적극적 인내로, 끝까지 참아내는 것을 말합니다. 소극적 인내란, 참기는 참으나 속을 있는 대로 끓이면서 어쩔 수 없이 참아내는 인내입니다. 소극적 인내는 사뭇 위험합니다. 소극적이란 부정적이요 비관적임을 말하는데 잘못하다가 위(胃)를 상하게 만듭니다. 혈압이 오르고 마르고 얼굴이 일그러집니다. 그러나 적극적 인내는 인격을 완성시켜 주어서 성숙하게 만듭니다. 왜 적극적 인내가 필요합니까? 야고보서 1장에 잘 나와 있습니다. "온전하고 구비하여 조금도 부족함이 없게 하려 함"(약 1:4)입니다.

어떤 사람을 온전하다(perfect)고 합니까?

성경은 세 가지 형태의 사람에게 온전하다는 표현을 씁니다. 첫째, 악인과 선인을 한꺼번에 사랑하는 사람(마 5:43-48). 둘째, 혀를 다스리는 사람(약 3:2). 그리고 셋째, 인내를 이룬 사람(히 12:2)입니다. 이들을 하나님께서는 온전하고 성숙하다고 여기시는 것입니다.

성령 충만이라는 것은 교회에 모여서 기뻐 손뼉 치며 찬송하고 기도원에서 열심히 기도하는 상태에서 나타나는 것이 아니라 그 찬송을 통해, 기도를 통해 신앙이 성숙해지는 상태를 말합니다. 성령 충만은 "예수 그리스도의 장성한 분량에까지 자라게 하려 함"에 초점이 맞추어져야 합니다. 성령의 은사도 믿는 사람에게는 다 주어진 것인데, 마치 은사를 통해 성령 충만이 이루어진다고 생각하는 것은 잘못된 생각입니다. 고통 중에서도 기뻐하는 모습, 두려움 속에서도 담대하고 평안한 모습들이 진정 성령 충만한 신앙인의 모습입니다.

또 도저히 참을 수 없을 때 참아내는 여부로 신앙의 성숙과 미성숙함이 구별됩니다. 한 번, 두 번, 세 번까지 참는 것은 웬만한 사람이면 다 할 수 있는데 그것은 내 힘으로 참는 것입니다. 도저히 참을 수 없는 네 번째에 "주여, 도와주소서!" 함으로써 기적적으로 참아내는 것, 그것이 신앙의 재미요, 성숙한 신앙입니다. 인간적으로 도저히 참을 수 없을 때 주님을 부르고 성령의 도움을 구하는 것이 성령 충만함입니다. 그전까지는 '성령 충만'이 아니라 '나의 충만'에 불과합니다.

"인내는 연단을"(롬 5:4).

'연단'의 영어단어는 'proven character', 즉 '증명된 인격'이라고 표현합니다. 이미 시험 많이 쳐서 합격한 인격이라는 말입니다. 인내를 계속 키워 낸 결과, 이런 사람은 한번 만나 보면 조용하고 말이 없는데도 감히 범접할 수 없는 반석 같은 의지가 느껴집니다. 이로 인해 우리 신앙의 인격이 점차 증가됩니다.

"연단은 소망을 이루는 줄 앎이로다"(롬 5:4).

시간이 갈수록 좋아지기 때문에 이 사람은 늘 희망적입니다. 어떤 사람은 갈수록 텅텅 비어 가는데 말입니다. 사는 동안 무엇인가 잘 계발해 놓았다든가 잘 쌓아 두었으면 좋을 것을 술 먹고, 싸우고, 쾌락을 즐기고, 되는대로 사느라고 나이 들어서 건질 것이 전혀 없는 사람들이 있습니다. 이런 사람을 보면 그 인생이 너무 불쌍합니다. 날마다 성숙하여가는 사람들은 죽는 순간이 인생의 최고의 시간이 되는데 말입니다.

불과 같은 시련을 만나거든 이상한 일 당한 것처럼 여기지 말라고 했습니다(벧전 4:12). 그런 고통을 당함은 예수 그리스도의 고난에 참여하게 되는 것이므로 기뻐하라고 했습니다. 이것을 통해 영적으로 성숙해질 수 있는 것입니다. 희망적인 사람을 만들어 줍니다. 시련을 다 넘어 보았기 때문에 모든 것이 가능하다는 것을 알기 때문입니다. 절망뿐인 인생 속에 이런 희망을 제시해 주는 사람이 있으면 얼마나 좋습니까? 그런 사람은 영적 성숙을 이끌어주는 데 꼭 필요한 사람입니다.

"소망이 우리를 부끄럽게 하지 아니함은 우리에게 주신 성령으로 말미암아 하나님의 사랑이 우리 마음에 부은 바 됨이니"(롬 5:5).

'부끄럽게 하지 않는다'는 것은 실망하지 않는다는 뜻입니다. 성령으로 말미암아 하나님의 사랑을 경험한 사람은 환난이 와도 기뻐하고, 기뻐함으로 인내가 생기고, 인내를 통해 연단을, 연단으로 말미암아 희망적이 되며, 희망적인 사람은 절대 낙망하지 않는다는 것입니다.

베드로후서 1장 4-9절을 보면 성숙한 신앙의 모습이 나옵니다. "믿음, 덕, 지식, 절제, 인내, 경건, 형제 우애"라는 7층 집을 지어 "그 위를 사랑으로 덮을 것"(5-7절)을 강조하고 있습니다. 그것이 "신성한 성품에 참여하는 자"(4절)의 모습이라는 것입니다. 이것은 그저 되는 것이 아니라 "더욱 힘써야"(5절) 한다고 했는데 '힘쓴다'는 것은 내 힘으로 하라는 것이 아니라 주님께, 성령님께 간구해야 한다는 뜻입니다. 구원이 내 노력으로 되는 것이 아니듯, 성장도 내 노력으로 되는 것이 아닙니다.

성령으로 말미암아 내 안에서 주님이 점점 상승하여 그리스도의 장성한 분량에까지 이르는 것, 그것이 참된 영성입니다.

(7) 영적 성숙은 하나님 앞에 올바른 중심을 갖고 있을 때 이루어집니다.

"이것으로 말미암아 나도 하나님과 사람에 대하여 항상 양심에 거리낌이 없기를 힘쓰나이다"(행 24:16).

하나님과 사람을 대하여 항상 양심에 거리낌이 없기를 힘쓸 때 영적 건강이 유지됩니다. 영적으로 건강하고 성숙한 사람은 조그마한 죄도 용납이 안 됩니다. 그래서 "우리가 우리 죄를 자백하면 그는 미쁘시고 의로우사 우리 죄를 사하시며 우리를 모든 불의에서 깨끗하게 하실 것"(요일 1:9)이라는 말씀대로 늘 주님께 고백하고 도움을 구합니다. 여기서 '죄'는 잘못한 행동, 말 등 밖으로 나타나는 것이고, '불의'는 악한 성품을 말합니다.

자동차 수리하는 사람은 늘 기름때에 젖어 살기 때문에 웬만한 먼지나 때에는 개의치 않고 무감각해지는 것처럼, 양심이 두리뭉실한 사람은 웬만한 죄에 대해 별로 문제 삼지 않습니다. 그러나 마음이 깨끗한 사람일수록 죄에 더 민감합니다. 우리 몸에는 눈처럼 깨끗한 곳이 없는데 눈의 눈물샘이 늘 넘치기 때문에 눈에 조그마한 것 하나만 들어가도 견딜 수 없고 빨리 빼버려야 하는 것과 같습니다. 죄를 오래 둘 수가 없습니다.

이렇게 늘 말씀으로, 찬송으로, 기도로 양심을 씻어내는 사람의 가슴에는 평화가 있고 그 평화로 인해 그 사람의 얼굴은 환합니다. 우리의 가슴이 하나님 앞에서 온전할 때 영적으로 건강한 것입니다.

"만일 우리 마음이 우리를 책망할 것이 없으면 하나님 앞에서 담대함을 얻고 무엇이든지 구하는 바를 그에게서 받나니 이는 우리가 그의 계명을 지키고 그 앞에서 기뻐하시는 것을 행함이라"(요일 3:21-22).

하나님 앞에서 막힌 것이 없이 친하면 담대해집니다. 서로의 사이에 거리낄 것이 있으면 잠깐 만나도 피하고 싶은 법입니다. 아이들도 잘못한 것이 있으면 벌써 부모의 눈치를 보며 살살 피하지만 떳떳하면 언제든지 달려와 무슨 얘기든 다 합니다.

이처럼 우리 자신이 정죄할 것이 없으면 하나님 앞에 길이 탁 트였기 때문에 무슨 말을 하든 통한다는 것입니다. 왜냐하면 하나님이 기뻐하시는 일을 하기 때문입니다.

그럼, 어떻게 하면 이렇게 될 수 있을까요?

예수 그리스도의 십자가를 붙들었을 때, 하나님이 단번에 의롭다고 도장을 찍어 버리셨고(앞으로 계속 범죄할 것을 아시면서도) 그 의롭다 하신 것이 점차 실현되어 나가는 것을 성화의 과정이라고 합니다. 이 과정에서 자신의 범죄한 것들이 생각날 때 회개하려면 용서의 확신이 있어야 합니다. 일단 회개한 것에 대해서는 하나님이 기억하지도 않으신다고 했는데, 회개한 죄에 대해 또 생각하고 또 고민할 것 같으면 죄의식 속에서 계속 번민하게 됩니다. 그러므로 우리는 예수 그리스도 안에서 완전히 용서받았다는 것을 알아야 합니다.

예수님이 말씀하셨듯이, 용서받은 자(목욕한 자)는 다시 목욕할 필요가 없지만 나가 놀면 손발이 금방 더러워지니까 손발은 매일 씻어야 합니다. 예수님의 이름으로 죄를 자백하면 사해 주십니다(요일 1:9). 한번 자백한 것을 다시 끄집어내서 생각하고 또 회개하고 돌이킬 필요가 없습니다. 하나님께서 용서하신 것, 이미 지나간 것을 다시 생각하니 마음에 부담만 늘어가는 것입니다. 그러면 영적으로 건강할 수 없습니다.

이처럼 완전한 죄 사함 속에서 내 마음에 끼는 불순물들은 그때마다 제거하여 늘 깨끗한 마음으로 평안을 누리며 하나님과의 사이에 막힐 것 없이 담대하게 나아가는 것이 참된 영적 성장의 과정입니다.

"여호와의 눈은 온 땅을 두루 감찰하사 전심으로 자기에게 향하는 자를 위하여 능력을 베푸시나니"(대하 16:9).

"전심으로 자기에게 향하는 자"는 영어로 'loyal to Him'입니다. loyal은 충성한다는 뜻입니다. 하나님께 충성하는 사람에게는 하나님께서 능력을 베푸십니다. 다시 말해 능력 있는 사람은 하나님께 충성하는 사람입니다.

욥은 죽기까지 하나님을 향한 자신의 순전함을 버리지 않겠으며 공의를 굳게 잡고 놓지 않음으로 자신의 마음에 책망받을 것이 없게 하리라(욥 27:5, 6)고 결단하는 고백을 했습니다.

사도 바울도 고린도 교인들에게, "하나님의 거룩함과 진실함으로 행하되" 양심에 거리낄 것 없이 그들을 대하겠노라고 합니다(고후 1:12). 이러한 것들은 다 신앙고백입니다. 물론 그렇게 안 되는 경우도 생길 것입니다. 안 되면 어떡합니까? 그때는 회개하면 됩니다. 어떤 사람은 하나님 앞에 너무 자주 회개하는 것 같아 미안해서 더 못 하겠다고 하는데, 그것이 인간인 걸 어쩝니까?

하나님께서 아하스 왕에게 무엇이든 구하라고 했는데 아하스는 부탁하기 송구스러워 간구하지 않겠다고 하자 하나님을 사람 취급하느냐고 질책하셨습니다. 사람에게 부탁하면 부담스럽고 불편하지만 우리가 부탁하는 대상은 사람이 아닌 하나님입니다. 무엇이든 구하라고 하셨으니 구하면 되는 것입니다. 회개할 것을 자주 내놓아도 죄송할 것 없는 것은, 예수 그리스도의 영원한 용서, 하나님의 무한한 사랑 때문입니다.

신앙은 순간순간 사는 것입니다. 주어진 순간을 통해 하나님과 나 사이에 더러운 것 없이 깨끗하게 해결하고 살아야 합니다. 미래나 영원도 순간입니다. 우리는 오늘, 순간만 갖고 있습니다.

순간마다 하나님 앞에 온전해질 때 하나님과 나 사이에 평안이 있고 우리의 영은 건강하여, 사는 보람과 재미를 느끼게 될 것입니다.

(8) 영적 성숙을 위해서는 영적 건강이 필요합니다.

"모든 지킬 만한 것 중에 더욱 네 마음을 지키라 생명의 근원이 이에서 여기서 "지키라"는 것은 한시도 틈을 주지 말고 보초를 서서 적이 틈타지 못하게 하라는 뜻입니다. 영어 성경을 보면, 지키되 '열심으로(with diligence)' 지키라고 되어 있습니다. 왜냐하면 죄성으로 인해 우리 영혼은 자칫하면 잘못될 수 있기 때문입니다. 하나님의 은혜로 구원받아, 머리끝부터 발끝까지 죄로 상처투성이였던 상태를 고쳐서 영적 건강을 회복하려니 보통 힘든 일이 아닙니다.

이처럼 인간의 엄청나게 병든 부분들을 한 구석씩 해방시켜 주는 것이 기독교의 신앙운동인데, 이 과정에서 순간순간 전심을 다해 우리의 마음을 지켜나가지 않으면 내 속의 죄성과 외부의 사탄 세력의 공격으로 말미암아 내 영혼을 지키기가 보통 힘들지 않습니다. 그래서 전심으로 내 영혼을 지키려 해야 영적 건강을 유지할 수 있다는 것이 잠언의 말씀입니다.

요한일서 1장 7절에 "그 아들 예수의 피가 우리를 모든 죄에서 깨끗하게 하실 것"이라고 했습니다. 우리의 손이 기름때로 더러워지면 비누로 자꾸 씻어내 점차 깨끗하게 하듯이 하나님 앞에 순간순간 나아가 죄를 자복하면 할수록 깨끗하게 해주십니다. 예수님 말씀처럼 온몸을 씻은 사람은 다시 목욕할 필요는 없지만 손과 발 등 부분적으로 더러워진 것은 계속해서 씻어내야 합니다. 이렇게 함으로써 마음이 정결해지니 마음이 밝아져서 평안이 오는 것입니다. 주님의 동행이, 주님의 임재하심이 느껴집니다.

분을 내어도 범죄하지는 말라는 말씀이 있는데(엡 4:26), 물론 화내는 자체가 죄는 아니라는 말입니다. 분노로 인해 죄를 범할 수도 있고 그 에너지로 더 큰일을 해낼 수도 있습니다. 큰일을 해낸 좋은 예를 한 번 보겠습니다.

사울이 처음 이스라엘 왕이 되자 적진에서 하는 말이 이스라엘 남자들 오른쪽 눈을 다 빼면 평화조약을 맺겠다고 하자 크게 분노했습니다. 너무 분노해서 그 에너지를 몰아 적군을 다 물리쳐 버린 예도 있습니다. 이처럼 분을 내되 어떤 방향으로 분출하는가가 중요합니다.

또한 분을 내어 범죄하거든 해가 지기 전에 해결하라고 하셨습니다. 그것이 영적 건강을 유지하는 비결입니다. 그 즉시 해결해야 합니다. 요한일서 1장 9절 말씀에 의지해서 해결해야 합니다. 자꾸 그렇게 하다 보면 범죄할 일이 드물게 됩니다. 죄가 싫어지게 됩니다. 그리고 정결한 마음을 점차 갖게 됩니다. 완전하게 깨끗한 분은 하나님밖에 없지만 우리도 점차 닮아가는 것입니다. 우리의 영이 깨끗하면 모든 것이 좋게 보입니다.

영적으로 건강하고 성숙하면 더 이상 남의 도움 없이도 혼자 힘으로 얼마든지 걸을 수 있고 주님과 사귐을 가질 수 있습니다. 제 소원도, 저희 교인들 스스로가 다 영적으로 건강하여 저 없이, 목사 없이도 신앙생활 할 수 있게 되는 것입니다. 충분히 건강하고 성숙하면 목사를 찾을 일이 별로 없기 때문입니다. 멀찌감치서 목사를 위해 기도해 주고, 좀 미성숙한 사람을 목사님께 연결해 주려고 노력하게 됩니다. 신앙이 아직 약한 사람들은 어떻게 해서든 자주 전화하고 자주 기도 받으려 하고 목사의 도움을 많이 받으려 합니다. 나이가 많고 교회에 오래 다녔음에도 불구하고 신앙적으로 아직 미성숙한 분들이 꽤 있습니다. 영적 건강과 성숙함이 균형을 이루지 못했기 때문입니다.

건강한 사람들은 주님 앞에서 다 해결을 하기 때문에 사람의 도움이 별로 필요 없습니다. 물론 가끔 사람이 필요할 때도 있습니다만, 늘 하나님과 나 사이에서 해결을 하다 보면 사람에게 털어놓는 것이 별로 탐탁지 않게 됩니다.

제 경우도, 몇 번 상담하러 갔다가 상담 끝에, '공연히 이야기했구나' 하는 후회가 들 때가 있었습니다. 저는 평양에서 어렸을 때 월남하여 부모 없이 자라면서 하나님과 모든 것을 해결하며 자라왔는데 이제 와서 사람을 찾아가다니 뭔가 잘못된 것 같았습니다. 그래서 남은 생애 오직 하나님과 나 사이에서만 모든 것을 해결하리라고 결심하게 되었습니다.

사람과 만나려면 약속해야 하고, 그 장소에 가야 하고, 사정을 털어놓아야 하는 등 여러 가지 불편합니다만 우리 주님은 약속이 필요 없고, 내 사정을 미리 다 아시고, 모든 것을 할 수 있는 분이니 얼마나 좋습니까?

주님 안에 참된 힘, 건강, 은혜가 있습니다.

영적 건강을 유지하기 위한 조건

"여호와의 법도 진실하여 다 의로우니 금 곧 많은 순금보다 더 사모할 것이며 꿀과 송이꿀보다 더 달도다" 시 19:9-10

1. 어떻게 영적 건강을 유지할 수 있습니까?

(1) 영적 건강을 유지하기 위해서는 음식(말씀)을 잘 먹어야 합니다.

무엇을 하든 잘 먹어야 건강합니다. 잘 먹지 않거나 아무것이나 먹으면 몸에 이상이 생기듯이 영적인 삶도 마찬가지입니다.

사도 바울은 에베소서와 골로새서에서 성령 충만(엡 5:17 이하)의 결과와 말씀 충만(골 3:16 이하)의 결과가 같음을 강조하고 있습니다. 따라서 말씀 충만이 없으면 영성의 계발이 있을 수 없습니다.

주일 예배에 참석해서 설교를 듣기만 한다면 성숙하기를 기대할 수 없습니다. 자기 손으로 성경을 펴서 자기 눈으로 읽고 가슴에 담는 사람에게서 변화가 나타나게 되어 있습니다. 일주일 한 끼 먹고 건강한 사람이 있습니까? 말씀을 날마다 읽지 않으면 건강하게 성장할 도리가 없습니다.

미국 이민교회 초기에는 모였다 하면 싸우는 교회가 많았습니다. 싸우고 갈라지는 그 주된 요인이 무엇이었는지 아십니까? 다들 너무 바쁘게 생업전선에 뛰어들다 보니 말씀을 먹을 여유가 전혀 없는 상태에서 일주일 내내 죽도록 고생하다가 주일 예배 때 간신히 와서 말씀 잠깐 듣고 모여서 커피 마시고 그냥 흩어지곤 하는 데 있었습니다.

그래서 제가 시작한 것이 「오늘의 양식」 운동입니다. 하루에 조금이라도 매일 말씀을 먹을 수 있도록 일주일 분량으로 나누어 주었습니다. 그 후에 교인들을 심방해 보니까 성경 위에 「오늘의 양식」을 얹어놓고 일하는 모습들이 눈에 띄고 점차 그들의 삶에 변화가 보이기 시작했습니다. 하루 분량의 「오늘의 양식」 읽는 데는 3분 정도밖에 걸리지 않으니까 어렵지 않았습니다.

그것도 바빠서 못하겠다는 사람을 위해서는 전화에 녹음을 해두었습니다. 깨자마자 아니면 잠자리 들기 전에 전화를 해서 들으라고 말입니다. 어떻게 해서든지 먹어야 살고, 먹어야 성장하니 말씀을 먹이려고 제 나름대로 애를 썼습니다. 드디어 교인들의 얼굴이 훤해지고 그 어렵던 제직회도 재미있게 진행되기 시작했습니다. 그것이 소문이 나서 미국 전역에서 「오늘의 양식」 주문이 쇄도하여 현재까지 애용되고 있습니다.

그저 성경 읽으라고만 하면 교인들 중 20% 정도만 읽습니다. 그런데 「오늘의 양식」과 같은 책자와 함께 읽으라고 하면 80%쯤 성경을 읽는다는 통계가 나와 있습니다.

교회에서 직분을 맡은 제직들은 특히 말씀을 더 많이 먹어야 합니다. 영적으로 연약한 사람이 교회 봉사에 뛰어들면 문제를 일으키기가 쉽습니다. 목사님이 설교해 주는 말씀을 듣는 것도 중요하지만 스스로 먹고 성경을 통해 깨우치는 것이 더 오래 가고 더 맛있는 법입니다.

욥이 왜 의로운 자, 처음보다 나중에 더 복 받은 자가 되었습니까? 그는 밥 먹는 것보다 하나님의 말씀을 더 귀히 여겼기 때문입니다(욥 23:12). 이것이 그의 삶의 기본이었기 때문에 축복받은 것입니다. 예레미야는 "주의 말씀은 내게 기쁨과 내 마음의 즐거움이오나"(렘 15:16)라고 고백을 합니다.

우리는 "갓난 아기들 같이 순전하고 신령한 젖을 사모"해야 합니다(벧전 2:2). 깨끗하고 건강한 음식을 사모하는 것이 매우 중요합니다. 올바르고 정확하게 설명된 말씀을 먹어야 건강하고 원만한 신앙인이 됩니다. 성경을 잘못 해석해 놓은 책이나 기이한 현상들을 강조한 책들은 좋은 음식이 아닙니다. 그런 것을 즐기다 보면 신앙이 이상해집니다. 균형 잡힌 삶이 되려면 좋은 음식을 먹어야 하고, 그런 사람은 이단적인 말씀을 접할 때 벌써 영적으로 빨간 불이 켜지는 것을 그 영이 감지합니다.

이처럼 신령하고 순전한 젖을 사모해야 하는 이유는 무엇입니까? 베드로전서 2장 2절 하반절에서는 "구원에 이르도록 자라게 하려 함이라"고 기록되어 있습니다. 자라나야 합니다. 하루아침에 영적으로 성숙해지는 것이 절대 아닙니다. 며칠 집중훈련을 받았다고 해서 우수한 선수가 되는 것이 아니라 오랫동안 꾸준히 훈련해야 하는 것처럼 영적 성숙은 꾸준히 말씀으로 훈련할 때 가능하게 됩니다.

참된 영성은 예수 그리스도를 닮는 것입니다. 예수님을 하루아침에 닮을 수 있습니까? 절대 안 됩니다. 평생 닮아가야 합니다. 그렇기 때문에 가끔 뭔가가 잘못되었다고 해서 실망할 것 없습니다.

미국 사람이 즐겨 사용하는 표현 중에 이런 문구가 있습니다.

지금도 계속 성장하는 중이라는 말입니다. 우리가 이 사실을 안다면 다른 사람에 대해서도 너그러울 수 있습니다. 잘못한 사람을 보면 끌어안고 함께 울고 싶지 쓰러진 사람을 발길로 차고 싶지 않습니다. 나를 싫어하는 사람을 보면 그 사람 속은 얼마나 더 괴로울까 해서 도와주고 싶어집니다. 감기가 들었으니까 열나고 기침하고 아픈 것은 당연한 것 아니겠습니까? 감기 든 사람에게 왜 기침하느냐고 야단만 친다면 도움이 됩니까? 영이 병든 사람은 도와주어서 빨리 건강하게 되도록 힘써야 합니다. 그것이 목회자의 마음입니다.

그런데 그것도 목사 마음대로 되는 것이 아닙니다. 목회자는 물을 줄 뿐입니다. 결국은 하나님께서, 성령님께서 키워 주셔야 가능한 것입니다.

"사람이 떡으로만 살 것이 아니라 하나님의 말씀으로 살아야 한다"(마 4:4)고 하셨는데 먹는 것만을 위해 사는 사람들은 참 불쌍한 사람들입니다. 육신만을 위해 살다가 끝난다면 얼마나 비참합니까? 먹고 무엇을 할 것인가가 중요한 것입니다.

말씀을 잘 먹고 깨끗한 것을 먹는 자는 "지각을 사용함으로 연단을 받아 선악을 분별하는 자"(히 5:14)라고 했습니다. 어떻게 살아야 할지, 무엇이 더 좋은 것인지 눈에 보이고 인생의 어떠한 상황에서든 그 답을 말씀 속에서 찾아 해결하기 때문에 매 순간 주님 안에서 건강하게 살 수 있는 것입니다.

"여호와의 법도 진실하여 다 의로우니 금 곧 많은 순금보다 더 사모할 것이며 꿀과 송이꿀보다 더 달도다"(시 19:9-10).

(2) 영적 건강을 유지하기 위해서는 운동(봉사)을 해야 합니다.

음식을 먹기만 하고 운동을 하지 않으면 몸의 균형이 망가지게 됩니다. 육신 생활에 운동이 꼭 필요하듯, 영적인 활동에도 주님을 위한 봉사가 꼭 있어야 합니다. 여러분의 지나온 날을 돌이켜 보면 보람 있는 추억으로 기억되는 순간들이 있을 것입니다.

제 경우는 고등학교 3학년 때, 친구들과 옷, 쌀 등을 갖고 가장 가난했던 동네를 찾아가서 꼬마들을 모아 공부도 가르쳐 주고 함께 놀아주었던 활동이 아주 따뜻한 기억으로 남아 있습니다. 또 대학생 때는, 눈먼 나이 든 거지가 덕수궁 골목에서 구걸하는 모습을 보고 너무 안쓰러워서 친구들과 의논 끝에 연로한 거지들을 대상으로 온정을 나누기로 결심했습니다. 목욕을 시키고, 이발을 해드리고, 새 옷을 갈아 입히고, 좋은 음식을 대접해 드리니 이분들의 얼굴에 드디어 웃음이 피어나기 시작했습니다.

그때 생각만 하면 얼마나 가슴이 훈훈해지는지 모릅니다. 이러한 것들은 어떤 대가를 바라고 한 것이 아니라 영적인 힘으로 해낼 수 있었다고 생각됩니다. 그런 경험들이 또 장래의 목표와 진로에 결정적 계기가 되기도 했습니다.

믿는 사람에게는 하나님을 위해 인간을 사랑하고 섬기고자 하는 마음과 행동이 있습니다. 이런 봉사를 통해 영적으로 건강하게 되고 성장하게 됩니다. 그 당시 함께 봉사했던 친구들을 30여 년 후에 다시 만나보니 사회 구석구석에서 훌륭한 지도자들이 되어 있었습니다. 대학생 때부터 그런 봉사하는 마음을 갖고 평생을 살다 보니 어느덧 인정받는 사람들이 된 것입니다. 이런 사랑의 섬김과 활동이 그 정신과 영혼을 건강하고 성숙하게 만든 것입니다. 하나님과 이웃을 위해 헌신할 때 진정한 기쁨이 넘치게 되어 있습니다.

하나님께서는 고아와 과부와 신체장애인들을 무척이나 아끼시고 보호하십니다. 이들을 해하는 자는 하나님이 직접 벌하겠다고 하실 만큼 보호하십니다. 그러므로 그들을 무시해서는 안 됩니다. 그들이 원하는 것은 값싼 동정이 아닙니다. 그저 동등한 인격체로 대해 달라는 것입니다. 특별히 이들을 대상으로 구제할 때는 아주 조심해야 합니다. 무시하고, 선심 쓰는 듯한 태도는 그들의 가슴에 큰 상처를 줄 수 있기 때문입니다. 정중하고 존중하는 마음으로 돌보는 것이 바람직합니다. 이때에 우리의 성숙함이 나타납니다. 일상생활 속에서 자연스럽게 우리의 영성이 계발되어야 하는 것입니다.

얽매였던 죄에서 해방된 우리는 새로운 마음으로, 섬기기 시작해야 합니다(롬 7:6). 하나님을 섬긴다는 것은 이웃을 섬기는 것입니다. 우리를 통해서 하나님의 사랑이 흘러나가기 때문입니다. "형제의 궁핍함을 보고도 도와 줄 마음을 닫으면 하나님의 사랑이 어찌 그 속에 거하겠느냐"(요일 3:17)라고 했습니다. 섬김을 시작할 때 우리의 영적 건강과 성숙이 시작되는 것입니다.

어떤 교회를 방문하게 되면 제가 무안해지는 때도 있습니다. 목사님이 제직들을 함부로 대하는 태도 때문입니다. "이 세상의 대인들은 권세를 갖고 마음대로 통치하려고 하나 너희는 그렇게 하지 말라"고 성경은 강하게 말씀하고 있습니다. "인자가 온 것은 섬김을 받으려 함이 아니라 도리어 섬기려 하고 자기 목숨을 많은 사람의 대속물로 주려 함이니라"(막 10:45)고 했습니다.

이 세상에는 섬기는 자가 부족합니다. 대가를 다 받으면서 일합니다. 그리고 섬겨달라고만 합니다. 가정에서 문제가 생기는 것도 서로 자기를 섬겨달라고 하기 때문입니다.

예수님의 방법과 세상의 방법은 그야말로 정반대입니다. 하나님의 사람들은 달라야 합니다. 교회에 오면 달라져야 합니다. 교회 안에서는 사장이건, 회장이건 다 똑같이 서로를 섬겨야 합니다. 인간이 참 인간일 수 있는 기회를 제공해 주는 것이 교회입니다.

"무슨 일을 하든지 마음을 다하여 주께 하듯 하고 사람에게 하듯 하지 말라 이는 기업의 상을 주께 받을 줄 아나니 너희는 주 그리스도를 섬기느니라"(골 3:23-24).

무슨 일을 하든지 마음을 다하여 주님께 하듯 하는 모습, 이 얼마나 멋있습니까? 전심으로 일을 하며 사는 것과 절반의 성의로 일하며 사는 것은 몇 년 후에 보면 엄청난 차이가 생길 것입니다.

제가 좋아하는 친구들은 주로 대학 때의 친구들인데, 이들은 30여 년이 지난 지금도 존경스럽고 가슴이 뿌듯해지고 사랑스럽습니다. 그

때부터 무엇이든 전심으로 성실하게 했던 친구들이기 때문입니다. 30여 년을 그렇게 성실하고 깨끗하게 살아왔기 때문에 오늘 한국사회 전반에 걸쳐 지도자들이 되어 있었습니다. 전심으로 살아왔기 때문입니다.

전심으로 일한 뒤에는 결과가 어떻게 되든 상관없습니다. 오른쪽에 앉느냐, 왼쪽에 앉느냐 하는 것은 하나님이 결정하실 일이지, 야고보의 어머니처럼 한 아들은 오른쪽에 한 아들은 왼쪽에 앉혀 달라고 할 수 없는 것입니다. 예수님이 제자들에게 "내 잔을 마실 수 있느냐?"고 하셨는데, 그 잔은 십자가의 죽음을 말하는 것이었습니다. 그것을 모른 채 그렇게 할 수 있다고 한 제자들은 결국 그 잔을 마신 순교자들이 되었지만 어쨌든 왼쪽이냐 오른쪽이냐는 하나님 아버지만이 아시는 일입니다. 내가 전심으로 해냈으면 설령 저 밑의 자리라도 떳떳한 겁니다. 주님만 한 감독자가 없기 때문입니다.

제가 가르치던 미국 신학교의 교장이 하루는 제 연구실에 들어와, 이런저런 얘기 끝에 "나는 하나님께서 나에게 시켜 주신 일에 너무 바빠서 교수들 어깨너머로 넘겨 보며 간섭할 시간이 없다"라는 말을 했습니다. 그러니 주님 앞에서 하듯 스스로 잘 알아서 하란 의미입니다. 사실, 교장 마음에 들게 하고 좋은 인간관계 맺는 것은 그리 어려운 일이 아닙니다. 그런데 하나님 마음에 들게 하기란 결코 쉽지 않습니다. 교장선생님이야 서로 대면할 때뿐이지만 하나님은 잠잘 때나, 깨서나, 차를 탈 때, 먹을 때 등 무엇을 하든 보고 계시니까 하나님을 기쁘게 하는 것이 교장 마음에 들게 하는 것보다 훨씬 어려울 수밖에 없습니다. 그러니 주님이 주신 교수직을 주님 앞에서 성실히 수행하는 것이 당연하고 그렇게 하니까 교장은 당연히 저를 좋아할 수밖에 없었던 것입니다.

사람 앞에서 살려고 하면 여러 가지 부딪치는 것이 많습니다. 그들이 칭찬하면 좋아하고, 칭찬 안 해주면 낙심합니다. 그러나 "주님, 오늘도 섬기게 하심을 감사드립니다" 하면서 내 모습 그대로 성실하게 주님 앞에서 살려고 하면 참 쉽습니다.

우리의 마지막 상은 주님께로부터 받게 됩니다. 이웃이, 목사님이 알아주고 알아주지 않는 것이 중요한 것이 아닙니다. 마지막에 주님 앞에 갔을 때 받을 상이 가장 중요합니다.

교인들이 목회자에게서 제일 바라는 것이 무엇인가 생각해 보았습니다. 물론 얼마나 자신들을 위해서 심방, 기도, 관심을 가져주는가도 중요하게 생각하지만, 그보다 목회자가 얼마나 주님을 사랑하고 섬기려고 애쓰는가를 더 중요하게 여기는 것 같습니다.

제가 미국에서 한국으로 나오기 바로 전입니다. 교인들이 찾아와 그동안 수고 많이 하셨다고 말했습니다. 그러나 사실 저는 정말 한 것이 없었습니다. 신학교 교수로서 월요일부터 금요일까지 학교에 머물다가 주말에나 교회를 섬겼기 때문입니다. 일주일 내내 전화하고, 심방하고, 열심히 교회를 섬겼다면 그런 말을 들을 만하지만 그렇지 못했으니 정말 주님께서 다 하신 일이지, 저는 한 일이 없었습니다. 그러나 그들의 말은, 목사님이 무엇을 했는가가 중요한 것이 아니라 목사님이 하나님 앞에서 어떻게 살려고 했는지 보는 것이 중요했다는 겁니다. 하나님의 종들은 하나님을 섬기게 되어 있고, 그로 인해 하나님의 사랑을 듬뿍 받아 우리 이웃에게 그대로 전달할 때 영적으로 건강하고 성숙하게 됩니다.

우리는 지금 참된 영성에 대해 생각해 보고 있습니다. 참된 영성이란 결론적으로 그리스도를 닮아가는 것이라고 했습니다. 참된 영성 운동은 언제나 예수 그리스도 중심입니다. 성령도 성령을 위해 오신 분이 아니라 예수님을 위해 오셨고, 예수님에 의해 보냄을 받았고, 예수님의 영광을 위해 오셨습니다. 따라서 참된 성령 운동은 예수 운동입니다. 즉 성령은 성령 운동을 하러 오신 것이 아니라 예수 운동을 하러 오셨다는 것을 기억해야 하겠습니다.

좀 더 자세히 설명해 보겠습니다.

요한복음 14장 16절을 보면 성령의 이름을 '보혜사'라고 했습니다. 쉽게 말해서 변호사 같은 것입니다. 내 옆에 서서 나를 도와주시는 분이 보혜사 성령입니다. 예수님은 몸을 입고 오셨기 때문에 여러 곳에 동시에 있을 수 없습니다. 그러나 예수님이 떠나고 나면 더 좋은 것을 보내 주신다고 했는데, 예수님과 똑같으나 다른 보혜사가 오신다고 했습니다.

여기서 '다른'이란 '또 하나의'(another)라는 뜻입니다. 사과나 귤처럼 두 가지의 종류가 아니라 사과 중에서 또 다른 사과와 같은 것입니다. 속성이나 능력이나 인격이나 신성에 있어서 모두 다 예수님과 똑같지만 몸을 입고 오셨던 예수님과는 달리 영으로 오기 때문에 100 사람이면 100 사람에게 동시에 내주하실 수 있고 동시에 도울 수 있다는 말입니다. 그래서 예수님이 하늘로 가시는 것이 우리에게 유익하다고 설명해 주신 것입니다.

이 보혜사는 "우리와 영원히 함께 계실 것"이라고 했습니다(요

14:16). 이것이 바로 우리가 모시고 있는 성령입니다. 이 성령은 우리와 함께 거할 뿐 아니라 우리 속에 계신다고 했습니다(17절). 이 사실을 아는 사람은 삶이 전혀 달라집니다.

가끔 교회 안에서 자신은 성령을 받지 못했다고 생각하는 사람들을 보는데, 그들은 성령을 어떤 신비한 체험을 통해서 얻는 것으로 잘못 인식하는 경우가 많습니다. 이는 예수님께서 설명해 주신 성령의 개념을 정확히 알지 못하기 때문입니다. 이런 사람들은 신앙생활을 참 어렵게 하고 불필요한 방황을 많이 합니다. 또 성령에 대해서 다른 사람들에게서 들으려고 하니 문제입니다. 예수님만큼 성령에 대해서 잘 아시고 정확하신 분이 어디 있겠습니까? 그의 말씀을 깨닫고 믿으면 영적 성숙함을 누릴 수 있습니다. 인간의 지식은 부족하고 한계가 있어서 그것을 의존하면 편협하고 이해가 제대로 안 됩니다. 예수님에게만 희망이 있고 진리가 있으니 예수님만 따라가야 합니다.

성령을 보내시는 분은 예수님이고, 성령은 오셔서 예수님에 대해 증언한다고 했습니다(요 15:26). 참된 성령은 언제나 예수님을 드높입니다. 따라서 참된 성령 운동은 바로 예수 운동입니다.

사도행전 1장 8절에서도 성령이 우리에게 임하시면 권능을 받아서 예수님의 증인이 될 것을 말씀하고 있습니다. 많은 사람이 권능에만 초점을 맞추어서 어떡하든지 권능 받아 휘둘러 보고 싶어하지만 성령이 우리 안에 거하시면 권능을 받게 되고 그 권능으로는 예수님을 증언하도록 되어 있는 것입니다.

성령은 오셔서 예수님에 대해서 증언하고 또 죄와 의와 심판에 대해 말씀하신다고 했습니다(요 16:8). 그는 자의로, 즉 자기 뜻대로 말하는 것이 아니라 예수님이 시키는 것만 말하며 예수님의 영광을 나타내어 예수님의 것으로 우리에게 알릴 것입니다(요 16:13-14). 예수님의 것이라 함은 사복음서에 기록된 예수님의 생애와 교훈을 일컫는 것입니다. 예수님에 대한 것을 모든 사람에게 전하는 사역이 성령의 임무입니다.

(3) 영적 건강을 유지하기 위해서는 호흡(기도)을 멈추지 말아야 합니다.

① 기도를 생활화해야 합니다.

생명을 유지하기 위해서는 반드시, 매 순간 숨을 쉬어야 합니다. 한꺼번에 몰아서 숨을 쉴 수는 없는 법입니다. 기도도 마찬가지입니다. 데살로니가전서 5장 17절에서 말했듯이 "쉬지 말고" 기도해야 합니다. 즉 기도가 생활화되어야 합니다.

기도는 하나님과의 대화로, 저 멀리 계신 하나님을 부르는 것이 아니라 내 안에 영으로 계시는 그분과 언제나 만날 수 있게 되었으니 얼마나 감사한 일입니까? 그런데 교회나 기도원에만 주님께서 계시는 것으로 착각해서 그곳에 가야만 기도할 수 있는 것처럼 생각하는 사람들이 많습니다. 내 몸이 바로 성령의 전(殿)인 것을 모르고 말입니다.

그저 사사건건 주님께 물어보고 의논하며 대화하는 것이 바로 쉬지 않고 하는 기도의 생활화입니다. 생활은 교회에서만 하는 것이 아닙니다. 우리 생활의 대부분은 가정과 직장에서 보냅니다.

느헤미야의 안색이 좋지 않은 것을 보고 아닥사스다 왕이 그 이유를 묻고는 "무엇을 원하느냐?"고 했습니다. 이때 느헤미야는 순간적으로 하나님께 기도하고 대답했습니다(느 2:4). 느헤미야는 기도가 생활화된 사람이었습니다. 이런 사람이 결국은 예수님을 닮게 되고 성숙한 영성을 유지하게 됩니다.

② 낙심하지 말고 기도하십시오.

누가복음 18장에서 비유로 설명하고 있는데, 세상 살아가노라면 낙심할 일이 너무 많이 있습니다. 그래서 기도가 더 필요합니다. 기도는 낙심에 대한, 절망에 대한 해답입니다. 낙심하고 절망하는 것은 에너지와 시간의 낭비입니다.

탄식할 때에 그 앞에 '주여!'라고 붙여 보십시오. "아이고, 내 신세야" 하며 탄식하던 것도 "주여, 어떡하다 제가 이렇게 되었습니까?" 하면 기도가 됩니다. "이거 큰일 났네" 하면 염려지만 "주님, 이거 큰일 났네요" 하면 기도입니다.

언제나 주님과 대화할 수 있는데 왜 걱정하느냐는 말입니다. 이런 면에서 훈련 잘된 사람이 영적으로 성숙한 사람입니다.

③ 무엇이든지, 언제든지 성령 안에서 기도하십시오.

우리는 모든 것을 기도로 주님과 대화하고 해결해 나가야 합니다. 자나 깨나 대화하는 것입니다. 남들이 보면 혼자 중얼거린다고 미쳤다 할지도 모르지만 사실 우리는 예수에 미친 사람들 아닙니까?

에베소서 6장 18절에 "모든 기도와 간구를 하되 항상 성령 안에서 기도하고"라고 했습니다. "항상"은 기도의 무제한성을 표현합니다. 무엇이든지에 대해서 기도할 수 있다는 것입니다. 인간은 시간에 제한이 있고 사소한 것은 아닌지에 대해 신경을 쓰게 되지만, 하나님께는 무엇이든지 언제나 얼마가 걸리든지 갖고 갈 수 있습니다.

또 "성령 안에서" 기도하라고 했습니다. 우리는 때로 하나님께 무슨 말을 해야 할지, 어떤 기도를 해야 할지 막막할 때가 있습니다. 어찌할 바를 모를 때, 내 안에 계시는 성령이 다 알아서 대신 간구해 주신다는 것입니다.

이와 같은 훈련을 늘 하는 것이 바로 영성 훈련이라고 생각하며, 이런 훈련을 통해 주님을 점점 닮아가게 되는 것입니다.

(4) 영적 건강을 유지하기 위해서는 휴식(주님께 전적으로 맡기는 신뢰)이 필요합니다.

쉴 틈이 없는 현대인은 스트레스가 잔뜩 쌓이면서 도저히 감당하지 못하게 되는 사람들이 많습니다. 그래서 미국의 어떤 심리학자들은 일주일에 한 번은 시골을 찾아가서 산림 속을 마냥 걸으며 쉼을 가지라고 제안하기도 합니다.

특히 목회자는 성도들의 많은 문제를 들어주어야 하므로 정신적 압박이 더 심합니다. 털어놓고 간 사람들은 쉼을 얻지만 들은 사람은 그것을 놓고 기도하며 씨름해야 하기 때문입니다. 그러다 보면 기진맥진해지기에 십상입니다. 하고 싶은 말이라도 제대로 할 수 있습니까? 그래서 더욱 더 쉼이 절실한 것입니다.

영적인 쉼은 주님 안에서만 가능합니다. 주님 안에서 쉴 때 영적인 쉼이 가능하고, 그로 말미암아 육신 생활에서의 쉼도 가능해집니다. 주님 안에서 잘 쉬면 인간이 쉬지 못하게 해도 어려움을 극복할 수 있습니다.

‘이제는 내가 사는 것이 아니라 내 안에서 그리스도가 사시기 때문에’(갈 2:20) 무엇이든 내가 하려고 애쓰고, 수고할 것이 아니라는 것입니다. 주님께 맡겨 버리면 주님이 나를 통해 일하시게 되고 나는 쉼을 얻게 됩니다. 이제 하나님의 안식에 들어간 사람은 “주님, 이제 어떻게 합니까?” 하며 주님께 묻고 맡기어 주님께서 일하시게 해야 합니다. 내 지혜를 갖고 이렇게 할까, 저렇게 할까 걱정하고 염려하면 성령께서 일하실 수 없습니다.

그런데 믿는 사람에게 무척 약한 부분이 바로 이것입니다. 내가 다 하려고 하니 얼마나 힘든지 모릅니다. 너무 오랜 세월을 내 힘으로 사는 습관이 되어 있기 때문입니다. 마치 어린아이가 엄마 품에 안겨 모든 것을 다 맡기듯이, 우리도 하나님 아버지 품에서 푹 쉬는 훈련이 필요합니다. 내 안에서 전적으로 성령께서 일하시도록 해드리는 것이 필요합니다.

성령 충만이 무엇입니까? “성령으로 충만함을 받으라”(엡 5:18)고 했는데, 이 구절의 헬라어 원어를 보면 현재형으로 되어 있어 계속적 상태를 나타내고 있습니다. 따라서 성령 충만은 어디 가서 단번에 받아오는 것이 아닙니다. 물을 틀어놓고 계속적으로 컵에 물을 받는 것과 같은 상태를 말합니다. 이것은 계속적으로 순간순간 성령께 의존하고 성령께서 일하시도록 해야 가능한 일입니다.

성령 충만의 결과로는 찬양이 있고(19절), 감사가 있고(20절), 아름다운 인간관계가 이루어짐(21절)을 알 수 있습니다. 성령 충만은 성령께서 모든 일을 하시니까 나는 성령 안에서 바로 쉼을 누리는 삶입니다. 맡겨 버리면 일이 되는 것은 경험을 통해서도 알 수 있습니다. 때로는 내가 구상하고 지시하고 해결해 주고 싶은 충동들이 강하게 일어납니다. 그러지 않으려고 하는 것이 얼마나 힘든지 모릅니다. 그 충동을 누르려니 내가 죽어야 합니다. 그러나 내가 안 하고 주님께 맡기면 주님께서 얼마든지 더 잘 해내시는 것을 경험으로 알게 됩니다.

무엇을 입을까 무엇을 마실까 무엇을 입을까 염려하지 마십시오(마 6:25). 하나님이 책임져 주십니다.

미국에서 목회하던 교회를 새롭게 아주 크게 잘 건축했는데, 어떤 분이 마음에 안 들었나 봅니다. "이 큰 것을 어떻게 감당할 것이냐?"고 저에게 와서 1시간쯤 따졌습니다. 다 듣고난 저는, "제일 좋은 차를 주신 하나님이 휘발유나 열쇠를 안 주시겠느냐?"고 했습니다. 인간의 사업적인 머리로 생각하면 도저히 감당할 수 없는 몫입니다.

하나님 안에서 안식하고 있는 사람들은 사업가의 머리로 교회를 움직이려고 해서는 안 됩니다. 믿음으로 움직여야 합니다. 믿어야 쉼이 있습니다. 믿음과 신뢰가 바로 휴식입니다. 결국 1년 후에 결산해 보니까 교회 운영비, 선교비 다 제하고도 많은 예산을 비축할 수 있었습니다. 믿고 의지하는 것도 계속하여 훈련해야 합니다. 이것이 바로 영성 훈련입니다. 쉼의 훈련은 한 번이라도 더 연습하는 것이 좋습니다. 시간이 지날수록 풍성한 삶이 형성되기 때문입니다. 여기에 영적인 성숙과 건강이 있는 것입니다.

"먼저 그의 나라와 그의 의를 구해야" 합니다(마 6:33). 인간적으로 나의 유익을 계산해서 일을 하려고 하면 오히려 좋지 않은 결과가 오는 것을 많이 보았습니다.

미국에서는 큰 교단의 목사가 되면 월급이 보장됩니다. 이 월급 보장을 바라고 가입하는 목사님들의 교회치고 잘되는 교회를 별로 못 봤습니다. "주께서 제게 합당한 양떼를 허락해 주시옵소서. 전도하게 도와주시옵소서" 하며 모든 것을 주님께 맡기고 어려운 가운데 극복해 나가는 목사님들과 편안하게 경제적 보장을 바라며 목회하는 목사님들을 몇 년 후에 비교해 보면 전혀 다른 목회자가 되어 있는 것을 보게 됩니다.

하나님을 의존하고 나가면 설령 세 끼 먹을 것 두 끼만 먹어야 해도 속은 편합니다. 주님 안에서 쉼이 있기 때문입니다. 주님은 "그의 나라와 그의 의를 먼저 구할 때 이 모든 것을 더해 주시겠다"고 약속하지 않으셨습니까?

조용히 신뢰하여야 여호와로부터 힘을 얻을 수 있다고 합니다(사 30:15). 모든 염려는 주께 다 맡겨 버리라고 하셨습니다(벧전 5:7). 맡긴다는 것은 다시 돌아오지 않게 던져버리라는 것입니다. 그런데 사람들은 염려에 고무줄을 매달아서 던지므로 다시 돌아와서 또 걱정하곤 하는 것입니다. 걱정거리들이 머릿속에서 빙빙 돌면 그 압박감 때문에 정신이 없습니다. 이럴 때는 하나씩 붙잡아서 기록을 해보고는 그것을 다 하나님께 맡겨 버리면 신기하게도 하나씩 해결되는 것을 경험하곤 합니다.

저는 헌금을 위한 기도를 할 때 헌금뿐 아니라 내 몸도 내 삶도 다 드리며 갖고 온 고민도 다 드리오니 몽땅 받아주시고 맡아 달라고 합니다. 예배는 하나님을 드높이고 자신을 드리는 행위입니다.

곤비하지 않고 피곤하지 않으려면 여호와를 앙망하는 방법밖에 없습니다(사 40:31). 내 때와 주님의 때가 맞지 않는다고 해서 조급할 것이 아니라 내 형편을 더 잘 아시는 주님께 다 맡겨 놓고, 나는 쉬면 되는 것입니다. 내 힘이 모자라 부족할 때는 하나님께 맡기고 쉬는 훈련이 영성계발입니다.

(5) 영적 건강을 유지하기 위해서는 사회적 건강(교제)이 필요합니다.

이것은 정서적, 심리적 건강에 필수적입니다. 부모와 늘 대화하며 친하게 지내면서 자라난 아이들, 형제간에 우애가 깊은 아이들이 언제나 안정감이 있고 당당해 보이는 것은 사회성이 잘 계발되어서 사회적으로 건강하기 때문입니다.

예수님은 "키와 지혜가 자라면서 하나님과 사람들에게 사랑을 받으셨다"고 기록되어 있습니다(눅 2:52). 하나님 앞에서만 사랑을 받는 사람은 아마 깊은 수도원에서 살아가는 사람일 것입니다. 우리는 세상에 속하지 않았지만 세상에 살고 있으므로 늘 이웃을 생각해야 합니다. 십자가 모습이 위아래와 양옆을 향한 것처럼 말입니다. 정상적이며 건강한 신앙인들은 하나님과의 사랑도 강할 뿐 아니라 사람과의 관계도 참 좋습니다.

하나님을 사랑한다고 애는 쓰는데 교인들 사이에서 문제를 자주 일으키는 사람은 신앙과 인격의 성장이 제대로 계발되지 않았기 때문입니다. 즉 참된 영성이 부족한 것입니다. 사회적으로 건강해야 심리적으로도 건강하고 신앙생활이 원만해지며 예수 그리스도를 닮기도 원만해지는 것입니다.

나의 대인관계가 아무리 좋다 하더라도 나를 싫어하는 사람은 어디에나 꼭 있게 마련입니다. 이때, 나를 안 좋아하는 사람만 잘 다루게 되면 나머지 대인관계는 저절로 해결됩니다. 평소에 인사하는 사람하고만 인사를 나누면 이방인과 다를 것이 무엇이냐고 예수님도 말씀하셨습니다(마 5:47). 나를 괴롭히는 몇 사람을 어떻게 대할 것인가가 중요합니다.

다윗도 많은 사람에게 존경과 사랑을 받았습니다만 사울처럼 다윗을 쫓아다니며 괴롭힌 자들이 주변에 많이 있었습니다. 그런데 사울이 죽자 여느 사람 같으면 너무 좋아 했을 텐데 다윗은 오히려 슬퍼 울었습니다. 적장 아마사가 죽었을 때도 마찬가지였습니다.

원수를 사랑하는 것은 중요한 일인데 그만큼 나 자신의 기본적인 태도와 훈련이 되어 있어야 다룰 수 있는 것입니다. 참된 영성에는 사회성이 반드시 있습니다.

2. 어떻게 사회적 건강을 계발할 수 있습니까?

(1) 만나기를 힘쓰라.

사람을 잘 알고, 잘 사귀려면 우선 자주 만나야 합니다. 교회 생활을 오래 한 사람들은 워낙 교회 내에서 여러 형태의 모임을 가져 봤기 때문에 사람 사귀는 것을 그다지 힘들어하지 않습니다. 또 외향적인 사람들은 별로 문제가 없지만 내성적인 사람들은 사람 만나는 것을 그다지 좋아하지 않고 불편하게 생각하기 때문에 만나는 것 자체를 힘들어합니다. 이런 경우는 기도하고 노력해서 자신을 계발해 나가야 합니다.

(2) 만남을 기뻐하라.

어제 만났던 사람이 오늘 다시 만나도 기뻐하고 좋아한다면 호감을 갖게 됩니다. 나는 내성적이라 할지라도 상대방이 이렇게 외향적으로 기쁨을 표해주면 그 사람에게 끌리게 됩니다.

저는 친척들이 무척 많은데 그중에서 여자 조카 아이 하나는 매일 보는데도 저만 보면 팔짝 뛰며 꼭 끌어안는 꼬마가 있습니다. 자연히 여러 조카 중에서 그 아이에게 정이 다 쏠리게 됩니다. 이렇게 나에 대해서 반가움을 표해주는 상대에겐 당연히 호감이 쏠리게 되어 있습니다. 성격적으로 이것이 잘 안되면 조금 노력을 해서라도 원만한 대인관계를 갖는 것이 좋을 것입니다. 주님의 도움을 구하십시오.

(3) 나누어 갖기를 힘쓰라.

사도행전 2장에 나오는 초대교회의 모습에 잘 나타나 있는데, 음식을 나누고 기도를 나누고 대화도 나누어야 합니다. 대화할 때 주로 듣기만 하는 사람들이 있는데, 하지만 너무 말이 없으면 상대방이 재미가 없습니다. 고개라도 끄덕여 준다든가 맞장구를 쳐준다든가 뭔가 주는 것이 있어야 합니다.

정보, 찬양, 간증 등도 서로 주고받는 것이 중요합니다. 주기만 한다든지 받기만 하는 것은 좋지 않습니다. 서로의 고민도 나누어야 합니다. 다만 고민을 털어놓을 때는 지혜롭게, 또 가능한 한 성숙한 상대방과 나누는 것이 좋습니다.

(4) 듣는 자세를 계발하라.

들어주기보다는 혼자 떠들고 가는 사람이 있는데, 그런 사람은 별로 만나고 싶지 않게 됩니다. 누구나 대개는 잘 들어주는 사람과 가까워지게 됩니다. 특히 목회자는 듣는 것은 속히 하고, 말하는 것은 더디 해야 합니다.

귀를 기울여 듣습니다 — 눈으로 상대방을 응시하며 들어야 합니다.

몸으로 듣습니다 — 고개를 끄덕이는 등의 반응을 보이는 것입니다.

입으로 듣습니다 — '그렇습니까', '그래요?' 등 적절한 대구와 질문이 필요합니다.

머리로 듣습니다 — 상대방이 말하고자 하는 뜻을 정확히 이해하려 노력해야 합니다.

가슴으로 듣습니다 — 상대방의 감정을 공감해 주는 것이 중요합니다.

그렇지 못하면 말한 사람이 ‘공연히 말했구나’ 하고 후회를 하게 됩니다. 공감해 준다는 것은 반드시 동의하지는 않아도 상대를 충분히 이해한다는 의미가 됩니다.

부부 사이에서도 때로, 아내가 하는 말이 옳지 않다고 생각될 때 그것을 아니라고, 틀렸다고 계속 반박하는 남편이 되지 말고 ‘그럴 수도 있겠지’ 하며 들어주는 남편이 되었으면 좋겠습니다.

나에 대한 불평을 늘어놓는 사람에 대해 그 불평이 옳지 않다고 반박하기보다는, 일단 “나에게 말해준 것이 고맙다.” 하고 인내로써 끝까지 들어주는 것이 중요합니다. 그러면 그 사람과도 좋은 관계를 이어갈 수 있습니다. 사실 불평을 잘하는 사람은 누구에 대해서나 불평거리가 많기 마련입니다.

(5) 상대방을 이용하려 하지 말라.

자기의 유익을 위해 상대방을 늘 이용하려는 사람이 있습니다. 그런 사람을 만나면 불편합니다. 그런 사람은 한두 번은 자기 계획대로 상대를 움직일 수 있겠지만 계속적인 사귐은 힘들어집니다. 도움도 서로 주고받아야 합니다. 그리고 도움이 필요하면 모든 것을 움직일 수 있고 모든 것을 들어주시는 하나님께 먼저 구해야 합니다.

(6) 늘 도우려는 사람이 되라.

늘 남을 돕고자 하는 사람을 사람들은 좋아하게 마련입니다. 만나면 도움이 되는 사람은 늘 생각나고, 늘 찾게 되고, 늘 가까이하고 싶어집니다. 이런 사람이 되려고 애를 써야 합니다.

(7) 예수를 중심으로 울타리를 크게 치라.

가슴이 탁 트인, 폭넓은 자가 되어야 합니다. 나를 중심으로 원을 그리는 사람, 나와 직접적 관련이 있는 것만 생각하는 사람이 있는데, 그런 사람은 좋은 사귐을 가질 수 없습니다. 그 울타리 안에 들어오는 사람이 많지 않기 때문입니다.

예수님을 중심으로 원을 그리면 그 안에 들어오는 사람이 많게 됩니다. 늘 내 교파, 내 교회만 부르짖는 것은 아주 좁게 원을 그리는 일입니다.

저도 미국 가기 전까지는 내 교파만 예수 잘 믿는 것으로 생각하고 다른 교회 예배에 참석하면 어색했습니다. 그러나 미국에서 신학교에 입학해 보니까 다른 교파 출신 학생들이 나보다 예수를 더 잘 믿고 더 사랑이 많은 것을 보고 많이 깨달았습니다.

성령으로 말미암지 않고는 예수를 주라 시인할 수 없으므로 예수를 주라 시인하는 자는 다 하나님의 자녀요 백성이 아니겠습니까? 그런데 다른 교파는 예수님을 잘 믿지 않는다고 생각한다면 얼마나 어리석습니까?

교회를 옮기는 문제도 그렇습니다. 내 목회지에서 은혜를 못 받는 교인이 있다면 은혜받을 수 있는 다른 교회로 옮기는 것을 허용해주어야 합니다. 은혜를 못 받으면 영적으로 마르게 되기 때문입니다. 내 교인이라 생각하지 말고 하나님께서 맡기신 양이라고 생각해야 합니다. 예수님의 양이 목회자와 맞지 않아 자꾸 마르는데 살찔 기회가 주어진다면 다른 목회자에게 기꺼이 보내 드려야 합니다.

갈 때마다 기도해서 잘 보내 드려야 합니다. 사람이 오고 가는 것은 사람이 할 수 있는 일이 아닌데 인간적으로 묶어 놓을 수 없습니다. 예수를 주라 고백하는 교회는 다 주님의 교회인데 내 교회만 주님의 교회가 아닌 것입니다.

기독론으로는 하나가 될 수 없으나 예수 안에서는 하나가 될 수 있습니다. 성서론에서는 합의가 어려워도 성경 안에서는 하나 될 수 있습니다. 복음주의란 신학적인 입장에서는 어려울지 몰라도 복음 안에서는 하나 될 수 있습니다. 언제나 중요한 것은 예수 중심으로 원을 그려야 한다는 것입니다.

(8) 격려해 주라.

제가 미국에서 이런 실험을 해본 적이 있습니다. 만나는 사람마다 무조건 "Congratulations!"(축하합니다) 했더니 무슨 영문인지도 모르면서 무조건 좋아하는 것이었습니다. 그러면서 "이러이러한 일 때문에 축하해 주시는 거냐?"고 제게 물어왔습니다. 저는 사실 그런 일이 있었는지 전혀 모르고 있었습니다. 그런데도 누구에게나 다 축하받을 일이 조금씩은 있나 봅니다. 축하 인사받고서 좋아하지 않는 사람은 거의 없습니다. 처음에는 어리둥절하다가도 "어떻게 아셨느냐?" 하면서 좋아합니다. 제가 잘 모르면서도 아는 척 해주니까 그렇게 좋은가 봅니다.

누구에게든지 하루 한 번은 칭찬해 주는 것을 습관화 해보십시오. 하나님을 찬양하는 입술로, 사람을 저주할 것이 아니라 칭찬해야 합니다. 이것이 사귐에 큰 도움이 됩니다.

(9) 상대의 가치를 인정해 주라.

인간은 자신의 가치를 인정받을 때 행복감을 느끼고, 살아납니다. 자녀가 공부 잘해서 우수한 성적을 내면 그것을 자랑하는 엄마의 얼굴이 얼마나 환한지 보십시오. 그 사실을 자랑하는 마음은 상대가 그것을 알아달라는 것입니다. 마땅한 일입니다.

우리나라에서는 부인과 자식 자랑하는 것을 팔불출이라고 해서 억제하는 전통이 있지만, 이것은 바람직하지 못하다고 생각합니다. 마땅히 자기 가족을 자랑스럽게 여기는 것이 왜 못난 일입니까? 하나님이 우리에게 주신 것은 다 감사해야지요.

자기가 자기 된 것이 하나님의 은혜인 줄 알고, 조금 부족하더라도 감사할 줄 아는 사람이 행복한 사람입니다. 내 자식이 조금 부족한 데가 있어도 하나님이 주신 선물로 알고 귀하게 여기는 것, 잘 인정받지 못하는 사람을 더 귀하게 대해주는 것이 참으로 중요합니다. 자기의 가치를 인정받을 때, 사람들이 믿어줄 때 그 사람은 활짝 피어나게 됩니다. "저는 형제를 좋아합니다"란 표현을 자주 쓰는 것은 좋은 습관입니다.

(10) 언제나 미소를 띠고 대해주라.

이 세상에서 제일 좋은 화장품은 미소입니다. 웃는 얼굴이 미운 사람은 하나도 없습니다. 늘 미소를 띠고 사람들을 만나면 사람들이 좋아하게 되어 있습니다. 미소는 사람과 사람 사이의 마음의 벽을 허무는 신비한 힘이 있습니다.

성령 충만한 사람의 삶은 찬양이 넘치고 감사가 늘 있고 원만한 인간관계를 갖습니다(엡 5:18-21). 에베소서 5장 21절의 "피차 복종하라"(21절)에서 '복종한다'는 단어가 바로 원만한 인간관계를 말하는 것입니다. 내가 상대방 밑에 들어가 떠받쳐 주면 서로의 관계가 원만해지는 것입니다. 에베소서 6장에 이런 원만한 인간관계에 대해 자세히 기록하고 있습니다.

지금까지 영적 건강의 비결로 소개해 드린 말씀, 기도, 봉사, 휴식, 사회적 활동을 성령의 도움으로 잘 계발해서 영적으로 성숙한 사람이 다 되시기를 바랍니다.

영성계발을 위한 필수요건들

"모든 기도와 간구를 하되 항상 성령 안에서 기도하고 이를 위하여 깨어 구하기를 항상 힘쓰며 여러 성도를 위하여 구하라" 엡 6:18

1. 영성계발의 필수요건

그리스도인이라면 누구나 참된 영성을 갖기를 원합니다. 그러나 참된 영성을 갖기 위해서는 어떤 것들이 필요할까요? 지금부터 영성계발을 위한 필수요건들을 살펴보겠습니다.

(1) '성령 안에서' 영성계발은 이루어집니다.

"모든 기도와 간구를 하되 항상 성령 안에서 기도하고 이를 위하여 깨어 구하기를 항상 힘쓰며 여러 성도를 위하여 구하라"(엡 6:18).

여기서 중요한 단어는 "성령 안에서"와 "항상"입니다. 우리가 어떻게 항상 기도할 수 있겠습니까? 영성을 계발한 사람들은 이것이 가능합니다. 성령 안에서 기도하는 삶이 되어 있기 때문입니다. 기도를 몰아서 하는 사람들과는 다릅니다. 다급한 일, 심각한 문제가 생기면 기도원에 올라가 밤새 기도한다든지 하는 것도 필요할 때가 있지만 미리미리 평소에 기도하는 삶을 사는 것이 더욱 좋습니다.

요즘 약으로 사는 사람들이 많습니다. 연로해지면 거의 약병을 끼고 삽니다. 이는 음식 습관 때문에 그렇습니다. 기름기 많은 것, 패스트푸드 종류, 단 것 짠 것을 많이 먹으니까 몸이 점점 나빠지는 것입니다. 평소에 음식을 조심하고, 약을 가능한 한 절제하면 건강을 유지하는 데 도움이 될 텐데 말입니다.

영적인 건강도 마찬가집니다. 성령 안에서 늘 기도하는 것을 평소에 잘 계발해 놓으면 일상생활 속에서 참 괜찮아 보입니다. 신앙의 인격이나 태도에서 예수 닮은 것이 눈에 보입니다.

기도하는 것이 생활화되어야 합니다. 기도가 생활이 되어야 합니다. 사사건건 기도하면서 모든 일을 처리해 나가야 한다는 말입니다.

에베소서 2장 18절에서도 "그로 말미암아 우리 둘이 한 성령 안에서 아버지께 나아감을 얻게 하려 하심이라"고 했는데, 여기 "둘"은 '유대인과 이방인'을 말하며 누구든지 성령 안에서 하나님 앞에 담대히 나아갈 수 있다는 것입니다.

참된 영성은, 무엇을 해도 성령 안에서 하는 훈련과 습관이 우리 삶 속에서 이루어질 때에 가능합니다. 에베소서 5장 18절의 "성령으로 충만함을 받으라"에서 "받으라"는 단어의 원뜻은 '그 상태를 계속 유지하라'는 것입니다. 생각날 때 한 번씩 하는 것이 아니라 생활화되어 늘 성령의 충만함 속에 살아가라는 것입니다.

성령 안에서 산다는 것과 성령이 충만하다는 것은 성령을 통해 하나님과 계속적으로 교제하는 삶을 말합니다. 이러한 삶이 지속되면 모든 것이 원만해지리라는 것은 당연한 이치입니다. 조그마한 일 하나도 내 마음대로 하지 않고 성령께 묻고, 인도하심을 구하기 때문입니다.

전도하러 갈 때도 한 사람은 열심히 복음을 설명하고, 옆의 사람은 비록 눈은 떴어도 성령께서 역사하시도록 열심히 기도함으로써 좋은 결과를 얻을 수 있습니다. 성령 안에서 사는 것이 생활화되었기 때문입니다. 이런 사람에게는 늘 평화가 있고 사는 재미가 있습니다. 내가 타고난 능력이 조금 부족해도, 세상 사람과 비교해서 좀 부족하다 해도 상관없습니다. 왜냐하면 이제는 내가 하는 것이 아니라 성령께서 내 속에서 역사하시는 것이 중요하기 때문입니다.

재주가 좋다고 다 좋은 것은 아닙니다. 삼손의 경우가 그렇습니다. 삼손만큼 큰 능력을 가진 자가 없었는데 그가 성령 안에서 기도하면서 매사에 행동했으면 큰일을 해냈을 것입니다. 그러나 육에 따라 살았기 때문에 비참한 종말을 맞이하지 않았습니까? 물론 하나님께서 마지막에 은총을 주시기는 했습니다만.

그러므로 타고난 것이 중요한 게 아닙니다. 좋은 예로, 미국의 10대 큰 교회 중 여섯 교회 목사님들이 신학대학원도 아니요, 신학대학도 아니요, 신학원(institute) 출신들입니다. 그런데도 얼마나 목회를 잘하는지 모릅니다. 박사학위 소지자는 한 명뿐입니다. 학력이 좋아야 목회를 잘하는 것이 아닙니다. 얼마나 성령 안에서 성령께 의지하고 목회하는가가 중요함을 알려주는 좋은 예가 될 것입니다.

성령께 전적으로 의지할 때 누구에게나 골고루 은혜 주시는 공평하신 하나님이신 것을 감사해야 합니다. 또 우리의 마음이 하나님께 지속적으로 닿아있지 않으면 참된 영성이 존재할 수 없습니다. 마치 플러그가 빠져 있으면 아무리 비싼 라디오라도 소리가 안 나는 것처럼 성령 안에서 하나님께 접선되어 있지 않으면 성숙한 모습이 나올 수 없는 것입니다. "나를 떠나서는 너희가 아무것도 할 수 없음이라"
(요 15:5).

(2) '말씀 안에서, 예수 이름으로' 영성계발은 이루어집니다.

"너희가 내 이름으로 무엇을 구하든지 내가 행하리니"(요 14:13).
"너희가 내 안에 거하고 내 말이 너희 안에 거하면 무엇이든지 원하는
대로 구하라 그리하면 이루리라"(요 15:7).

위 말씀을 볼 때 우리는 흔히 앞에 있는 전제조건은 잘 보지 않고,
뒤에 나오는 원하는 대로 구하라는 부분만 보는 경향이 있습니다.

전에는 '내가 무엇을 원하는가' 하는 것이 참 중요했습니다. 내가 어
떻게 되고 싶은지, 내 야심이 어떤 것인지 하는 것이 중요하고 그런 것
을 위해 살았습니다. 그러나 시간이 점차 흐르면서 내가 점차 죽어가
고 내 주장이 없어져 가니까 이제는 육이 원하는 것을 하려 하지 않고
주님께서 원하는 것이 무엇인지 알아서 하고 싶은 것입니다.

많은 사람이 고생하는 원인 중 하나는 자기가 원하는 것과 하나님
이 원하시는 것을 분간하지 못하는 데서 비롯되는 것입니다. 자기가
원하는 것이 하나님의 뜻이라 믿고 막 밀고 나가다가 마지막에 가서
무너지면 원망이 절로 나오는 것입니다.

포도나무의 가지가 자기 스스로 포도를 많이 맺어 보겠노라고 아
무리 기를 써도 포도나무 그 자체에 붙어있지 않으면 열매를 맺을 수
없습니다. 나무에서 공급되는 진액을 잘 받아먹고 있으면 열매는 저절

로 맺히게 마련인데 말입니다.

"내 안에 거하고 내 말이 너희 안에 거하면" 하나님의 말씀으로 깨끗해진 심령에 하나님이 공급해 주시는 진액이 잘 흡수되어서 많은 성령의 열매를 맺을 수 있는 겁니다.

우리의 문제 가운데 하나는 너무 오랫동안 나를 위해 부모가, 사회가 원하는 대로 살아왔기 때문에 예수님께서 원하는 것이 무엇인가를 찾는 훈련이 잘 안 되어 있다는 것입니다. 내가 없어진다는 것은 참 힘듭니다. 그러나 부단히 나를 죽이는 연습을 해야 합니다.

그 결과는 무엇입니까? "아버지로 하여금 아들로 말미암아 영광을 받으시게 하려 함"(요 14:13)이라고 했습니다. 즉 하나님께 영광이 된다는 것입니다. 하나님께서 원하시는 것과 내가 원하는 것이 척척 맞아 들어가게 됩니다. 무슨 일이든지 "하나님이 이루셨다" 하고 하나님께 감사하고 영광 돌리게 되는 것입니다.

또 하나의 결과가 있습니다. 바로 "열매를 맺게 하고 또 너희 열매가 항상 있게 하여 내 이름으로 아버지께 무엇을 구하든지 다 받게 하려 함"(요 15:16)입니다. 예수 안에 거하지 않으면 열매가 없고, 예수 안에 거하면 열매를 맺게 됩니다. 더구나 말씀으로 늘 깨끗하게 하고 잘 가꾸어 놓으면 더 많이 맺는다고 했습니다. 거기에 풍성한 삶이 있습니다.

또 다른 결과는 "내 이름으로 … 구하라 … 너희 기쁨이 충만하리라"(요 16:24)입니다. 구하는 대로 되니 얼마나 기쁩니까? 그러나 여기에는 항상 성령 안에서, 예수 이름으로 구해야 한다는 전제조건이 있습니다.

문제를 계속 쌓아놓고 몰아서 기도하려 하면 그로 인해 짐이 점점 무거워지고 병도 나고 위장, 혈압도 다 안 좋게 됩니다. 그때마다 주님께 맡기고 해결해 나가야 합니다.

신경쇠약에 걸린 시계 이야기를 아십니까? 시계가 자기의 삶을 가만히 생각해 보니까 일 초에 두 번 '똑딱' 하는데 그것이 한 시간이면, 한 달이면, 일 년이면 엄청난 숫자가 되더라는 것입니다. 일 년을 생각하니까 기가 막히고 도저히 그 엄청난 횟수를 감당할 수 없어서 고민에 빠졌다는 것입니다. 여러분, 일 초에 한번 똑딱 하는 것만 생각하면 될 것을 미리 일 년 분을 몰아서 걱정하는 시계가 여러분의 모습은 아닙니까?

물론 우리가 해야 할 일은 너무 많습니다. 그러나 미리 한꺼번에 생각하다 보면 머리가 복잡하고 너무 힘이 듭니다. 오늘 맡은 일은 오늘 하고 또 다음 날의 일은 다음 날 힘주시는 대로 감당해 나가면 됩니다 (마 6:34).

성령 안에서, 예수 안에서 항상 깨끗하게 살며 예수의 이름으로 무엇이든지 구하면 자기 자녀를 아시는 하나님께서는 구하는 것을 주시며 많은 열매를 맺게 하실 것입니다.

하나님의 뜻과 나의 뜻이 일치함으로 인해 우리는 무엇이든지 구할 수 있습니다. 그러면 늘 담대해지고 하나님 앞에 얼마든지 나갈 수 있다는 확신 속에서 살기 때문에, 우리의 삶 속에는 놀라운 역사가 많이 일어날 것입니다 (요일 3:21-22; 5:14-15).

2. 영성계발을 위한 경건의 시간 훈련

개인적 경건의 시간은 교회에 모여, 또는 그룹으로 모여 함께 예배 드리는 것이 아니라 나와 하나님 사이에 개인적으로 대화하고 교제하는 시간입니다. 교회 역사상 위대한 인물들을 보면 이 경건의 시간을 풍성하게 가졌던 사실에 주목할 필요가 있습니다.

구약의 선지자들은 특별히 하나님 앞에 조용한 시간을 많이 가졌던 것으로 보입니다. 사람들과 떨어져서 늘 영적으로 기도하고 하나님과 접선되어 있다가 가끔 한 번씩 백성들 앞에 나타나면 불이 떨어졌습니다. 이처럼 왕이건, 백성들이건 선지자의 메시지 앞에서는 마구 흔들리는 것입니다.

하나님과 깊고 조용한 시간을 가진 신앙의 사람들이 교회와 세상을 향해 회개와 도전을 일으킵니다. 모세가 하나님과 깊은 대화를 갖고 나오니 얼굴에 광채가 나서 백성들이 그의 얼굴을 바로 쳐다보기 힘들 정도였다고 했습니다(출 34:30).

조나단 에드워드 목사님이 오랫동안 금식하고 기도하며 주님과 깊은 교제를 한 후에 '분노하신 하나님의 손에 붙잡힌 죄인'(The sinner in the hand of angry God)이라는 설교를 주일 아침에 선포하자, 교회가 온통 뒤집히고 교인들은 어찌할 바를 모르며 회개와 대각성 운동이 크게 일어났습니다. 이것이 바로 미국의 1800년대 대부흥 운동의 시발점이었습니다.

현대교회에서 부족한 점이 이것입니다. 교통이 편리해지고 생활이 편해지면서 사람들은 오히려 일이 많아지고 바빠져 우리의 영이 살찌고 주님과 깊은 교제 속에 감격해하는 시간이 점차 부족해졌습니다. 그래서 우리 스스로 노력을 기울이지 않으면 바쁜 활동이라는 껍질만 남을 뿐 영적인 만족이나 힘, 주님과의 깊은 교제는 없어질 가능성이 큽니다.

한국교회는 모여서 하는 것은 잘하지만 혼자 하는 것에는 약한 것 같습니다. 내가 홀로 주님과의 시간을 잘 가짐으로 인해 옆에 누가 없어도 끄떡없는 훈련이 부족합니다. 이것이 잘 되어 있어야 그 교회는 튼튼합니다. 그렇지 않으면 늘 목회자만 바라고 찾습니다. 목회자 없이도 스스로 신앙생활을 잘해나갈 수 있는 교회를 만들려는 것이 목회자의 목표가 되어야 합니다.

구원받는 것 다음으로 중요한 것이 이 경건의 시간 훈련이라고 생각합니다. 하나님과 만나야 하는 이유는 바로 성경이 그것을 권하기 때문입니다. 하나님이 원하시기 때문이며 우리도 원하기 때문입니다.

기독교 역사상 위대한 지도자들은 모두 새벽을 깨우며 살았습니다. 그들은 하나님과의 깊고 긴밀한 교제의 시간을 가졌습니다. 말씀과 기도를 통해서 나눈 하나님과의 교제가 그들의 중심을 흔들어 놓았고, 나아가 세계를 뒤흔들어 놓았습니다. 하나님과의 교제를 통해 지펴진 복음의 불꽃이 전 세계로 번져나가게 되었던 것입니다.

한 사람을 뿌리째 바꾸어놓고 세계의 역사를 바꾸어놓은 가장 위대한 사건들은 바로 주님과의 가장 조용하고 은밀한 경건의 시간에서 시작되었습니다. 주님과의 교제를 통해 하나님의 마음에 합한 이 신앙의 사람들이 바로 세계를 움직이는 하나님의 사람들이 되었던 것입니다.

경건의 시간의 중요성

"내가 내 파수하는 곳에 서며 성루에 서리라 그가 내게 무엇이라 말씀하실는지 기다리고 바라보며 나의 질문에 대하여 어떻게 대답하실는지 보리라" 합 2:1

1. 경건의 시간은 왜 필요합니까?

(1) 성경이 권하기 때문입니다.

하박국 선지자는 성루(城樓)에서 주로 하나님과 깊은 교제를 가졌는데, 하나님께서 무엇이라 말씀하실는지 기다리고 바라는 그의 기대감, 사모함을 엿볼 수 있습니다.

"내가 내 파수하는 곳에 서며 성루에 서리라 그가 내게 무엇이라 말씀하실는지 기다리고 바라보며 나의 질문에 대하여 어떻게 대답하실는지 보리라"(합 2:1).

데이트 시절에는 만나면 '오늘은 무슨 말을 듣게 될까' 무척 기대되는 것처럼, 늘 주님과 만나는 시간과 장소에 있게 되면 주님께서 말해주시고 보여주실 것이 기대된다는 하박국 선지자의 심정을 이 말씀에서 읽을 수 있습니다.

그런데 기도의 시간이 독백의 시간으로 끝나면 안 됩니다. 기도는 대화입니다. 말하고 들어야 하는데, 일방적으로 쏟아놓고 끝내버리면 주님이 섭섭하실 것 아닙니까? 하박국은 주님께서 내게 하고자 하는 말씀이 분명 있을 것이니 우선 기다려 봅니다. 우리에게도 하박국 선지자처럼 주님이 어떤 말씀을 주실지 기다리고 듣는 훈련이 필요합니다.

마가복음에는 "새벽 아직도 밝기 전에 예수께서 일어나 나가 한적한 곳으로 가사 거기서 기도"하는 모습이 나옵니다(막 1:35). 아브라함도 아침에 일찍이 일어나 여호와의 앞에 섰던 곳을 찾았습니다(창 19:27). 그곳은 하나님이 천사들과 함께 나타나 아브라함을 만나셨던 곳을 말합니다.

또 시편 저자는 "아침에 주께서 나의 소리를 들으시리니 아침에 내가 주께 기도하고 바라리이다"(시 5:3)고 했습니다. 다윗은 "내가 간절히 주를 찾되 물이 없어 마르고 황폐한 땅에서 내 영혼이 주를 갈망하며 내 육체가 주를 앙모하나이다"(시 63:1)라는 고백을 했습니다.

사실, 우리 인생은 힘들고 어렵습니다. 이런 곤핍한 상태의 인생은 어디에서 의미를 찾을 수 있습니까? "내 영혼이 주를 갈망할 때"입니다. 어려울수록 주님이 더 필요한 것입니다. 인생이 어렵고 피곤하고 절망적인 사람일수록 주님을 더욱 찾아야 합니다. 주님과의 깊은 교제 속에서 풍성함과 즐거움을 느껴야 이 광야 같은 인생이 살 만하게 되는 것입니다.

이런 찬송이 있습니다.

"나의 평생 목이 말라 생수 찾아 헤맸네

인간에게서는 만족을 구할 수 없습니다. 젊은 시절에는 사랑하는 사람이 채워줄 것 같지만 서로 목말라 쳐다만 보고 있는 걸 어떡합니까? 결국 두 사람이 다 주님을 앙망하고 바랄 때 진정한 만족이 있게 됨을 알아야 합니다.

성경에서는 “나를 사랑하는 자들이 나의 사랑을 입으며 나를 간절히 찾는 자가 나를 만날 것이니라”(잠 8:17)고 했습니다. 간절히 주님을 찾아야 만날 수 있는 것입니다. 시편 27편 8절에서는 “내 얼굴을 찾으라”는 주님의 명하심이 있습니다. 우리를 너무나 사랑하시니까 주님 없이 삭막한 인생 사는 우리의 모습을 두고 볼 수 없으신 것입니다. 빨리 주님을 찾으라고 권고하시는 것입니다.

이사야의 시대에는 주의 이름을 부르는 자가 없고 스스로 분발하여 주를 찾는 자도 없었습니다. 주님을 만나기 위해, 잡기 위해 우리 스스로 분발하는 훈련이 필요합니다.

다니엘은 하나님 만나기를 너무 좋아해서 하루 세 번이나 무릎을 꿇고 기도하며 하나님께 감사했습니다. 감사가 늘 넘치는 기도생활을 그에게서 배울 수 있습니다.

예수님은 골방에 들어가 은밀히 기도하라는 권고를 우리에게 하셨습니다(마 6:6). 주님과 나만 만나는 시간이 꼭 필요합니다. 부부 사이도 그렇습니다. 부부는 한 몸이라고 하지만 혼자만의 시간과 장소와 세계가 있도록 서로를 배려해 주어야 합니다. 서로에게 하나님과 단둘이만 만나는 시간과 장소가 꼭 필요합니다. 그렇지 않으면 두 사람 다 영적으로 마르고 힘들어집니다.

주님의 은혜가 풍족해서 잘 지낼 수 있다가도 때로는 영적 에너지가 사그라져서 때를 따라 돕는 주님의 은혜가 필요할 때가 있습니다. 그때에는 은혜의 보좌 앞에 담대히 나아갈 수 있는 것입니다. 우리가 아무리 상처 입고 부족하고 어려워도 주님께서 성소의 휘장을 갈라놓으셨기 때문에 나를 다 아시고 사랑하시는 그분 앞에 격려와 위로와 싸매주심을 바라고 담대하게 나갈 수 있습니다(히 10:19-22 참조).

이상 살펴본 것처럼 원만한 기도생활을 하는 사람에게는 몇 가지 특징이 나타납니다. 우선 정해진 장소가 있었습니다. 하박국은 성루, 예수님은 한적한 곳, 다니엘은 창문 곁이었습니다. 각자마다 정해진 나름대로의 골방이 필요합니다. 또 정해진 시간이 있었습니다. 어떤 사람은 새벽에, 혹은 아침에, 또는 하루 세 번 등이었습니다. 이 정해진 시간은 각자의 체질과 형편에 따라 정할 것입니다. 아침에 정신이 바짝 잘 드는 사람은 아침에, 밤중에 생생한 사람은 자기 전에 갖는 것이 좋습니다.

이렇게 우리 믿음의 선배들의 모습처럼 정해진 시간과 정해진 장소에서 주님과 만남으로 우리의 삶이 풍성하게 되기를 기원합니다.

주님과 만나는 경건의 시간의 필요성에 대해 공부하고 있습니다만, 제 주변의 연로하신 몇 분을 만나면서 많은 생각이 들었습니다. 그분들은 몇 년 전만 해도 참 정정하고 존경받을 만하고 멋있으셨습니다. 그런데 나이 들어 육신이 쇠해져 가니까 정신력도 흐려지고 언행이 흐트러지는 것이었습니다. 우리 모두 결국 그렇게 될 것이라고 생각하니까 신앙인에게 가장 중요한 것은 역시 내가 얼마나 일을 잘했나, 학위와 지식을 얼마나 쌓았나, 돈을 얼마나 벌었나 하는 것들이 아니라 얼마만큼 주님과 깊은 교제를 갖고 동행해 왔나 하는 것임을 절감하게 되었습니다. 나이 들어 우리의 언행이 흐트러진다 해도 우리 무의식에 깊숙이 주님 주시는 평강과 기쁨이 자리 잡고 있으면 그 언행 속에 배어 나오지 않을까 싶고, 또 모든 활동이 거의 불가능해진다 해도 주님 찬양하고 주님만 바라보는 것은 할 수 있기 때문입니다.

그러므로 구원받은 다음으로 가장 중요한 것은 바로 주님과의 조용한 경건의 시간을 갖는 것임을 기억하십시오.

(2) 하나님이 요구하시기 때문입니다.

하나님은 자기에게 예배하는 자들을 찾으십니다(요 4:23). 하나님은 우리가 필요합니다. 인격체이시기 때문에 우리와 대화하고 싶고, 내 의견을 듣고 싶고, 내게 사랑을 주고 싶고, 어려움에 대한 답을 주고 싶고, 돕고 싶어 하시는 것입니다.

이처럼 원하실 뿐 아니라 "내 얼굴을 찾으라"(시 27:8)고 명하시기까지 하십니다. 얼마나 주님께서 우리를 만나고 싶으시면 그러겠습니까? 그런데도 우리는 바쁘다는 핑계로 주님을 잘 안 찾습니다. 그러나 주님께서는 자기 아들을 죽도록 내주실 정도로 우리를 사랑하시기 때문에 우리를 만나고 싶어 하시는 것입니다. 우리는 늘 내 편에서, 내 생각만 하느라고 하나님께서 나를 얼마나 생각하시는지 미처 알지 못하는데, 그것을 깨달으면 큰 축복이 됩니다.

정해진 시간과 장소에 우리가 미처 나타나지 않아도 주님은 그곳에 와서 우리를 기다리십니다.

출애굽기 25장 22절에 보면, "거기서 내가 너와 만나고 속죄소 위 곧 증거궤 위에 있는 두 그룹 사이에서 내가 이스라엘 자손을 위하여 네게 명령할 모든 일을 네게 이르리라"고 했습니다. 이것은 장막에 대한 것입니다. 장막 안에 들어가면 둘로 나뉘어 있는데 첫 번 장소에는 가구들이 있습니다. 오른쪽에는 떡 놓는 진설상, 왼쪽에는 촛대, 앞에는 분향대가 있습니다.

그 뒷 장소에는 법궤가 있어서 법궤 위에 그룹(천사) 둘이 마주 보고 있습니다. 바로 지성소입니다. 이곳은 여러 사람이 못 들어가고 오직 제사장 한 사람만이 일년에 한 번 들어갈 수 있었습니다. 다른 사람이 그곳에 들어가면 죽게 됩니다. 제사장 옷 끝에는 방울이 달려있는데, 만약에 방울소리가 나지 않으면 제사장에게 변이 생긴 것으로 여겨서, 바깥에 있던 사람들이 옷에 연결된 끈을 잡아당겨 그를 끌어내야 했습니다. 지성소 안에서는 하나님과 나 단둘이만 만날 수 있습니다. 그런데 하나님께서 바로 이 지성소에서 나를 만나시겠다는 것입니다. 이곳에서 모든 것을 다 일러주겠다는 것입니다.

이것이 바로 주님과 만나는 조용한 시간입니다. 그 누구도 간섭할 수 없는 시간입니다.

(3) 우리가 원하기 때문입니다.

내 영혼이 목마르기 때문에 사랑하는 주님의 얼굴을 보고 그분의 도움을 받고 사랑을 받고 지혜를 얻어야 합니다. 이런 시간이 없으면 문제가 복잡해집니다. 가슴에 평화가 없고 집중이 안 됩니다. 하나님의 평화가 나를 주관해야 살 수 있습니다. 사람이 속 썩이는 것이야 눈 감고 안 들은 걸로 하면 되지만 주님과 나 사이에 걸린 것이 있으면 도저히 견딜 수 없습니다. 주님과 나 사이가 좋으면 어떤 폭풍이 몰아쳐도, 그 누가 뭐라 해도 아무런 걱정이 없게 됩니다.

"하나님이여 사슴이 시냇물을 찾기에 갈급함 같이 내 영혼이 주를 찾기에 갈급하니이다"(시 42:1).

하나님을 찾는 애타는 심정이 이 시편 말씀에 잘 나타나 있지 않습니까? 어떤 때는 가족보다도 더 절실하게 하나님을 찾게 될 때가 있습니다. 아무리 사랑하는 가족이라지만 죄성을 가진 인간이며 단지 은혜로 구원받은 인간에 불과하기 때문입니다. 그래서 가족이 오히려 우리의 목을 갈증 나게 할 때가 있단 말입니다.

아무리 집사님, 권사님, 장로님, 목사님, 사모님이건 우리는 어쩔 수 없는 '인간'입니다. 그런데 "목사가 그래서야." "사모가 그러하면 되나." "목사의 아들이니까." 등의 표현은 아주 좋지 않은 것입니다. 목사이기 전에, 사모이기 전에, 목사의 자녀이기 전에 인간임을 잊지 말아야 합니다.

이처럼 우리 인생은 인간관계 때문에, 내 성격 때문에, 경제적 이유 때문에, 몸이 피곤해서… 이래저래 갈증 나게 되어 있습니다. 시편 기자가 얼마나 목말라 하는지 좀 보십시오. 이 갈증 나는 삶을 축이기 위해서 하나님께 가까이 나아가고 그분에게서 만족을 얻어야지 인간에게서는 불가능한 것입니다.

"이 물을 먹는 자마다 다시 목마르려니와 내가 주는 물을 마시는 자는 영원히 목마르지 아니하리니 나의 주는 물은 그 속에서 영생하도록 솟아나는 샘물이 되리라"(요 4:13-14).

주님과 나 사이의 관계가 어떻게 정립되어 있습니까? 여기에 모든 열쇠가 달려있습니다. 우리의 기본적 태도는 주님에게서 무엇 하나 얻어낼까 하는 데 있지 않습니다. 주님 그분을 찾는 데 있습니다. 주님과 친하면 모든 것의 공급원이 되시는 그분이 다 주실 것인데, 왜 떡 부스러기에만 신경을 쓰는지 모르겠습니다. 물론 배고플 때는 부스러기라도 맛있지만 아예 떡공장 주인하고 잘 사귀어 두는 편이 더 낫지 않습니까?

살아계신 하나님께서 우리 인간과 친하고 싶어 하신다는 것은 모든 진리 중에서 놀라운 진리입니다.

'나'라는 인간은 어떤 존재입니까? 이 지구의 크기와 나를 비교해 보십시오. 비교가 안 될 정도입니다. 우주에는 지구만 있습니까? 지구는 태양계의 하나이며, 또 태양계는 우주에 속해 있는데 이 우주가 10억 개쯤 있다고 합니다. 그 안에 있는 '나'라는 존재를 생각해 보십시오. 비행기 타고 내려다보면 고층빌딩도 고만고만하고 자동차도 개미만 하게 보이는데 그 안에 있는 나는 또 어떻겠습니까?

영국의 철학자 에드먼드 리치가 "이제는 우리 인간이 드디어 하나님이 되었음을 인정할 때가 왔다"고 오만하게 주장했는데 미쳐도 보통 미친 사람이 아닙니다. 개미보다도 작은 존재가 뭘 몰라도 한창 모르는 것입니다. 인간이 무엇인지를 모르기 때문입니다.

이러한 인간을 하나님은 좋아하시고, 얘기하기 원하시고, 날마다 만나고 싶어 하시는 것입니다. 그야말로 크신 사랑과 은혜가 아니겠습니까? 이것을 깨달아야 합니다. 주님이 원하시고 또 내가 원하고, 날 죽기까지 사랑하신 그 주님을 매일 매 순간 만나 사귀는 삶, 여기에 하나님의 은혜가 있는 것입니다. 이 훈련이 잘되면 어려울 것이 없습니다. 나 혼자 헤매니까 어려운 겁니다.

그러므로 규칙적으로, 지속적으로 주님을 만나는 우리의 신앙생활이 되기를 바랍니다. 이 정해진 시간에는 주의집중을 방해하는 것이 근처에 없도록 신경 써야 할 것이며, 가족끼리도 서로 그 시간을 존중해주고 인정해서 방해하지 않도록 주의해야 합니다. 이 조용한 시간을 통해서 나 자신은 간 곳이 없고 내 주님의 아름다우심만이 보이는 영적 감격 속에 매일 살아 가십시다.

경건의 시간 훈련

"내 평생에 여호와의 집에 살면서 여호와의 아름다움을 바라보며 그의 성전에서 사모하는 그것이라" 시 27:4

1. 경건의 시간을 위한 태도

(1) 조용한 마음의 태도가 필요합니다.

주님과 경건의 시간을 갖기 위해서는 정해진 시간과 장소뿐 아니라 조용한 마음의 태도를 갖는 것이 매우 중요합니다. 아울러 몸가짐도 중요합니다. 너무 불편한 자세를 취했다가 주님께 집중하지 못할 수도 있겠습니다. 주님과 만남에 있어, 각자 나름대로 가장 도움이 되는 편한 마음과 자세가 좋습니다. 가족끼리 예배드릴 때도 너무 경직되지 않도록 편안하고 즐거운 분위기와 자세가 좋겠습니다. 아이들이 자라서 어린 시절을 돌아볼 때 우리 가족의 경건의 시간은 참 즐겁고 좋았다는 기억이 나게 말입니다.

한 사람은 특별히 전도하기 참 힘들었습니다. 교회를 나오기는 하는데 엉뚱한 말을 잘하고, 복음도 잘 받아들이지 않는 것이었습니다. 왜 그러는지 원인을 찾아보니까 그의 고등학교 시절, 부모님 한 분이 돌아가셨을 때 교회에서 장례를 해주는데 여러 가지로 섭섭하게 만들고 무시하는 등 좋지 않은 인상을 많이 끼쳤다는 것입니다. 그때의 나

뻔 감정이 가슴에 맺혀 교회를 도저히 가까이하지 못했던 겁니다. 그래서 그의 외아들에게 제가 특별히 관심을 갖고 잘 인도해 주었더니 그 아들은 교회에 큰 애정을 갖고서 아주 신앙생활을 잘 해냈습니다. 자기 아들을 저에게 뺏겼다고 가끔 농담하는데 저에게 뺏긴 것이 아니라 하나님께 뺏긴 것이니 얼마나 잘 되었습니까?

이처럼 신앙생활은 경험입니다. 신앙에 관한 것들을 돌아볼 때마다 좋은 감정, 기쁜 추억이 기억되어야 합니다. 영어로 edify한다고 표현할 수 있는데, 이는 세워주는 것을 말합니다. 나의 신앙생활이 내 영혼과 삶, 마음 모두를 일으켜 주고 북돋아 주는 것이어야 합니다. 그래서 예수 믿는다는 것이 멋있고 즐거워야 합니다. 안 믿는 사람이 보아도 관심이 생기고 괜찮다는 느낌이 들어 믿고 싶은 생각이 나야, 복음을 전할 기회도 커지지 않겠습니까?

조용한 마음을 가지려면 분주한 생각을 중단해야 합니다. 편안한 자세로 하나님 앞에서 서두르지 않고 하나님을 마주 대하도록 하십시오. 이때에는 영적 상상력을 동원하여 주님께서 바로 내 앞에 앉아 계시는 것처럼 생각하며, 대화하며 조용한 시간을 갖는 것이 도움이 됩니다.

여기 "가만히 있어"(be still)는 '조용히, 차분히' 앉아서 하나님의 존재를 생각하라는 것입니다. 마음이 분주하면 집중이 안 되어 주님과 대화하기가 힘이 듭니다. 경건의 시간을 시작하기 전에 편안한 자세로

조용히 앉아서 눈을 감고 깊은 호흡을 세 번이나 다섯 번 들여 마셨다
가 내뱉으면 마음이 차분해 지고 안정이 됩니다.

"여호와의 집에, 성전에서", 여호와를 마주 대하며 여호와의 아름
다움을 생각하고 바라보게 되는 것입니다.

제가 중학교 1년 때, 초등학교 4학년인 지금의 제 아내를 만났는데
그 이후 지금까지 일생을 같이하며 한 여자를 사랑하는 그 마음이 마
치 주님을 사랑하는 마음과 비슷한 것을 느꼈습니다. 사귀면 사귈수
록 사랑이 깊어지고 온통 세계가 그 여인으로 가득 찬 것 같은, 그리
고 보고 싶은 마음이 들었던 것을 생각하며, '한 여인에 대한 사랑이
주님 사랑에 대한 그림자구나' 하는 느낌이 듭니다.

다시 강조하거니와 은혜로 인하여 믿음으로 구원받은 다음에 중요
한 것이 바로 주님과의 사귐입니다. 주님을 점점 더 알아가는 것입니
다. 주님과 나 사이의 관계만 좋으면 다른 것은 별로 걱정할 것이 없습
니다. 또한 인간의 사랑은 식어질 수도 있고 그렇게 좋던 상대방을 미
워하고 짜증 날 때도 있지만 주님의 나에 대한 사랑은 한결같으며 날
이 갈수록 더 깊어지게 되고 주님의 아름다움도 더욱 더해져 가게 됩
니다.

그런 것을 느낄 수 있는 것이 바로 주님과의 사귐을 통해서입니다.
주님과 만나서 함께 거닐고, 사귀고, 그 음성을 들으면서 주님의 아름

다움을 보고, 사모하게 되는 것입니다. 이 깊은 사랑의 훈련, 이것이 얼마나 중요한지 모릅니다.

> "너희는 내 얼굴을 찾으라 하실 때에 내가 마음으로 주께 말하되 여호와여 내가 주의 얼굴을 찾으리이다"(시 27:8).
> "지존자의 은밀한 곳에 거주하며 전능자의 그늘 아래에 사는 자여"(시 91:1).
> "너희가 돌이켜 조용히 있어야 구원을 얻을 것이요 잠잠하고 신뢰하여야 힘을 얻을 것이거늘"(사 30:15).

잠잠하고 신뢰해야 힘을 얻습니다. 신뢰한다는 것은 주님 안에서 쉰다는 말입니다. 너무 분주하고 복잡하고 떠들면 힘을 얻을 수 없습니다.

설교를 들을 때 다른 사람들은 다 웃는데 왜 웃는지 모르고, 설교 내용이 머리에 빨리빨리 들어오지 않는 사람은 생각이 분주하기 때문입니다. 쉬지 않기 때문에 그렇습니다. 주님 안에서 잠잠히 맡기고, 쉬어야 할 텐데 그런 훈련이 안 되어 있으니까 삶이 복잡해지고 어려워지는 것입니다.

> "오직 여호와를 앙망하는 자는 새 힘을 얻으리니 독수리가 날개치며 올라감 같을 것이요 달음박질하여도 곤비하지 아니하겠고 걸어가도 피곤하지 아니하리로다"(사 40:31).

신앙의 훈련이 된 사람은 고민이 많을수록 주님께 더 바짝 다가갑니다. 그러나 훈련의 기회를 갖지 못한 사람들은 조금만 시련이 닥쳐와도 주님을 놓아 버립니다. 그리고는 방황합니다. 이것은 아닙니다.

주일예배 드릴 때는 다 똑같아 보이다가도 시련의 바람이 불면, 어려서부터 믿는 가정에서 꾸준히 신앙생활을 해온 사람은 고통 속에서도 주님께 다가가 그분의 손을 붙잡고 아픈 가슴을 쏟아냅니다. 반면에, 영성이 약한 사람이나 아직 거듭남이 없이 교회만 다닌 사람은 그대로 넘어지는 경우가 많습니다. 아무리 봉사를 열심히 한다고 해도 그 신앙훈련의 뿌리가 깊지 못하기 때문입니다. 예수 안에 뿌리를 깊이 내려야 합니다(골 2:6-7). 어려서부터 신앙생활 한 사람들은 극적으로 내세울 것은 별로 없어도 신앙의 저력이 있습니다.

기도할 때 소리 지르며 해도 하나님이 들으시고, 소곤소곤해도 하나님은 들으실 수 있습니다. 기도하는 모습이 다른 것은 기도하는 사람의 성격 차이요, 자라난 환경의 차이요 습관의 차이일 수 있습니다. 열정적으로 기도한다고 해서 믿음이 좋고 조용히 기도한다고 믿음이 부족한 것은 아닙니다. 다만 주님과 나와 단둘이 만날 때는 차분하게 조용히 대화를 나누며 그 시간을 의미 있게 보내는 것이 좋습니다.

이 시간은 성경공부를 한다든가 성경공부 숙제를 하는 시간이 아니라, 주님과 만나 대화하고 주시는 말씀을 받고 주님께 드리고 싶은 얘기를 마음껏 드리며 주님과 깊은 교제를 하는 시간입니다. 따라서 정해진 시간 말고도 그 뒤에 여유분의 시간을 좀 두는 것이 좋습니다. 분주해서 끝나자마자 바삐 일어나야 한다면 조용한 시간이 심적으로 부담스러울 수 있습니다. 의무적으로 빨리 하고 빨리 가야겠다는 조급한 생각에 사로잡혀 있으면 주님의 사랑과 아름다우심을 누릴 여유가 없어질 수 있습니다.

즐겨 부르는 찬송으로 시작하면 좋습니다. 현재 [오늘의양식]에는 적절한 찬송이 표기되어 있습니다. 음악은 마음을 움직여 주기 때문입니다. 찬송 가사를 통해 주님에 대한 사랑을 고백하고 주님을 사모함이 얼마나 좋습니까? 이른 아침에 조용한 시간을 가진다면 나직나직하게 찬송을 부르는 것이 도움이 됩니다.

(2) 조용히 주님의 임재하심을 기다리는 것이 필요합니다.

우리와 함께하신다는 약속의 말씀을 굳게 믿고 기도를 시작하십시오. 우리가 주님 앞에 앉았을 때 주님은 우리와 함께 계심을 믿고 의식하며 시간을 가집니다.

"그가 친히 말씀하시기를 내가 결코 너희를 버리지 아니하고 너희를 떠나지 아니하리라"(히 13:5).

"나의 계명을 지키는 자라야 나를 사랑하는 자니 나를 사랑하는 자는 내 아버지께 사랑을 받을 것이요 나도 그를 사랑하여 그에게 나를 나타

우리는 믿음으로 사는 사람들입니다. 주님께서 약속하신 것을 이 시간을 통해 믿음으로 바라고, 영적 상상력을 동원하여 주님과 마주 앉아 주님의 아름다움을 보면서 주님의 임재를 느끼고 대화를 시작하는 것입니다.

하나님과 만나고 있다는 사실이 매우 중요합니다. 기계적으로 할 일이 아닙니다. 주님의 무릎 앞에 앉은 베다니 동네의 마리아를 상상해보십시오.

2. 경건의 시간을 위한 성경 사용법

경건의 시간은 하나님과 함께하는 대화와 교제의 시간입니다. 대화라는 것은 주고받는 것이므로, 하나님은 성경을 통해 우리에게 말씀하시고, 우리는 기도를 통해 하나님께 하고 싶은 얘기를 합니다. 어느 한쪽만 일방적으로 하는 것이 아닙니다.

부부 사이에서도 대화가 없으면 서먹해집니다. 상대방의 마음을 이해하기 힘들고 읽을 수 없으니까요. 부부는 평상시에 자주 대화하는 습관을 서로 계발해야 합니다. 그래야 둘 사이가 원만해집니다. 자녀들이 다 집을 떠난다 해도 부부 간의 대화가 늘 있었기 때문에, 물론 자녀들이 보고 싶지만, 떠나야 할 때 떠났기 때문에, 부부간의 대화나 관계는 아무런 흔들림이나 변함이 없습니다.

대화를 해도 사실적 대화(factual communication) 수준에서 피상적인 것만 묻고 대답하는 것은 최하 단계의 대화입니다. 거기서 조금 더 들어가 자기의 견해를 나누는 단계로 가야하고, 실제적으로 본격적인 대화는 성경 본문에 비추어 자기의 생각과 감정과 경험을 나누는 정도가 되어야 합니다. 하나님 앞에서는 기뻐하고 사랑을 고백하고 또 웃고, 소원을 얘기하고, 울기도 하고, 슬퍼하고, 하소연하고, 심지어 원망도 하고 때로는 복수심마저 드러내는 등, 사람 앞에서가 아니라 하나님 앞에서 우리의 모든 것을 다 고해도 우리를 아시고 이해하시고 받아주시고 돌보아 주시는 하나님께 마음껏 기도드리고 나면 마음이 시원하고 하나님의 평화가 우리에게 임합니다. 하나님은 우리의 문제를 하나씩 하나님의 섭리에 따라 풀어가십니다.

부부 사이도 이 정도가 되면 얼마나 좋겠습니까? 부부 대화시 상대의 말이 잘못된 것 같아도 잘 잘못을 판단하는 것이 아니라 그 마음을 끝까지 들어주는 태도가 중요합니다. 배우자의 견해에 동의하지는 않는다 해도 다 들어주고 다 말할 수 있으면 다시 친밀해질 수 있는 겁니다. "사랑은 모든 것을 참고"(love bears all things)(고전 13:7)라고 했는데 이 때 "참고"는 모든 것을 '품어주고' 라는 뜻입니다. 그러나 사람은 본래 이기적이어서 내 입장, 내 해석만 옳다고 생각할 뿐 본능적으로 다른 사람의 입장에 들어가 보려고 하지를 않습니다.

우리나라 사람들에게 특별히 부족한 것이 이 단점입니다. 품어주는 훈련이 많이 필요합니다. 남자들은 다만 남자라는 이유 하나로 여자들의 말을 막고 윽박지르고 억누르려는 경향이 있는 것 같습니다.

제가 귀국해서 35년 만에 고등학교 동창 모임에 참석했는데 모여서 하는 대화들을 들어보니까 아버지의 권위에 대한 토론이 있었습니다. 자녀 교육은 아내들의 책임이고 아버지는 가끔 나타나 자식들에게 무섭게 한번 휘두르는 것이 좋다는 내용이었습니다. 자녀들은 아버지를 보면 주눅이 들어 하고 싶은 말을 제대로 하지 못하고 억눌린 감정들이 집 밖에서 엉뚱한 방향으로 분출되고 맙니다. 아버지와 아이 사이에 소통이 있어야 합니다. 대화와 교제가 있으려면 서로 하고 싶은 말을 자유롭게 다 할 수 있어야 합니다.

하나님 앞에서 기도할 때 좋은 것은, 하나님께 하고 싶은 말을 무엇이나 다 할 수 있기 때문입니다. 하나님이 나와 내 형편을 다 아시니까 열린 대화를 통해 사귐이 깊어지기 때문에 좋습니다. 하나님과 깊이 친해지면 사람 관계가 좀 힘들어도 하나님과 우리 사이에서 모든 것을 소통함으로 해결이 되니 좋습니다.

경건의 시간을 가질 때는 성경의 한 부분을 읽고 그 말씀에 대해 명상한 후 말씀이 오늘 나 개인에게 주는 의미를 따라 기도하면 됩니다. 다독(多讀)도 좋지만 말씀을 꼭꼭 씹어 먹는 것이 중요합니다. 말씀이 자기의 것이 되어야 합니다. 그 말씀을 통해 하나님이 내게 주시고자 하는 가르침, 책망, 본, 원리 등을 받아서 그런 교훈들을 놓고 기도를 합니다.

시편 23편을 묵상한다고 합시다.

"여호와는 나의 목자시니" — 아! 하나님은 나의 목자가 되신다니 나는 주님의 양이구나! 주님과 나의 관계는 양과 양을 돌보는 목자 같구나. 얼마나 감사한지요! "나의 목사는 여호와시니" 하지 않고 "여호와는 나의 목자시니"라 고백한 것은 다윗이 '나'로 가득 찬 사람이 아니고 '여호와'로 가득 차 펜을 들어 쓴 첫 마디가 '여호와'였구나. 나도 다윗처럼 '주님'으로 내 마음이 가득 차 언제나 '주님'이 우선되게 하여 주옵소서.

"내게 부족함이 없으리로다" ― 주님, 주님께서 우리 삶에 부족함이 없게 해주실 것인데 저는 가끔 이 사실을 믿지 못해 염려하고 불안해 하는 때가 있습니다. 저는 무언가 모자란다고 생각하고 모자랄 것을 걱정해 왔는데, 이제부터는 저의 목자이신 주님을 전적으로 의존하고 안심하며 목자이신 주님을 따르며 살 수 있기를 원합니다.

이렇게 한 구절씩 읽고 묵상하며 마음을 주고받으며 하나님과 대화하면 좋습니다. 성경을 묵상하는 시간은 주님과 대화하는 시간입니다. 일방적으로 내가 하고 싶은 말만 하고 기도하고 일어나면 주님은 멋쩍을 것입니다. 주님도 나에게 하고 싶은 말씀이 계실 터인데 말할 시간을 드리지 않고 '아멘' 하고는 나가버리기 일쑤입니다. 주님은 섭섭할 것입니다. 자기만 하고 싶은 말을 다 하고 들으셨으니까 주님도 하실 말씀이 있을 텐데, 우리가 말씀하실 시간을 드리지 않고 불쑥 나가버린 때가 많습니다.

또 묵상하면서 마음에 닿는 것이 있으면 성령께서 지시하시는 대로 바로 따르는 것이 좋습니다. "그리스도께서 우리를 용서하신 것 같이 너희도 서로 용서하라"는 말씀에서 걸리면 내가 용서하지 못하고 있던 사람이 있으면 즉시 전화해서 화해를 청해 보십시오.

성경 읽는 방법은 장(章)별로 읽든가, 문단별, 한 가지 내용별, 또 구절별로 읽을 수도 있습니다. 옛날 성경들은 한 권의 내용을 처음부터 끝까지 단어를 떼지 않고 다 붙여서 놓았습니다. 일점일획도 잃지 않으려고 그렇게 붙여 놓았던 것 같습니다. 읽기도, 이해하기도 힘들었죠. 이런 성경본문을 영국의 스테파누스라는 목사님이 문단과 단어를 떼어 놓아 오늘의 성경을 갖게 되었습니다. 이 분은 순회 설교하는 목사라 말을 타고 다니면서 이 작업을 했다고 합니다.

이제 믿기 시작하는 사람에게는 요한복음이나 마가복음부터 권하는 것이 좋습니다. 부담 갖지 않도록, 하루에 한 장 읽는 데 몇 분밖에 안 걸려서 읽기가 쉽다는 것을 미리 말해주고 다음 주에 만났을 때 그분이 읽은 것에 대해 대화를 나눠보자고 하면 그분이 성경을 읽을 것입니다.

이렇게 해서 다 읽고 나면 그 책을 한 번 더 읽어보기를 권합니다. 첫 번째 읽어서는 이해가 쉽지 않아서 같은 내용을 다시 읽되 이번에는 원하면 두 장씩 읽어도 좋다고 권해 봅니다. 이렇게 초신자가 성경에 익숙해지도록 자연스럽게 도와주면 좋습니다.

신구약에서 책 한 권을 선택해서 함께 읽어도 좋고 한 권을 몇 번씩 반복해서 읽어도 도움이 됩니다. 내 마음에 성령께서 영적인 깨달음을 주실 때까지 말입니다.

설교할 때는 자신이 먼저 은혜 받은 메시지로 설교해야 듣는 사람에게도 은혜를 끼치게 됩니다. 지식적으로 배운 바에 따라 설교하면 강의를 듣는 것 같아 영적인 은혜가 부족할 수 있습니다.

성경은 반복해서 읽고 묵상하고 교훈을 가슴으로 느끼고 와 닿아야 합니다. 한번 읽어서 별로 감동이 없더라도 성령께서 눈을 뜨게 하셔서 하나님의 놀라운 신비를 깨닫게 해주시도록 기도하며 읽어가다 보면 어느 순간 가슴이 뜨거워지며 특정한 단어나 문구나 생각이 나를 뒤흔들어 줍니다. 영혼의 양식으로 다가옵니다.

주제별 성경을 사용하여 한 주제에 관련된 성경 구절을 다 모아서 읽을 수도 있습니다.

성경을 읽을 때 메모를 해가면서 읽는 것도 큰 도움이 됩니다. 영적 일기장(Spiritual Diary)을 준비해서 읽으면서 묵상할 때 느끼는 것을 적어 내려가 보십시오. 생각나는 대로, 느껴지는 대로 적는 겁니다. 이렇게 적은 것을 오랜 시간 후에 다시 들쳐보면 어느 새 그 당시 깨달았던 대로 우리가 행동하며 살아가고 있는 자신을 발견할 수 있을 것입니다.

이런 방법을 통해 내 가슴 속의 변해야 할 부분들을 하나님과 충분히 대화하면 사람에게는 별로 할 얘기가 없을 것입니다. 사람들과 대화해서 얻는 도움보다 하나님과 직접 대화해서 얻는 유익과 지혜가 몇 배나 큽니다. 또 어떤 심각한 문제가 있더라도 하나님과의 사이에서 직접 해결하는 훈련을 해야 합니다. 이것을 잘한 사람이 다윗입니다. 다윗은 시편을 통해 자신의 감정을 솔직히 전부 고백하고 있습니다. 다윗의 시편들은 전부가 기도입니다. 심지어 복수의 시도 서슴지 않았습니다. 그러나 다윗은 이러한 기록을 통해 하나님께 복수를 요청했을 뿐 실제로 자기가 복수한 적은 없습니다. 오히려 자기를 일곱 번이나 죽이려 했던 사울 왕이 죽자 그를 위해 슬퍼했습니다.

제가 미국에서 처음 집을 샀을 때 지하실에 물이 새는지 주인에게 물으니까 그런 일 없다고 해서 그 주인의 말을 믿고 집을 샀습니다. 그런데 얼마 안 가서 비가 오니 지하실에 물이 차는 것이었습니다. 일단 싸인을 해서 계약서를 써버렸기 때문에 어쩔 도리가 없으나, 거짓말하고 저에게 집을 판 전 주인이 어떻게나 원망스럽던지 성경도 못 보겠고 기도도 잘 안 되는 것을 경험했습니다. 손해배상을 위해 고소하는 방법밖에 없는데 그러자면 오랜 시간이 걸리고 변호사비가 지하실 수리하는 비용보다 더 들게 생겼습니다. 할 수 없이 억울하지만 제가 포기하고 지하실을 제 비용으로 고치기로 했는데, 속이 너무 상해서 전 주인 앞으로 하고 싶은 말을 가득 담아 편지를 써서 봉하고 우표를 붙이고 하루 밤을 지냈습니다. 그 다음 날 아침 그 편지를 그냥 찢어 쓰레기통에 넣어 버렸습니다. 그런데 속이 후련해지는 경험을 했습니다.

우리의 모든 개인적 문제를 하나님과 나 사이에서 다 기도로 말하고 해결하는 훈련이 필요합니다. 성경을 읽다가 가슴에 특히 와 닿는 구절은 밑줄을 치고 암송하면 좋습니다. 암송된 말씀이 마음속에 심어져서 언제 어디선가 우리를 인도해 줍니다. 암송한다는 것은 하나님의 생각을 내 머릿속에 넣어두는 것입니다.

3. 경건의 시간을 위한 기도의 훈련

주님과 갖는 경건의 시간의 핵심은 주님과 개인적인 교제와 대화의 시간이라는 것입니다. 주님이 성경을 통해 말씀하신다면 우리는 기도를 통해 주님께 말씀을 드립니다. 그러므로 경건의 시간에서 기도가 차지하는 비중은 절대적입니다. 여기서 영성이 계발됩니다.

그러면 지금부터는 기도의 요소에는 어떤 것들이 있는지 살펴보도록 하겠습니다.

(1) 찬양

찬양은 하나님을 드높이며 경배를 드리는 것입니다. 경배드린다 (worship)함은 영어로 'worth'(가치가 있다)와 'ship'의 합성어인데, '하나님의 가치를 높여 드린다'는 뜻입니다. 또 '엎드려 절한다'는 뜻도 있습니다. 하나님의 가치를 인정할 때 우리는 진심으로 그분 앞에 엎드릴 수 있는 것입니다.

기도할 때 먼저 찬양하는 것은 찬양을 통해 하나님에 대한 우리의 사랑을 고백하고 하나님의 귀하신 가치를 인정하면서 하나님을 높여 드리는 것입니다.

예수님께서도 하나님을 부를 때 '아버지'라고만 하지 않고 '유일하신 하나님', '거룩하신 아버지', '의로우신 아버지', '하늘에 계신 우리 아버지', '하늘에 계신 나의 아버지', '나의 하늘의 아버지', '하늘과 땅의 주재이신 오 아버지', '아빠 아버지' 등으로 불렀습니다. 그 외에도 성경의 수많은 인물들은 하나님의 지극한 가치를 높여드렸습니다. 하나님의 위상을 인정하고 인정한 바를 이렇게 표현하신 것입니다. 먼저 찬양을 통해 하나님께 영광을 올려드리면서 하나님이 우리에게 어떤 분인가를 표현하는 것입니다.

연애시절에는 늘 좋은 말만 해주고 상대방의 아름다움을 인정해주고 귀하게 여겨주게 됩니다. 사랑 때문에 그렇습니다. 사랑은 상대방의 가치를 인정해 주는 것입니다.

하나님에 대해서도 그 아름다우심, 선하심, 위대하심, 영광스러우심, 존귀하심, 긍휼과 자비하심, 무소부재하심, 절대주권, 전능하심, 용서하시기를 즐겨하심 등을 인정하면서 찬양으로 표현하는 것입니다. 신앙의 선조들이 제 각각 자기들의 표현으로 하나님을 드높인 것과 같이 우리도 기도 가운데서 하나님을 드높여 드립니다. 이것이 바로 하나님을 향한 찬양입니다. 하나님이 어떤 분이신지를 인정하는 기도입니다.

(2) 감사

감사는 하나님께서 우리를 위해 베풀어주신 은혜를 헤아려 고마움을 표하는 표현입니다. 찬양은 영어로 "Who God is?"(하나님은 어떤 분이신가)에 해당되고, 감사는 "What God has done for me?"(하나님이 나를 위해서 어떤 일을 행하셨는가)입니다.

"그러므로 우리는 예수로 말미암아 항상 찬송의 제사를 하나님께 드리자 이는 그 이름을 증언하는 입술의 열매니라"(히 13:15).

입으로 하나님 믿는다고 말하는 사람들은 찬송의 제사를 드려야 한다는 것입니다. 옛날에는 짐승을 바친다든가 밀가루를 태우는 제사를 드렸지만 이제는 찬송과 감사를 표현하는 제사를 드려서 하나님의 베풀어 주신 은혜를 기리는 것입니다.

자녀들이 부모님을 좋아하고 베푸시는 사랑에 감사를 표하고 뭐든지 잘해드리려고 애를 쓰면 그것을 보는 부모는 사는 즐거움과 보람이 있습니다. 남편이 아내에게, 아이들이 가족을 위해 수고하신 엄마를 좋아한다고, 사랑한다고 표현하면 그 얼굴에서 환한 빛이 날 겁니다. 그러나 오랜 세월 그런 표현을 들어보지 못하면 도대체 사랑하는지 안 하는지, 수고에 대해 고맙게 생각하는지 안 하는지 알 도리가 없습니다. 삶이 무의미해지는 것 같아집니다. 그러므로 사랑하는 사이에는 서로 표현을 하면서 살아야 합니다.

하나님에 대해서도 마찬가지로 찬양, 경배를 통해 하나님을 드높이고 우리에게 배푸신 사랑과 은혜에 대해 감사의 표현을 해야 합니다. 이런 찬송과 감사의 제사를 하나님은 즐겨 받으십니다.

느헤미야의 예를 봅시다.

"오직 주는 여호와시라 하늘과 하늘들의 하늘과 일월 성신과 땅과 땅 위의 만물과 바다와 그 가운데 모든 것을 지으시고 다 보존하시오니 모든 천군이 주께 경배하나이다"(느 9:6).

"오직 주는 여호와시라"를 통해 수많은 헛된 신들 가운데 오직 하나님만이 참 하나님이심을 인정하고 있습니다. "모든 것을 지으시고 모든 것을 주신 그 사랑"을 통해 하나님이 만물의 주인이시라는 절대주권과 창조자로서의 권리와 가치를 인정해 드리는 것입니다. 부모님을 부모로 인정하지 않는 자식들을 어디에 쓰겠습니까? 이처럼 모든 것을 지으시고 또 보존하시는 하나님을 경배한다는 느헤미야의 찬미는 찬양의 좋은 본이 되겠습니다.

"내가 기도할 때에 기억하며 너희로 말미암아 감사하기를 그치지 아니하고"(엡 1:16).

성숙한 사람일수록 감사가 풍성합니다. 아무리 시련이 와도 살짝 돌려서 그 가운데서 감사의 조건을 찾아 감사를 드릴 수 있습니다. 영성을 잘 계발한 사람입니다.

교통사고로 반신불수가 된 한 어떤 젊은 부인을 병원으로 심방한 적이 있습니다. 염려하며 병실에 들어갔는데 그 환자는 환한 웃음으로 저를 맞이해 주셨습니다. 좀 어떠냐고 물었더니 이 젊은 부인은 "목사님, 너무 감사해요" 라는 말을 저에게 했습니다. 슬픔과 고통을 호소할 줄 알았는데 오히려 감사를 표현해서 제가 놀랐습니다. 이 사고로 인해 자기가 예전에 얼마나 교만했었는지를 깨닫고 하나님 앞에 회개할 수 있게 되었다고 감사하는 모습을 보았습니다. 그래서 사고 때문에 슬퍼하기보다 기쁘고 평안하다는 간증을 들었을 때, 저렇게 성숙하고 아름다운 신앙 가진 사람은 하나님께서 꼭 일으켜 주시리라는 확신이 들었습니다.

눈을 들어 감사의 조건을 찾으면 찾을수록 얼마든지 주위에 많이 있습니다. 찬양과 감사가 있으면 세상과 삶이 환해짐을 느낍니다. 가슴이 트입니다. 감사를 표현할수록 삶의 즐거움이 증가합니다. 그 하반신 마비가 된 부인은 몇 달 동안 안 보였는데 부모님 댁을 방문했다고 들었습니다. 그런데 어느 주일 아침 제가 강대상 위에 서서 예배를 막 인도하며 시작하려고 하는데 왼쪽 입구에서 한 여자가 터벅터벅 걸어들어오는 것을 보고 놀랐습니다. 그 부인이었습니다. "그러면 그렇지." 저는 그 여자가 일어나 걷고 뛰며 하나님을 찬양하는 날이 올 것을 믿었습니다. 그가 걸어들어왔습니다. 저는 그분의 감사의 제물을 하나님께서 받으셨다고 생각했습니다.

어떤 할머니는 젊어서 과부가 되셨는데 아들 넷을 혼자 키우면서 먹을 것이 없을 때는 금식할 수 있게 해주심을 하나님께 감사드리고, 먹을 것이 생기면 일용할 양식 주심에 감사드리고, 있으나 없으나 늘 감사를 드렸다고 저에게 말씀하셨습니다. 결국 네 아들이 다 훌륭하게 성장해서 사회적으로도 큰 성공을 이루었습니다. 그렇게 하나님께 감사하며 사는 할머니를 하나님께서 축복하시지 않을 수 있겠습니까? 찬양과 감사를 하면 할수록 훈련이 되고 습관이 됩니다. 영성이 깊어지기 때문입니다.

"감사함으로 그의 문에 들어가며 찬송함으로 그의 궁정에 들어가서 그에게 감사하며 그의 이름을 송축할지어다"(시 100:4).

항상 감사할 수 있는 비결을 아십니까? 무조건 감사하기로 작정하는 것입니다. 좋은 일 생겨서 감사하는 것은 안 믿는 사람도 얼마든지 할 수 있습니다. 믿는 사람의 다른 점은 범사에 감사하는 것입니다. 아침에 일어나서 감사하고 조반을 받고 감사합니다. 범사에 하나님을 인정하고 우리에게 허락하시는 모든 것을 감사함으로 하나님께 영광을 올려드리는 것입니다. 영성이 있는 사람입니다.

(3) 자성(自省)과 죄의 고백

‘자성’(self-examination)은 자신을 검토, 평가해 보는 것입니다. 사업가들이 꼭 정기적으로 사업을 자체평가해 보는 것, 공부 잘하는 아이들이 시험 본 후에 그 내용을 다시 점검해 보는 것, 이런 것을 통해 사람들은 발전을 합니다.

잘 잘못을 평가해 봄으로써 개선되고 발전해 나가는 삶이 바로 자성과 죄의 고백이 있는 삶입니다. 일상생활 속에서도 늘 자기를 돌아보고 가꾸어야 발전이 있고 아름답게 성장할 수 있습니다. 외모도 거울을 보고 가꾸면 아름답듯이 하물며 영적 생활은 말할 나위가 없을 것입니다.

사람이 자기를 살핀 후에 떡을 먹고 잔을 들라고 했습니다(고전 11:28). 하나님 앞에서 살면서 항상 자신을 살펴보아야 합니다. 우리는 한 번 영적인 큰 목욕을 한 사람들입니다. 다시 목욕할 필요는 없습니다. 그러나 예수님 말씀처럼 손과 발을 자주 씻어주어야 합니다. “이미 목욕한 자는 발 밖에 씻을 필요가 없느니라 온 몸이 깨끗하니라”(요 13:10). 우리가 이미 목욕을 했지만 아직까지 우리 속에 죄성이 남아 있어서 손과 발이 더러워질 수밖에 없습니다. 잘못이 있으면 즉각적인 결과가 있습니다. 죄 의식입니다. 죄 때문에 오는 고통입니다. 속히 해결하지 않으면 몸의 질병, 정신적 혼란, 영적인 갈등을 유발해 우리에게 고통이 올 수 있습니다. 그래서 내가 나를 살피고 성령께서 내 속사람을 살펴주셔서 내가 미처 깨닫지 못하고 있는 더럽혀진 마음의 손발을 볼 수 있게 시편 저자처럼 기도할 수 있습니다. 자주 씻지 않는 사람들의 손에는 많은 병균들이 있어서 나를 괴롭힐 것입니다. 항상 자신을 살피고 회개함으로 깨끗게 하는 영성훈련이 우리 모두에게 필요합니다. 우리를 다 아시는 하나님 앞에 정직해야 합니다.

"하나님이여 나를 살피사 내 마음을 아시며 나를 시험하사 내 뜻을 아옵소서 내게 무슨 악한 행위가 있나 보시고 나를 영원한 길로 인도하소서"(시 139:23-24).

"살핀다"(search)는 단어는 '머리끝부터 발끝까지 샅샅이 들여다본다'는 뜻입니다. 내 마음과 내 뜻과 내 행위를 철저히 조사해서 혹시라도 행위가 발견되면 고쳐주시고 나를 영원한 길로 인도해 달라는 간구입니다. 때로는 우리 자신도 우리의 잘못된 언행을 모르거나 잊어버리거나 의식하지 못하는 것들이 있습니다. 영원한 길로 가야할 우리가 자신의 악행을 깨닫고 천국으로 가는 길에서 정결한 사람으로 살고 싶다는 소원을 구하는 기도요 고백입니다.

이런 기도는 응답이 됩니다. 자신의 잘못들을 보게 됩니다. 깨끗한 거울을 들여다 보면 우리의 얼굴을 자세히 볼 수 있는 것과 마찬가지입니다. 말과 행동, 하지 말았어야 할 것을 한 것(commission), 해야 할 것을 하지 않은 것(omission), 잘못된 태도, 감정, 습관, 성품뿐 아니라 나의 죄에서 오는 불안감(anxieties), 고민, 분노, 어리석음 등이 보일 것입니다. 자세히 보면 너무 많아요. 손을 자주 씻는 사람의 손은 잘 안 씻는 손보다 더 깨끗할 것은 당연합니다. 손을 계속 씻지 않으면 더러운 손은 우리에게 질병을 일으킬 것입니다. 영적인 건강과 성숙을 저해하게 될 것입니다. 성화의 과정이 없으면 우리 안에 영성이 계발되지 않습니다. 하나님과 멀어질 수밖에 없습니다.

정신병이 생기는 경우도 삶의 어느 부분에 덮어 놓았던 트라우마(trauma)들이 어느날 터져 나오면서 감당하지 못해 일어나는 것입니다. 자신의 문제만이 아니고 심지어 부모들이 갖고 있던 쌓여진 정신적 흔적이 때로는 자녀에게 유전이 되어 나타나기도 합니다. 너무도 아프고 힘들어서 덮어 놓다 보니 어느 한 순간에 충격이 가해지면 정신 질환으로 나타나기도 합니다. 정신과 의사는 그 감추어져 있는 것들을 하나씩 밖으로 노출시키며 치료를 합니다. 숨겨 놓았던 어릴 때, 청소년 시절에 경험한 내놓고 싶지 않은 것들, 나에게 그렇게도 큰 충격을 주었는지 때로는 의식하지 않고 살았던 것들, 정신과 의사들이나 전문 상담사들이 그 실타래를 하나씩 찾아 끄집어냅니다. 그 과정을 카타르시스(catharsis)라 하지 않습니까? 저 밑바닥에 묻혀있던 것들을 대담을 통해 노출시키면 그 기억들이 너무 아프니까 때로는 말하지 않으려고 반항도 하지만 일단 바닥까지 다 들어내면 마음의 병과 몸의 병이 낫게 됩니다. 이것이 바로 자성이요 고백입니다. "우리가 우리 죄를 자백하면 하나님은 신실하시고 의로우사 우리 죄를 용서해 주시고 우리를 깨끗하게 하신다"(요일 1:9). 이 때 '깨끗하게 하신다'는 표현이 헬라어로 의사들과 상담사들이 자주 사용하는 단어 '카타르시스'입니다. 이사야 선지자는 이사야 9장 6절에서 장차 오실 메시아를 "기묘자라 모사라 전능하신 하나님이라"고 불렀던 것입니다. "기묘자라 모사라" 우리 언어에서 뜻이 분명하지 않습니다. 영어가 번역을 잘 했습니다. "Wonderful Counselor" 놀라운 상담자입니다. 숨겨져 있던 것까지도 다 아시고 보시는 하나님 앞에서 정직한 자성과 고백이 있으면 치유가 되고 자유롭게 되니까 영적 건강과 정신 건강과 육체적 건강을 누릴 수 있습니다.

"만일 우리가 우리 죄를 자백하면 그는 미쁘시고 의로우사 우리 죄를 사하시며 우리를 모든 불의에서 깨끗하게 하실 것이요"(요일 1:9).

우리를 깨끗하게 씻어서 건강하게 해주십니다. 내면의 내가 깨끗해질 때 건강해 집니다. 같은 내용이 다른 시편에도 조금 다르게 표현되고 있습니다.

"여호와의 산에 오를 자가 누구며 그의 거룩한 곳에 설 자가 누구인가 곧 손이 깨끗하며 마음이 청결하며 뜻을 허탄한 데에 두지 아니하며 거짓 맹세하지 아니하는 자로다"(시 24:3-4).

(4) 간구

기도는 하나님과의 대화 전체를 말하는 것이고, 간구는 하나님께 우리의 필요한 것을 구하는 것으로, 기도의 골자가 됩니다. 물론 우리의 필요에 의해서이기도 하지만, 우리 삶의 모든 분야가 하나님께는 중요하기 때문이기도 합니다. 하나님은 우리에게 너무나 관심이 많으셔서 아무리 사소한 것이라도 하나님께 구하고 말씀드릴 것을 성경은 강조하고 있습니다. 우리에게 주신 큰 특권입니다. 기도에 대한 성경 말씀을 다 찾아보면 900여 구절이 있습니다. 그런데 절대다수가 무엇에 대한 간구입니다. 기도는 간구라고 해도 과언은 아닙니다. 심지어 예수님께서 우리에게 가르쳐 주신 유일한 기도문 '주기도문'도 전부가 간구입니다. 첫 도입은 찬양입니다. 하나님을 드높이는 표현입니다. "하늘에 계신 우리 아버지" 어떤 분이신지를 인정하며 부르며 기도를 시작합니다. 전반부는 하나님에 대한 간구이고 후반부는 우리 자신을 위한 간구입니다. 마지막 문장은 찬양으로 끝납니다. "주의 나라와 권세와 영광이 영원히 주의 것입니다." 시작과 끝을 빼놓으면 전부가 간구입니다. 간구는 무엇이든지 구하는 것입니다.

"지금까지는 너희가 내 이름으로 아무것도 구하지 아니하였으나 구하라 그리하면 받으리니 너희 기쁨이 충만하리라"(요 16:24).
"너희가 내 이름으로 무엇을 구하든지 내가 행하리니 이는 아버지로 하여금 아들로 말미암아 영광을 받으시게 하려 함이라 내 이름으로 무엇이든지 내게 구하면 내가 행하리라" (요 14:13-14).
"너희가 내 안에 거하고 내 말이 너희 안에 거하면 무엇이든지 원하는 대로 구하라 그리하면 이루리라 … 내가 이것을 너희에게 이름은 내 기쁨이 너희 안에 있어 너희 기쁨을 충만하게 하려 함이라"(요 15:7, 11).

이사야 시대에 하나님께서 아하스 왕에게 무엇이든지 구하라고 하셨는데 왕은 어떻게 감히 하나님께 구하겠느냐며 사양하는 모습이 나옵니다. 이것은 결코 바람직하지 못한 반응입니다. 만약에 대통령이 나에게 무엇을 원하느냐고 했을 때, "바쁘실 텐데 괜찮습니다. 나라의 큰일들이 너무 많은데 개인에게까지 신경 쓰시게 하겠습니까?"라고 하는 것과 마찬가지입니다. 얼마나 어리석은 태도이겠습니까? 하물며 전능자 하나님께서 구하는 것을 들어주시겠다는데 사양하는 것은 더 말할 나위 없이 어리석은 일입니다.

아하스 왕이 구하기를 거절하니까 그 때 하나님께서 상상할 수 없는 놀라운 기적을 말씀을 하셨습니다. 그것이 예수님의 성육신화인 처녀탄생입니다. "처녀가 잉태하여 아들을 낳을 것이요"(사 7:14)라는 놀라운 기적의 예언을 주셨습니다. 인간에게 불가능한 이런 놀라운 기적을 일으키실 수 있는 능력을 가지신 하나님이 구하라면 감사하며 구해야 하지 않겠습니까?

예수님도 성경 여러 곳에서, 우리에게 구하라고 누누이 말씀하셨습니다. 저는 나의 필요한 것을 누구에게 부탁하거나 구하는 것을 잘하지 못합니다. 그래서 아하스 왕의 심정이 조금은 이해가 가지만, 대신 하나님께는 모든 것을 마음껏 구하는 편입니다. 하나님께 구하는 것이고 구하라고 말씀하셔서 마음 놓고 구합니다. 구한 것이 하나님의 은혜로 이루어지면 사람에게 도움을 구한 것이 아니니까 인간적인 부담도 없고 너무도 좋습니다.

구할 때 구체적으로 구하면 하나님께서 이루시는 것을 경험할 수 있습니다. 평생을 살아오면서 간구한 것들이 응답되는 것을 숱하게 체험할 수 있었습니다. 하나님의 실체를 우리가 경험할 수 있습니다. 사람에게 구해서 해결하면 사람에게 영광이 돌아갈 것입니다. 그러나 하나님께 구해서 이루어지면 하나님께 감사와 영광을 올려드리게 됩니다. 예수님께서 말씀하신대로 하나님이 영광을 받으십니다.

그리고 우리는 간구에 대한 하나님의 응답 때문에 역시 예수님 말씀대로 "너희 기쁨이 충만하리라"를 경험하며 살게 됩니다. 하나님께는 영광이요 우리에게는 기쁨입니다. 기도와 간구를 자주 많이 해보신 분들의 삶에는 감사와 기쁨이 많이 있습니다. 사도 바울이 말씀하신 것처럼 "항상 기뻐하라 쉬지 말고 기도하라 범사에 감사하라"(살전 5:16-18). 기쁨, 기도, 감사가 넘칩니다. 기쁨과 감사 가운데에 기도가 있습니다. 기쁨과 감사는 기도의 열매요 결과입니다. 기쁨과 감사가 넘치는 삶을 원하시면 기도하십시오. 간구하십시오. 응답을 경험하십시오.

제가 열한 살, 6.25전쟁 당시 유엔군이 후퇴할 때, 평양에서 부모와 동생들을 넷을 두고 남쪽으로 피난을 내려와 집이 없어서 이 집 저 집에서 살다 보니까 개인적으로 내가 필요한 것들을 부탁할 엄두가 나지 않았습니다. 그래서 처음에 교회 가까이 거하고 있었기 때문에 매일 새벽기도에 가서 하나님께 기도하며 구하곤 했습니다.

부산서 중학교를 졸업하고 대책도 없이 책가방 옷가방 두 개를 들고 서울에서 고등학교를 다니고 싶어 무작정 기차를 타고 앉아서 하나님께 기도를 드렸습니다. 인도해 주시도록 간절히 기도했습니다. 열네 시간 걸려서 서울에 왔습니다. 알지 못하는 사람의 집을 두드려서 그 집의 호의로 며칠 머물면서 고등학교 입학시험을 쳤고 합격을 했습니다. 집도 합격도 기도의 응답입니다. 합격 통지서를 받았으나 입학금이 없어 하나님께 기도하기 시작했습니다. 마감 전날 밤에 기도 중 교장 선생님을 찾아가라는 하나님의 음성을 들었습니다. 아침에 교장

선생님을 찾아 갔더니 학교의 최고 지도자들이 다 모여 있었습니다. 그 자리에 문을 열고 들어가 어려운 합격은 했는데 입학금이 없다고 말씀을 드리고 길을 열어달라고 말씀드렸습니다. 나가 있으라고 해서 나갔더니 얼마 후 들어오라고 해서 들어가니까 교장선생님이 입학금을 면제해 주시기로 결정했다고 말씀해 주셨습니다. 그렇게 고등학교를 어렵게 시작했습니다. 기도의 응답이었습니다.

학교가 끝나면 돌아오는 길에 있는 교회에 들어가서 기도하고, 주말 토요일 밤이면 아무도 없는 깜깜한 교회에 가서 밤새 하나님께 기도하다가 그냥 교회당 성가대석에서 자기도 했습니다. 그런데 한번은 제가 잘 곳이 없어 밤에 남산 위에 올라가 서울을 내려다보니 전기불이 켜있는 수많은 집들이 있는데 그 중에 제가 잘 곳이 없었습니다. 그래서 그날 밤 늦게 남산에서 내려와 북창동에 있는 제가 다니는 교회에 가서 강대상 옆에 있는 자그마한 방에 들어가 잤습니다. 하룬가 이틀인가를 거기서 잤는데 어느 날 아침 눈을 떠보니 문밖에 도시락 두 개가 놓여 있었습니다. '누가 갖다 놓았나? 누군가 내가 여기서 자는 것을 알고 있구나.' 의아해 하면서도 도시락 하나는 아침으로 먹고 하나는 점심을 위해 학교에 가져갔습니다. 깨끗하게 씻은 빈 그릇을 그 자리에 놓아두면 다음날 아침에도 또 도시락이 놓여 있곤 했습니다. 나는 아무에게도 말하지 않았는데, 교회에는 밤에 들어왔는데 누가 나의 상황을 알고 도시락을 갖다놓나? 교회에서 상황을 살펴보니 고등학교 여학생 둘이 그렇게 하고 있다는 짐작을 하게 되었습니다. 교회 앞 골목에 둘 중의 한 명이 살고 있었는데 그 학생과 가장 가까운 친구가 늘 함께 다녀서 그 둘이 했다는 확신이 들었습니다. 고등학교

남학생이 여학생들의 도시락을 먹었다고 생각하니까 너무 부끄러워 당장 그곳에서 나왔습니다. 그 여학생들이 어떻게 내 형편을 알고 그런 생각을 했는지 지금도 알지 못합니다. 그 이후 그들이 지금은 어디에 살고 있는지도 모릅니다. 하나님 외에는 누구에게도 저의 형편을 얘기한 적이 없는데 말입니다. 하나님은 며칠 동안이었지만 그들을 통해 나의 필요를 공급해 주셨던 것입니다.

처녀의 몸에 생명을 창조할 수 있는 전능자 하나님께 구하면 약속하신 대로 우리의 간구를 들으시고 응답하신다는 것을 믿고 하나님께 기도하며 간구해야 할 것입니다. 그러면 하나님의 살아계심을 체험하게 해주실 것입니다.

하나님이 과연 주실까 안 주실까의 문제가 아니라 우리에게 간구할 제목을 하나님께 믿고 말씀을 드리는가가 문제입니다. 어떤 방법으로 이루어주실까 궁금한 것이지 과연 주실 것인가에 대해서는 애태울 필요가 없습니다. 좋으신 하나님은 우리에게 꼭 필요한 것을 주십니다. 부모도 자식에게 주는데 하물며 우주의 주인이신 하나님께서 무엇이 부족해서 허락하지 않으시겠습니까?

기도의 두 가지 결과는 하나님께 영광이요 우리의 기쁨입니다. 자주 기도하면 자주 응답받고 어쩌다 기도하면 어쩌다 응답받고 기도하지 않으면 응답의 경험이 없고 항상 기도하면 항상 하나님의 선하심을 경험합니다. 그래서 기도하는 우리에게는 큰 기쁨이 있고, 응답받은 것을 간증하게 되니까 하나님이 영광 받으십니다.

그리고 "염려하지 말고 모든 일에 기도와 간구로" 구할 것을 감사하면서 아뢰어야 하겠습니다(빌 4:6). 기도응답의 경험이 있으니까 감사한 마음으로 기도할 수 있지요. 염려할 시간이 있으면 그 시간을 가지고 기도합니다. 염려는 시간과 에너지의 낭비입니다. 염려에 대한 처방은 기도입니다. 또 감사하며 기도하라 하셨습니다. 왜 감사하라고 할까요? 응답받은 경험이 있고 또 경험할 것을 믿으니까 감사합니다. 감사하면 염려는 없어지고 마음은 희망으로 밝아지게 됩니다. 마음이 밝아지면 사는 것이 즐겁습니다.

인생은 환경에 따라 사는 것이 아니라 믿음에 따라 살아야 합니다. 상황은 나쁜 것 같아도 상황에 대한 해석은 우리의 몫입니다. 해석을 좋게 해야 합니다. 인생은 해석입니다. 어느 누구도 나를 불행하게 만들 수 없습니다. 불행이 닥쳐도 좋게 해석하는 훈련이 잘되어 있으면 끄떡없습니다. 얼마든지 행복하게 살 수 있습니다. 행복은 선택입니다. 내가 어떻게 하며 살아갈 것인지 결국 내가 선택하는 것입니다. 그래서 나의 행복은 내가 선택하는 것입니다.

무엇을 구할 것입니까?

필요한 것을 구하십시오. "오늘 우리에게 일용할 양식을 주시옵고"(마 6:11). 내일 것, 모래 것까지 다 구할 필요가 없습니다. 오늘만 행복하면 됩니다. 인생은 결국 오늘의 연속입니다. 오늘이 모여서 인생이 됩니다. 오늘이 모여서 영원이 됩니다.

또 모든 생활을 유지하는 데 필요한 것들을 구할 수 있습니다. "너희 모든 쓸 것을 채우시리라"(빌 4:19). 여기서 "쓸 것"이라 함은 필요한 것을 말합니다. 하나님의 풍성한 은혜대로, 내게 필요한 것은 반드시 주시겠다고 하십니다. 의식주는 기본적인 필요입니다. 주님은 무엇을 먹을까 무엇을 입을까 염려하지 말라고 했습니다. 하늘에 계신 너희 아버지께서 돌보신다는 믿음이 있을 때 공급하신다는 약속입니다. 공중에 나는 새, 들의 백합화를 예를 들어 가르쳐 주셨습니다. 문제는 욕심입니다. 우리에게 꼭 필요한 것은 사실 그리 많지 않은데 욕심 때문에 늘 갈등과 번민과 불만이 생기는 것입니다.

"구하여도 받지 못함은 정욕으로 쓰려고 잘못 구하기 때문이라"(약 4:3).

저는 미국에서 공부하면서 일을 했는데 수입이 좋은 직장이었습니다. 그런데 나중에 신학교 교수로 초빙을 받았습니다. 사실은 그것을 목표로 지금까지 준비해 온 것인데, 월급 제안을 받고 보니 고민이 되기 시작했습니다. 현재 직장에서 받는 월급의 4분의 1밖에 안 되고 그것도 믿음으로, 즉 있으면 준다는 것입니다. 교수 되는 것이 평생의 꿈이기는 했지만 장모님까지 여섯 식구 생각을 하니 염려도 되었습니다. 고민 끝에 아내와 의논을 했더니 두 말도 하지 않고 학교로 가자고 했습니다. 가정경제 때문에 크게 걱정할 줄 알았더니 눈 깜짝하지 않고 가자는 것입니다.

물론 그 이후로 한 번도 굶은 적은 없었습니다. 욕심을 부리자니 불만과 불평이 많은 듯 보이지, 사실상 꼭 필요한 것은 그리 많지 않습니다. 필요한 물건을 구입하는 방법도 얼마나 다양합니까. 아이들 옷도 백화점에 가서 사는 것보다, 미국 사람들이 잘하는 야드 세일(yard sale: 자기에게 불필요한 물건들을 집 뜰에 내놓고 헐값에 파는 것)을 이용해서 구입하면 값도 싸고 옷도 말짱한 것들이 많았습니다. 또 Goodwill Store라는 데 가면 얼마든지 좋은 물건들을 헐값에 살 수 있었습니다. 불난 집에 가서 파는 가구를 사서 깨끗하게 수리해서 사용할 수도 있었습니다. 피아노를 살 돈이 없어서 100년 된 구식 피아노를 당시 25불에 사서 페인트를 칠하고 조율을 해서 우리 아이들 세 명에게 피아노를 가르쳤습니다. 지금도 그 딸들은 피아노와 기타를 치면서 평생 음악을 즐기고 있습니다. 하나님은 삶에 필요한 "일용한 양식"을 공급해 주시니까 무엇보다도 먼저 하나님의 나라와 그분의 의를 구하라고 더 높은 목표를 세워 열심히 추구하면 나머지는 다 공급된다는 믿음이 분명해야 합니다. 그러면 믿음대로 공급됩니다.

(5) 중보기도

중보기도는 다른 사람을 위해 대신 기도해 주는 것입니다. 예수님께서 하늘에서 하시는 일이 바로 이것입니다. 예수님은 우리를 위해서 중보해주고 계십니다.

중보기도는 다른 사람들을 위한 기도입니다. 누구를 위해 기도해야 합니까? 성경은 다음과 같이 중보기도 해야 할 대상들을 가르쳐주고 있습니다.

"여러 성도를 위하여"(엡 6:18) — 믿는 성도들은 서로를 위해 기도할 필요가 있습니다. 교회의 형제자매들을 위해 기도합니다.

"임금들과 높은 지위에 있는 모든 사람을 위하여"(딤전 2:2) — 우리 위에 세워놓은 사람들을 위해 기도해야 합니다. 우리가 편안하게 살 수 있기 위해서 중보합니다.

"남을 위하여"(골 4:12) — 남을 위해 많이 기도하는 사람은 자신을 위해 간구할 것이 그리 많지 않습니다. 남을 위해 기도하면 자기 문제들은 어느새 다 해결되어 버리기 때문입니다. 그러므로 영적으로 성숙한 사람일수록 중보기도 시간이 점점 많아집니다.

이상의 기도 대상을 손가락으로 정리해 봅시다.

엄지손가락은 나입니다. 둘째 손가락은 가리키는(point) 역할을 하니까 여러 성도요, 셋째 손가락은 제일 높으니까 윗사람들(지도자), 넷째 손가락은 결혼반지 끼니까 나의 가족들, 새끼손가락은 제일 약하고 작으니까 약한 자들, 소외된 자들을 위해 기도합니다. 그러면 다섯 손가락을 쳐다보면 기도 제목들이 얼마든지 생각날 것입니다.

참된 영성은 예수님과 함께 동행하면서 예수님께 배워서 예수님을 닮아가는 것입니다. 참된 영성은 나는 점점 사라지고 나의 삶 속에서 그리스도가 드러나는 것입니다. 참된 영성은 말씀과 기도를 통해 주님과 깊이 있는 교제와 대화의 시간을 가짐으로 나의 모습이 점차 예수님의 형상으로 변해가고, 마침내 나의 말과 생각과 행동과 인격에서 자연스럽게 그리스도의 향기가 풍겨 나오는 것입니다. 우리는 예수님의 편지요 대사요 그 분의 향기임을 믿고 우리에게서 주님이 보이는 영성이 필요합니다.

참된 영성은 또 하나님의 말씀으로 이루어집니다. 말씀을 정확하게 아는 일과 그 말씀을 행동화하는 일이 일치하여 말씀대로 살아갈 때 참된 영성이 형성됩니다.

참된 영성은 기도 가운데서 이루어집니다. 새벽을 살았던 위대한 믿음의 선조들처럼 꿇어엎드린 기도의 무릎에서 영성은 계발됩니다. 지속적이고 규칙적으로 드려지는 기도, 생활 가운데에서 자연스럽게 기도하고 늘 주님과 대화하며 살아가는 삶에서 참된 영성은 완성되는 것입니다. 영적으로 성숙한 그리스도의 모습을 닮아가도록 돕기 위해 우리 내면에 내주하시는 성령의 도움은 언제나 우리에게 있습니다. 결국 우리는 성령의 역사로 영적으로 변화할 것입니다. 성령의 역사 없이 영성이 형성될 수 없습니다. 더 가까이 모든 일에 도움을 받으며 사는 습관을 만들어가야 합니다 .

참된 영성은 결국 완전한 헌신과 순종으로 이루어집니다. 성도들이 더욱 주님을 닮아가기 위해 전적으로 성령을 의지하고 말씀과 기도와, 헌신과 순종에 힘씀으로써 참된 영성을 계발해서 삶의 기쁨과 만족을 누리는 성도들이 되기를 기원합니다.